Webcode – Übungsdateien

F72F-9667-48B2

W0070151

**ECDL - Europäischer
Computer Führerschein**

Modul Präsentationen
(mit Windows 8 und PowerPoint 2013)
Syllabus 5.0

ECDL-POW2013-5

Jan Götzelmann

1. Ausgabe, Oktober 2013

ISBN 978-3-86249-302-9

HERDT

**1 Überblick** ....................................................**4**

  1.1   Der Europäische Computer Führerschein ...... 5

  1.2   Zu diesem Buch ............................................ 6


**Erste Schritte mit PowerPoint**


**2 PowerPoint kennenlernen** ......................**8**

  2.1   Präsentationen mit PowerPoint .................... 8

  2.2   PowerPoint starten ....................................... 8

  2.3   Das PowerPoint-Fenster .............................. 9

  2.4   Befehle aufrufen ......................................... 11

  2.5   Die PowerPoint-Hilfe verwenden ............... 13

  2.6   PowerPoint beenden .................................. 14

  2.7   Schnellübersicht ......................................... 15

  2.8   Übung ......................................................... 15


**3 Grundlagen der Folienbearbeitung** .........**16**

  3.1   Titel der Präsentation eingeben ................. 16

  3.2   Neue Folien mit Aufzählungstext
        erzeugen ..................................................... 17

  3.3   Folientexte markieren, überschreiben
        und löschen ................................................ 19

  3.4   Arbeiten rückgängig machen ...................... 20

  3.5   Ein Folienlayout zuweisen ......................... 20

  3.6   Mit mehreren Folien arbeiten ..................... 23

  3.7   Folien gestalten .......................................... 24

  3.8   Präsentationen speichern und schließen ..... 26

  3.9   Schnellübersicht ......................................... 28

  3.10  Übung ......................................................... 29


**4 Grundlegende Arbeit mit
   Präsentationen** ......................................**30**

  4.1   Präsentationen erzeugen und öffnen ......... 30

  4.2   Die Foliengröße .......................................... 33

  4.3   Fußzeilen einrichten ................................... 34

  4.4   Präsentationen drucken .............................. 35

  4.5   Schnellübersicht ......................................... 36

  4.6   Übung ......................................................... 37


**Mit Texten und Ansichten arbeiten**


**5 Folientexte bearbeiten und gestalten** ....**38**

  5.1   Mit Textplatzhaltern arbeiten ..................... 38

  5.2   Zeichenformatierung in Textplatzhaltern..... 40

  5.3   Besondere Zeichenformatierungen
        vornehmen .................................................. 43

  5.4   Absätze formatieren ................................... 44

  5.5   Aufzählungen und Nummerierungen
        nutzen ......................................................... 45

  5.6   Schnellübersicht ......................................... 48

  5.7   Übungen ..................................................... 49


**6 Folientexte überarbeiten** ......................**52**

  6.1   Texte mit Drag & Drop kopieren
        und verschieben ......................................... 52

  6.2   Mit der Zwischenablage arbeiten................ 53

  6.3   Textelemente suchen und ersetzen............ 55

  6.4   Die Rechtschreibprüfung verwenden ......... 56

  6.5   Besonderheiten bei der Texteingabe ......... 58

  6.6   Schnellübersicht ......................................... 60

  6.7   Übung ......................................................... 61


**7 Ansichten in PowerPoint effektiv
   nutzen** ...................................................**62**

  7.1   Die Ansichten im Vergleich ........................ 62

  7.2   In der Normalansicht arbeiten .................... 65

  7.3   Mit der Gliederungsansicht arbeiten........... 66

  7.4   Mit der Foliensortierungsansicht
        arbeiten ...................................................... 69

  7.5   Schnellübersicht ......................................... 71

  7.6   Übungen ..................................................... 72


**Professionelle Visualisierung mit
PowerPoint**


**8 Objekte erzeugen und gestalten** ............**76**

  8.1   Visualisierungen in Präsentationen
        einsetzen ..................................................... 76

  8.2   Grundlegende Objektbearbeitung .............. 78

  8.3   Objektgröße und -form verändern.............. 80

  8.4   Form- und Fülleffekte zuweisen ................. 81

  8.5   Objekte drehen und kippen ........................ 84

  8.6   Objekte beschriften .................................... 84

  8.7   Objekte exakt positionieren ....................... 86

  8.8   Objektreihenfolge und -sichtbarkeit
        bestimmen .................................................. 86

  8.9   Objekte ausrichten und verteilen ............... 87

  8.10  Schnellübersicht ......................................... 88

  8.11  Übung ......................................................... 89


**9 Grafiken und Tabellen** ..........................**90**

  9.1   Grafiken einfügen ....................................... 90

  9.2   Grafiken bearbeiten .................................... 92

  9.3   Tabellen erstellen und bearbeiten ............. 94

  9.4   Schnellübersicht ......................................... 96

  9.5   Übung ......................................................... 97

## 10 SmartArt-Grafiken erstellen und gestalten .......................................98

10.1 SmartArt-Grafiken verwenden .....................98
10.2 SmartArt-Grafiken erzeugen .....................100
10.3 Eigene Grafiken in SmartArts verwenden .................................................102
10.4 SmartArt-Elemente markieren und bearbeiten ....................................................103
10.5 Struktur von SmartArt-Grafiken bearbeiten ....................................................103
10.6 Elemente von SmartArt-Grafiken formatieren ...................................................105
10.7 Schnellübersicht ........................................107
10.8 Übungen......................................................108

## 11 Diagramme erstellen und gestalten .....110

11.1 Grundlagen zu Diagrammen .....................110
11.2 Diagramme in PowerPoint erstellen ..........112
11.3 Mit den Daten arbeiten ..............................115
11.4 Diagrammtyp bzw. -layout ändern ...........117
11.5 Diagrammelemente markieren und bearbeiten ....................................................118
11.6 Diagramme beschriften .............................120
11.7 Schnellübersicht ........................................122
11.8 Übung..........................................................122

## Bildschirmpräsentationen individualisieren

## 12 Mit Bildschirmpräsentationen arbeiten..................................................124

12.1 Bildschirmpräsentationen abspielen ..........124
12.2 Bildschirmpräsentationen steuern..............125
12.3 Einstellungen für die Bildschirm- präsentation vornehmen ...........................129
12.4 Folienübergänge einsetzen .......................130
12.5 Animationseffekte einsetzen .....................132
12.6 Schnellübersicht ........................................134
12.7 Übung..........................................................135

## 13 Präsentationen individualisieren.........136

13.1 Eigene Vorlagen verwenden .....................136
13.2 Vorlagen mit Folienmastern erstellen........137
13.3 Folienmaster und Layouts gestalten .........139
13.4 Andere Designfarben und Hintergründe zuweisen .....................................................141
13.5 Präsentationen als Vorlage speichern und öffnen ..................................................142
13.6 Schnellübersicht .........................................144
13.7 Übung..........................................................145

## Präsentationen drucken und verwalten

## 14 Folien und Begleitmaterial drucken .....146

14.1 Die Druckvorschau nutzen.........................146
14.2 Begleitmaterial erstellen ............................147
14.3 Schnellübersicht ........................................150
14.4 Übung..........................................................150

## 15 Präsentationen verwalten .....................152

15.1 Dokumenteigenschaften festlegen ............152
15.2 Präsentationen schützen ...........................154
15.3 Nicht gespeicherte Präsentationen wiederherstellen .........................................154
15.4 Präsentationen in unterschiedlichen PowerPoint-Versionen nutzen ..................157
15.5 Präsentationen in anderen Formaten speichern .....................................................159
15.6 Speicheroptionen für Präsentationen festlegen ......................................................160
15.7 Schnellübersicht ........................................161

## So finden Sie die Inhalte zu den Lernzielen....................................162

## Stichwortverzeichnis...............................166

# 1 Überblick

**In diesem Kapitel erfahren Sie**

- ✔ was der ECDL (Europäische Computer Führerschein) ist
- ✔ welche Lehrplaninhalte das Modul Präsentationen hat
- ✔ wie Sie mit diesem Buch arbeiten können

Sehr geehrte Leserin, sehr geehrter Leser,

PCs, Internet, lokale Netzwerke, Mobilgeräte, Cloud Computing und soziale Netzwerke bilden eine umfassende und immer mehr zusammenwachsende IT-Infrastruktur, die heute den Berufsalltag entscheidend bestimmt. Mit dem Ihnen vorliegenden Buch eignen Sie sich Kenntnisse und Fertigkeiten an, die für eine effiziente und sichere Nutzung dieser Technologien erforderlich sind. Die Ausrichtung des ECDL® auf kontinuierliches Lernen ermöglicht Ihnen, mit der immer rascheren Entwicklung der IT-Technologie mitzuhalten.

Die Inhalte sind an den Lehrplänen (Syllabi) des ECDL® ausgerichtet. Der ECDL® ist eine Zertifizierung der internationalen ECDL® Foundation für Anwender von Standardsoftware. Die Lehrpläne sind zum Download auf der Website der DLGI verfügbar. In Deutschland ist die DLGI die einzige Akkreditierungs- und Zertifizierungsstelle für den ECDL®: www.dlgi.de

Es werden alle Inhalte für die jeweiligen ECDL®-Modul-Prüfungen vermittelt, auf die dieses Buch vorbereitet. ECDL®-Zertifikate bescheinigen dem Absolventen, dass er die an einem PC-Arbeitsplatz üblicherweise eingesetzte Standardsoftware sicher beherrscht und über die dafür erforderlichen IT-Kenntnisse verfügt. ECDL®-Prüfungen können zu den folgenden Pflicht- und Wahlmodulen abgelegt werden:

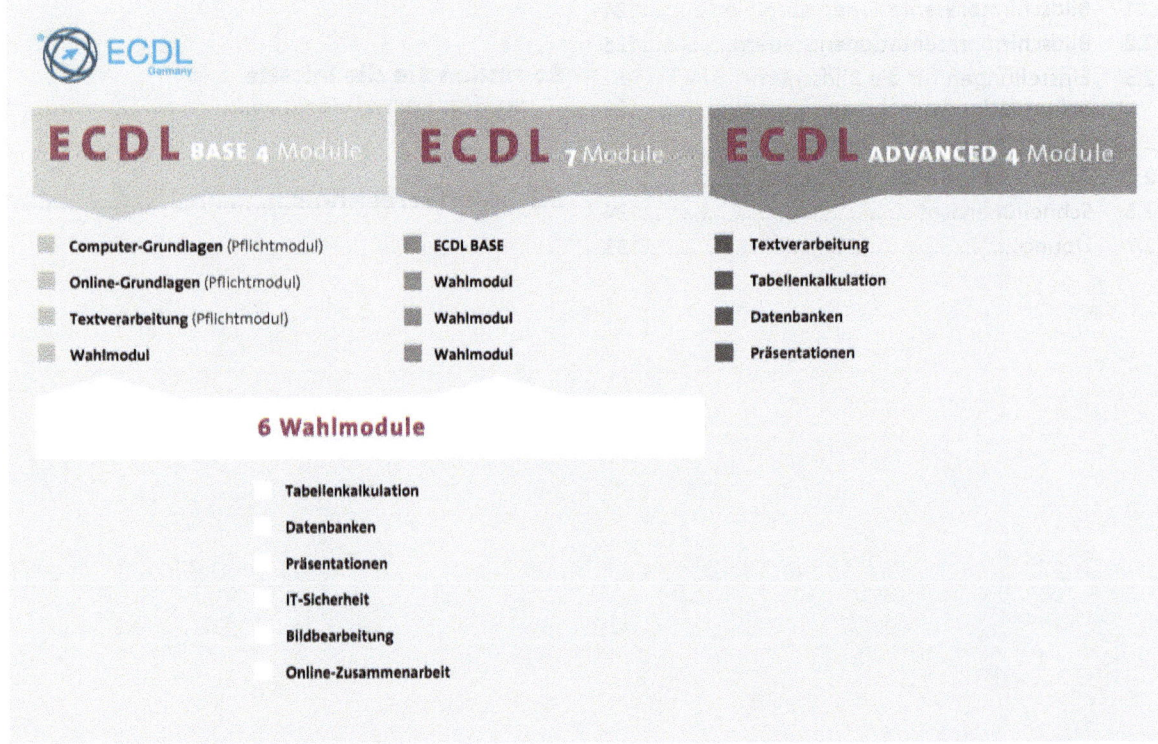

Hat ein Kandidat die oben genannten drei Pflichtmodule und ein Wahlmodul erfolgreich absolviert, wird das Zertifikat ECDL®-Base erteilt, nach bestandenem ECDL®-Base und weiteren drei Wahlmodulen das Zertifikat ECDL®.

Der ECDL® als umfassende Grundqualifizierung bietet einen in der Wirtschaft anerkannten Nachweis. Weltweit haben bereits **mehr als 12,5 Millionen Teilnehmer/-innen** in 148 Ländern ein ECDL®-Zertifikat erhalten.

Sie können in Deutschland an **mehr als 1.500 ECDL®-Prüfungszentren die Prüfungen zum ECDL® absolvieren.** Eine Übersicht über die Prüfungszentren finden Sie ebenfalls auf der Website der DLGI: www.dlgi.de

Viel Freude beim Lernen und viel Erfolg für Ihre berufliche Zukunft
wünscht Ihnen

Ihr

## 1.1    Der Europäische Computer Führerschein

### Wissenswertes über den Europäischen Computer Führerschein

Der Europäische Computer Führerschein (kurz **ECDL**) stellt ein in Europa standardisiertes Zertifikat über die Kenntnisse und Fertigkeiten der Computeranwender dar, das in ganz Europa gültig ist. Der ECDL wird von den der CEPIS (**C**ouncil of **E**uropean **P**rofessional **I**nformatics **S**ocieties) angehörenden Computergesellschaften betreut. Die Europäische Union (EU) fördert die Entwicklung des ECDL, der die fundierte Vermittlung von Computerwissen zum Ziel hat.

Der ECDL basiert auf einem einheitlichen europäischen Lehrplan (Syllabus). Dieser Lehrplan dient der Sicherstellung eines gemeinsamen europaweiten Standards im Bereich Computerwissen. Der Lehrplan umfasst insgesamt sieben Module.

### Lehrplan für das Modul Präsentationen

#### Syllabus 5 unter Windows 8 mit Microsoft PowerPoint 2013

Die Teilnehmer sollen ...

- ✔ mit Präsentationen arbeiten und diese in unterschiedlichen Dateiformaten abspeichern können,
- ✔ integrierte Funktionen wie die Hilfe verwenden können, um die Produktivität zu steigern,
- ✔ wissen, dass es verschiedene Ansichten für eine Präsentation gibt und wofür man sie verwendet.
- ✔ verschiedene Folienlayouts und Foliendesigns auswählen und Folien bearbeiten können,
- ✔ Text in eine Präsentation eingeben, bearbeiten und formatieren können,
- ✔ gute Praxis bei der Benennung von Folien anwenden können,

- Diagramme auswählen, erstellen und formatieren können, um Informationen verständlich darzustellen,
- Bilder, Abbildungen und Zeichnungsobjekte einfügen und bearbeiten können,
- Animationen und Übergangseffekte auf eine Präsentation anwenden können,
- die Präsentationsinhalte überprüfen und korrigieren können.

### Lernziel

Die Inhalte des vorliegenden Buches gehen teilweise über die geforderten Lehrplaninhalte hinaus, um dem Leser mit diesem Buch ein komplettes Nachschlagewerk zu allen Themen bieten zu können.

## 1.2 Zu diesem Buch

Mit Büchern aus der Classic-Reihe des HERDT-Verlags können Sie sich schnell und grundlegend in ein Programm einarbeiten bzw. Ihre Kenntnisse vertiefen.

| Lernziele | Vor jedem Kapitel sehen Sie die jeweiligen Lernziele und Voraussetzungen. |
|---|---|
| Arbeitsanleitungen | Die effizientesten Wege zum Ziel werden Schritt für Schritt im Kapitel erklärt. |
| Auf einen Blick | Eine Übersicht der Funktionen erhalten Sie am Kapitelende. |
| Übungen | Ebenfalls am Ende des Kapitels festigen Sie Ihre erworbenen Kenntnisse. |

Sie können sich den Inhalt dieses Buches am besten aneignen, wenn Sie bereits über folgende Kenntnisse verfügen:

- Sie arbeiten sicher mit Maus und Tastatur.
- Sie beherrschen den Umgang mit dem Windows-Startbildschirm und dem Desktop.
- Sie können Fenster und den Explorer problemlos bedienen.

### Was bedeuten die Symbole im Buch?

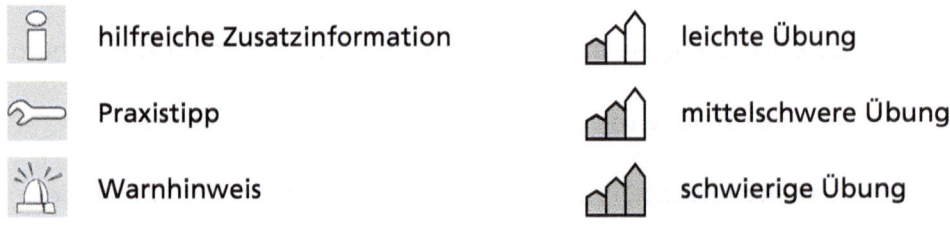

| | | | |
|---|---|---|---|
| ⓘ | hilfreiche Zusatzinformation | 📊 | leichte Übung |
| 🔧 | Praxistipp | 📊 | mittelschwere Übung |
| ⚠ | Warnhinweis | 📊 | schwierige Übung |

⭐ zusätzliche Inhalte, die über das im Syllabus geforderte Wissen hinausgehen, aber zum Verständnis der Zusammenhänge nachhaltig beitragen

## Nachhaltig lernen mit Beispiel-, Übungs- und Ergebnisdateien

Für die meisten Kapitel stehen Ihnen Beispiel-, Übungs- und Ergebnisdateien zur Verfügung.

- Mithilfe der **Beispieldateien** können Sie die erläuterten App-Funktionen direkt nachvollziehen.
- Die Übungen am Ende der einzelnen Kapitel lassen sich ohne weitere Vorbereitungen mit den jeweiligen **Übungsdateien** durchführen.
- Anhand der **Ergebnisdateien** kontrollieren Sie schnell, ob Sie die entsprechenden Übungen korrekt ausgeführt haben.

Mit dem Kauf dieses Buches haben Sie die Berechtigung erworben, diese Dateien von der Website des HERDT-Verlages unter *www.herdt.com* herunterzuladen. Nutzen Sie hierzu den **Webcode**, der sich rechts oben auf der Titelseite dieses Buches befindet:

## Verwendete (Software-)Einstellungen

Die Funktionsbeschreibungen des Buchs basieren auf ...

- der Nutzung von Windows 8 Pro (64-Bit-Version) mit einem **lokalen** Benutzerkonto und einem Benutzer, der in einem (Firmen-)Netzwerk angemeldet ist,
- einer Erstinstallation von PowerPoint 2013 (64-Bit-Version) mit den empfohlenen Einstellungen,
- einer Bildschirmauflösung von 1280 x 1024 Pixeln,
- einer ständigen Verbindung zum Internet.

Wenn Sie eine andere Bildschirmauflösung eingestellt haben, kann das Aussehen der Fenster von den Abbildungen im Buch abweichen.

# 2   PowerPoint kennenlernen

**In diesem Kapitel erfahren Sie**

- ✔ wie Sie PowerPoint starten und beenden
- ✔ welche Elemente das PowerPoint-Fenster enthält und wie Sie damit arbeiten
- ✔ wie Sie in PowerPoint Befehle aufrufen
- ✔ wie Sie die Hilfe von PowerPoint nutzen können

## 2.1   Präsentationen mit PowerPoint

### Was sind Präsentationen?

In vielen Bereichen des Lebens, z. B. im Beruf oder beim Engagement im Verein oder Ehrenamt, kommt es immer wieder vor, dass bestimmte Informationen einem ausgewählten Personenkreis anschaulich mitgeteilt werden sollen.

Vielfach wird in solchen Fällen keine rein mündliche Vortragsweise erwartet, sondern eine **Präsentation**, d. h. ein Vortrag, bei dem die wichtigsten Inhalte zusätzlich visualisiert werden.

Statistiken zufolge ist PowerPoint in allen Bereichen, in denen Vorträge gehalten oder Informationsveranstaltungen durchgeführt werden, die Standardform der Präsentation. Das Programm unterstützt Sie beim Erstellen Ihrer Präsentation und bietet eine Fülle von Funktionen zur Gestaltung und zum individuellen Vortragen.

## 2.2   PowerPoint starten

### PowerPoint über den Windows-Startbildschirm starten

▶ Klicken Sie auf dem Windows-Startbildschirm auf die Kachel der Desktop-App PowerPoint.

Falls sich auf Ihrem Windows-Startbildschirm keine Kachel für PowerPoint befindet, tippen Sie dort direkt die Anfangsbuchstaben der App ein (*pow*). Klicken Sie auf dem nun eingeblendeten Suchbildschirm auf den nebenstehend abgebildeten Eintrag, um PowerPoint zu starten.

Wenn Sie das erste Mal eine Microsoft-Office-App starten, wird das Dialogfenster *Willkommen bei Microsoft Office 2013* eingeblendet. Hier können Sie entscheiden, welches Dateiformat die Office-Apps beim Speichern standardmäßig nutzen sollen. Aktivieren Sie in diesem Dialogfenster *Office Open XML-Formate*. Hierdurch stellen Sie sicher, dass sämtliche Microsoft-Office-Funktionalitäten und Dateiinhalte beim Speichern einer Datei erhalten bleiben.

## Der PowerPoint-Startbildschirm

Nach dem Start von PowerPoint wird der PowerPoint-Startbildschirm angezeigt. Hier können Sie z. B.

- ✔ eine neue leere Präsentation öffnen,
- ✔ eine neue Präsentation öffnen, die auf einer vorgefertigten PowerPoint-Vorlage basiert,
- ✔ bereits vorhandene Präsentationen öffnen.

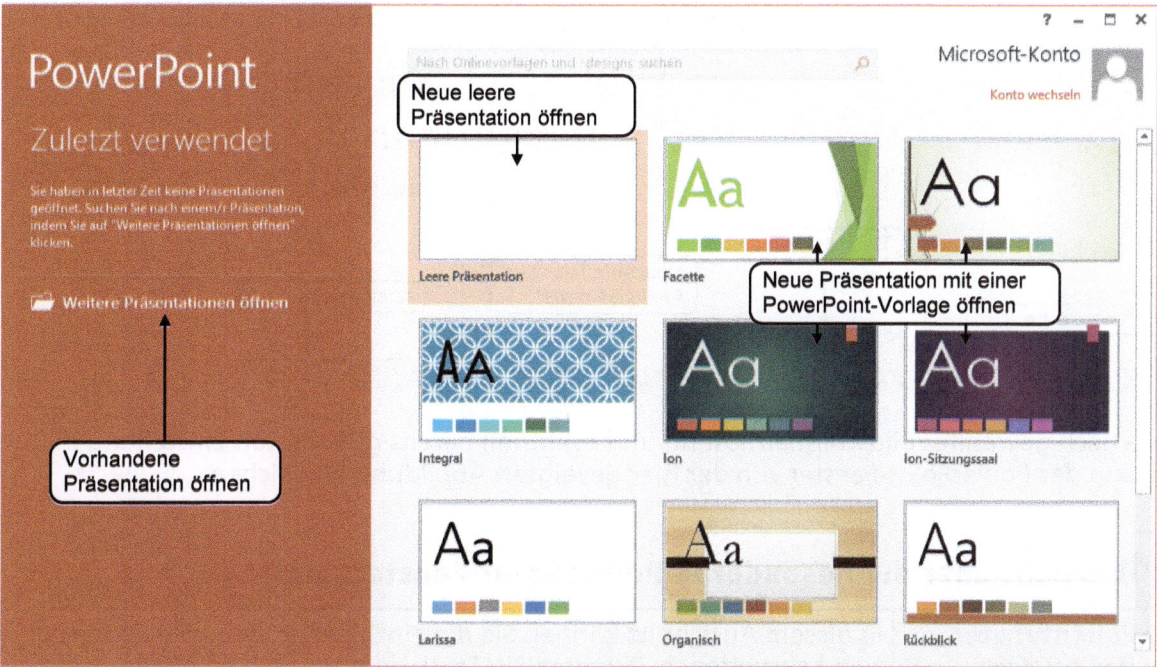

Wurden in PowerPoint bereits Präsentationen geöffnet, werden die zuletzt verwendeten Dateien am oberen linken Bildschirmrand aufgelistet. Durch Anklicken eines Eintrags lässt sich die betreffende Präsentation öffnen.

## Eine neue leere Präsentation erzeugen

▶ Klicken Sie auf dem PowerPoint-Startbildschirm auf *Leere Präsentationen*.

Die neu erstellte Präsentation wird im PowerPoint-Fenster geöffnet.

## 2.3 Das PowerPoint-Fenster

### Das PowerPoint-Fenster in der Ansicht *Normal*

Das PowerPoint-Fenster wird standardmäßig in der Ansicht *Normal* dargestellt. Es enthält sowohl PowerPoint-spezifische als auch Windows-Bedienelemente.

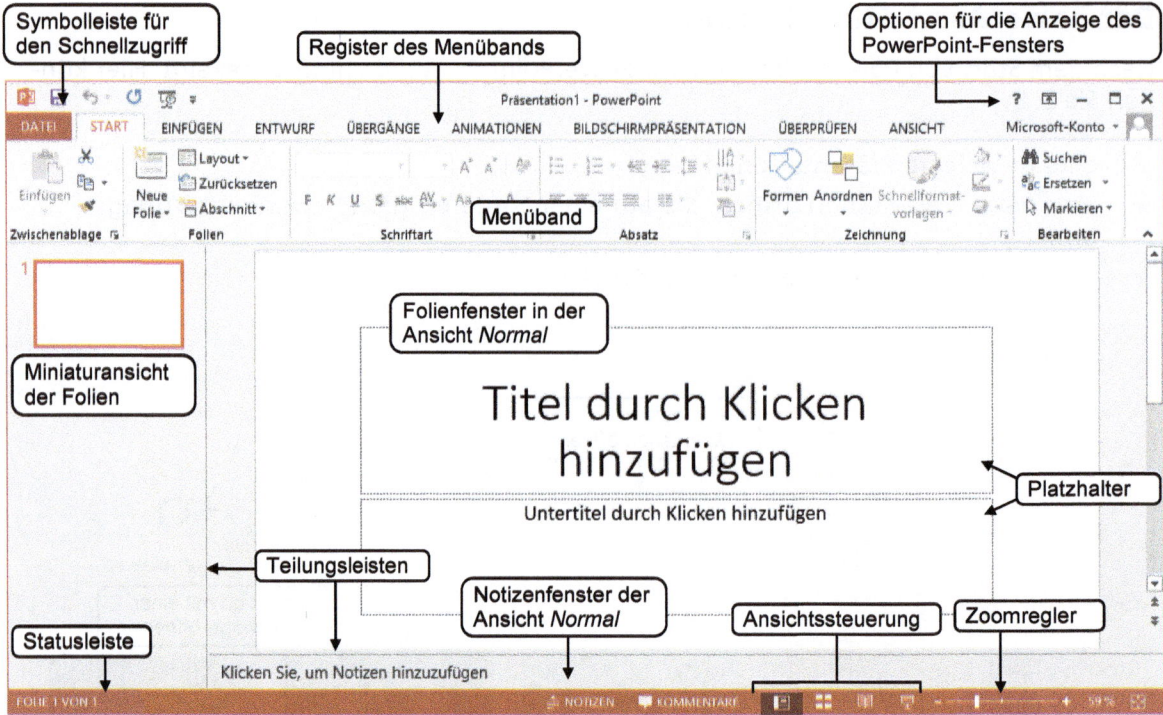

Je nach gewählter Bildschirmauflösung und eventuell bereits geänderten Einstellungen kann das PowerPoint-Fenster von der hier gezeigten Abbildung abweichen.

## Übersicht über die besonderen PowerPoint-Fensterelemente

| | |
|---|---|
| **Folienfenster der Ansicht** *Normal* | In diesem Ausschnitt können Sie die einzelnen Folien Ihrer Präsentation bearbeiten, z. B. indem Sie Texte oder grafische Objekte in Platzhalter einfügen. |
| **Platzhalter** | Platzhalter sind gerahmte Bereiche mit Aufforderungstexten, die der **Eingabe und Bearbeitung** von Folieninhalten dienen. <br> Platzhalter müssen nicht zwingend ausgefüllt werden. Nicht ausgefüllte Platzhalter werden weder in der Bildschirmpräsentation noch im Ausdruck angezeigt. |
| **Menüband** | Sämtliche Befehle des Programms lassen sich über das Menüband aufrufen. <br> Das Menüband (Multifunktionsleiste) ist in verschiedene **Register** (bzw. Registerkarten) unterteilt, in denen die jeweiligen Befehle nach Kategorien geordnet zur Verfügung stehen. |
| **Symbolleiste für den Schnellzugriff** | Hier können Sie häufig benötigte Befehle, z. B. zum Speichern einer Datei, schnell durch Anklicken der entsprechenden Schaltfläche ausführen. Die Auswahl an Schaltflächen, die in der Symbolleiste für den Schnellzugriff angezeigt werden, lässt sich individuell anpassen. |
| **Miniaturansicht der Ansicht** *Normal* | Im linken Bereich der Normalansicht werden in der Miniaturansicht alle Folien der Präsentation im Miniaturformat aufgelistet. Sie können sich so eine Übersicht über die Anzahl sowie über bestimmte Gestaltungselemente der Folien verschaffen. |
| **Notizenfenster der Ansicht** *Normal* | Dieser Bereich dient zum Eintragen von Notizen für den Vortrag. Die Notizen erscheinen nicht auf der Folie und bleiben den Zuschauern verborgen. |

| Teilungsleisten | Mit der vertikalen bzw. der horizontalen Teilungsleiste können Sie die Bereiche *Miniaturansicht* und *Notizenfenster* durch Ziehen mit der Maus in der Größe anpassen. |
|---|---|
| Statusleiste | Hier erhalten Sie nützliche Hinweise, z. B. sehen Sie die aktuelle Foliennummer oder den Status der Rechtschreibprüfung.<br><br>Über das Kontextmenü der Statusleiste lässt sich bestimmen, welche Informationen in diesem Bereich angezeigt werden. |
| Ansichts-steuerung | Hier können Sie schnell zwischen den verschiedenen Ansichten von PowerPoint wechseln (Normalansicht ▦ , Foliensortierung ▦ , Leseansicht ▦ , Bildschirmpräsentation ▽ ). Standardmäßig ist die Ansicht *Normal* eingeschaltet. |
| Zoomfunktion | Über das Register *ANSICHT*, Gruppe *Zoom*, und Klicken auf *Zoom* oder durch Ziehen des Zoomreglers ▬▬I▬▬+ nach rechts bzw. links können Sie die Darstellungsgröße einer Folie vergrößern bzw. verkleinern. |

## 2.4 Befehle aufrufen

### Das Menüband (Multifunktionsleiste) nutzen

Das Menüband bietet Ihnen Zugriff auf sämtliche Befehle von PowerPoint, die Sie über die dortigen Elemente aufrufen können.

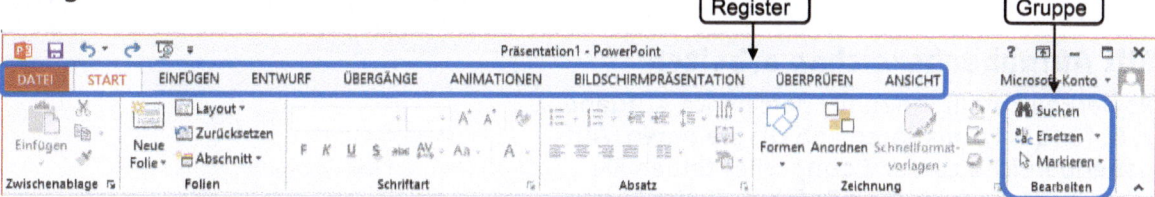

✔ Die einzelnen **Register** des Menübands enthalten Zusammenstellungen von Befehlen, um bestimmte Aufgaben zu erledigen. So lassen sich beispielsweise über die im Register *ANSICHT* enthaltenen Elemente die PowerPoint-Ansichtsoptionen einstellen.

✔ Die Elemente eines Registers sind in **Gruppen** angeordnet. Viele Gruppen besitzen die Schaltfläche ▣ , mit der Sie ein Dialogfenster bzw. einen Aufgabenbereich mit weiteren Befehlen öffnen können.

✔ Wenn Sie das rot gefärbte Register *DATEI* anklicken, wird die sogenannte Backstage-Ansicht geöffnet, in der Sie unter anderem die grundlegenden Befehle zum Erstellen, Speichern oder Drucken von Präsentationen aufrufen können. Bei aktiviertem Register *DATEI* werden das Menüband, die Statusleiste und die Symbolleiste für den Schnell-zugriff ausgeblendet. Um die Backstage-Ansicht wieder zu verlassen, klicken Sie am oberen linken Fensterrand auf ⬅ oder drücken Sie Esc.

✔ Bei bestimmten Arbeiten, z. B. bei der Bearbeitung von Diagram-men, werden am rechten Rand des Menübands Kontexttools ① mit zusätzlichen Registern ② eingeblendet.

✔ Abhängig von der verwendeten Bildschirmauflösung bzw. der Größe des PowerPoint-Fensters, kann es vorkommen, dass für Gruppen anstelle der jeweiligen Befehle lediglich eine Schaltfläche mit dem betreffenden Gruppennamen angezeigt wird.

Sie können **allgemeine Programmeinstellungen** von PowerPoint (z. B. Einstellungen zum Speichern) im Dialogfenster *PowerPoint-Optionen* festlegen. Die hier vorgenommenen Einstellungen gelten für **alle** künftigen Arbeitssitzungen mit PowerPoint. Das Dialogfenster öffnen Sie, indem Sie auf das rot gefärbte Register *DATEI* klicken und anschließend im linken Fensterbereich *Optionen* anklicken.

### Die Anzeigeoptionen für das Menüband ändern

▶ Klicken Sie am oberen rechten Bildschirmrand auf 🗗 und wählen Sie in der eingeblendeten Liste die gewünschte Einstellung.

| Sie möchten, dass ... | |
|---|---|
| das Menüband standard-mäßig ausgeblendet ist | ▶ Klicken Sie auf *Menüband automatisch ausblenden*. Wenn Sie am oberen rechten Bildschirmrand auf ··· klicken, wird das Menüband (vorübergehend) wieder eingeblendet. |
| nur die Register des Menübands angezeigt werden | ▶ Wählen Sie *Registerkarten anzeigen*. |
| immer das komplette Menüband angezeigt wird | ▶ Klicken Sie auf *Registerkarten und Befehle anzeigen*. |

Das Menüband können Sie ebenfalls ausblenden, indem Sie den Pfeil ① rechts neben den Registern anklicken. Klicken Sie doppelt auf eine beliebige Registerkarte, um das Menüband wieder einzublenden.

? 🗗 — 🗗 ✕
Lisa Wagner ▾ 👤

① ⌄

## ⭐ Mit Aufgabenbereichen arbeiten

PowerPoint stellt Ihnen für bestimmte Aufgaben, z. B. für das Formatieren von Diagrammen, Aufgabenbereiche zu Verfügung. Hier finden Sie schnell alle wesentlichen Befehle, die im Zusammenhang mit der jeweiligen Aufgabe relevant sind.

Die Aufgabenbereiche werden so lange am Seitenrand angezeigt, bis Sie diese nach Abschluss der entsprechenden Arbeiten über das zugehörige Schließfeld ✕ ausblenden.

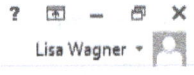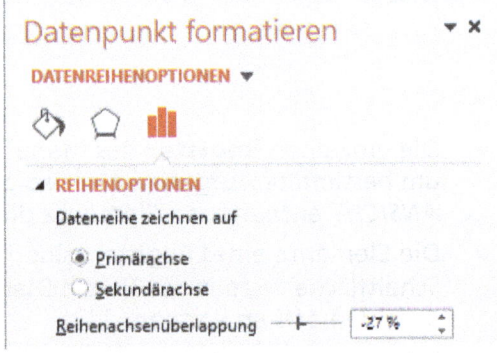

## Das Kontextmenü verwenden

Durch Klicken mit der rechten Maustaste können Sie das Kontextmenü öffnen. Je nachdem, in welchen Bereich des PowerPoint-Fensters oder der Folie Sie mit der rechten Maustaste klicken, enthält das Kontextmenü verschiedene Befehle zur aktuellen Auswahl.

Klicken Sie z. B. mit der rechten Maustaste in einen Folientext, stellt Ihnen PowerPoint im eingeblendeten Kontextmenü ① die wichtigsten Befehle zusammen, die Sie zur Bearbeitung des Textes anwenden können. Zusätzlich wird die sogenannte **Minisymbolleiste** ② eingeblendet, über die sich schnell verschiedene Formatierungsbefehle wählen lassen.

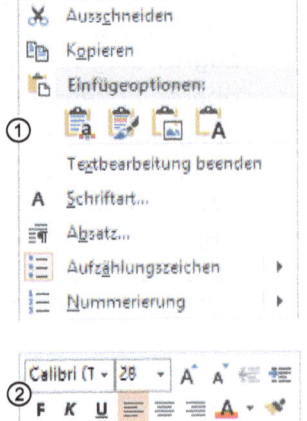

 Wenn Sie mit der rechten Maustaste auf ein Element des Menübands klicken, können Sie dieses Element über das Kontextmenü zur Symbolleiste für den Schnellzugriff hinzufügen.

## Mit Optionsschaltflächen arbeiten

Über Optionsschaltflächen lassen sich kontextbezogene Befehle schnell ausführen. Optionsschaltflächen erscheinen automatisch, nachdem bestimmte Aktionen durchgeführt wurden.

Haben Sie beispielsweise ein Diagramm markiert, werden drei Optionsschaltflächen eingeblendet, mit deren Hilfe Sie das Erscheinungsbild des Diagramms verändern können. Die zugeordneten Befehle werden eingeblendet, wenn Sie auf die betreffende Schaltfläche klicken.

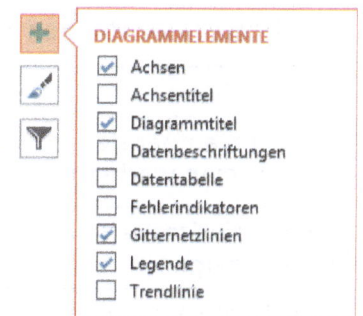

Optionsschaltflächen sind nur in der Bildschirmanzeige sichtbar und werden nicht gedruckt.

## 2.5 Die PowerPoint-Hilfe verwenden

### Schnell die gewünschten Hilfetexte finden

Über das Suchfeld im Hilfefenster können Sie während der Arbeit mit PowerPoint schnell nach Erläuterungen für Aktionen und Begriffe suchen. So können Sie sich beispielsweise darüber informieren, wie Sie eine Präsentation speichern.

Um einen Hilfetext aufzurufen, gehen Sie wie folgt vor:

▶ Klicken Sie in der rechten oberen Ecke des Anwendungsfensters auf ❓ oder drücken Sie F1.

Das Hilfefenster mit der Hilfe-Startseite wird geöffnet.

▶ Tragen Sie im Suchfeld einen oder mehrere Begriffe ein, nach denen Sie suchen möchten.

▶ Bestätigen Sie mit ↵, um die Hilfethemen einzublenden.

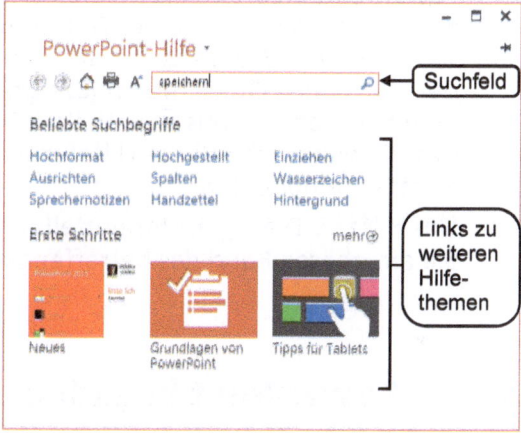

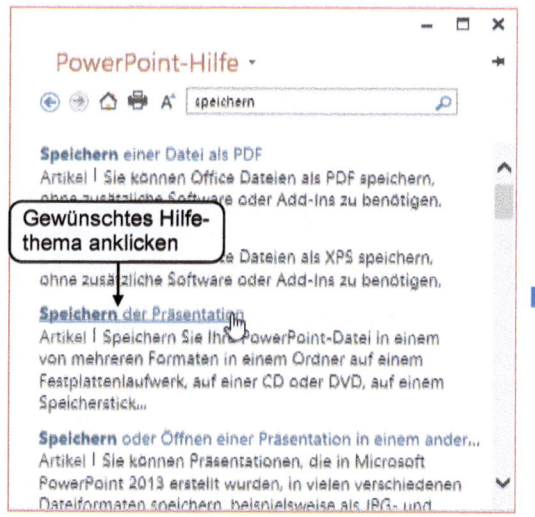

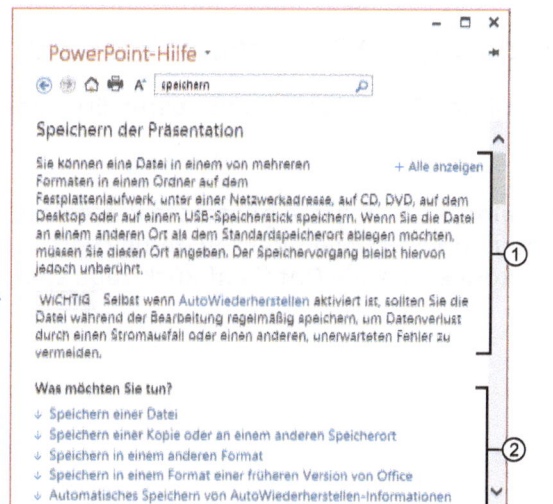

✔ Im oberen Bereich des Hilfefensters wird meist eine Kurzbeschreibung ① zum gewählten Hilfethema angezeigt.

✔ Umfangreiche Hilfetexte besitzen eine Inhaltsübersicht ②, über deren Einträge Sie direkt zu den weiterführenden Abschnitten wechseln können.

## Die Symbolleiste des Hilfefensters nutzen

| Sie möchten ... | |
|---|---|
| zwischen aufgerufenen Hilfethemen wechseln | ▶ Klicken Sie auf ⬅, um zum vorherigen, oder auf ➡, um zum nächsten Hilfethema zu wechseln. |
| erneut die Startseite der Hilfe anzeigen | ▶ Klicken Sie auf ⌂. |
| den Hilfetext drucken | ▶ Klicken Sie auf 🖶.<br>▶ Klicken Sie im eingeblendeten Dialogfenster auf *Drucken*. |

✔ Standardmäßig wird das Hilfefenster ausgeblendet, sobald Sie eine Stelle außerhalb des Fensters anklicken. Sie können es jedoch jederzeit wieder einblenden, indem Sie ❓ in der Windows-Taskleiste anklicken.

✔ Möchten Sie, dass das Hilfefenster immer im Vordergrund angezeigt wird, klicken Sie in der oberen rechten Ecke des Fensters auf ➖. Über 📌 lässt sich dies bei Bedarf wieder rückgängig machen.

## Hilfe zu Elementen des Menübands bzw. zu Dialogfenstern erhalten

✔ PowerPoint bietet zu jedem Element des Menübands eine kurze Erläuterung, die in einer QuickInfo ① eingeblendet wird, sobald Sie mit der Maus auf das entsprechende Element zeigen. Wird eine QuickInfo angezeigt, die am unteren Rand den abgebildeten Hinweis ② enthält, können Sie durch Anklicken des Hinweises schnell das Hilfefenster mit dem passenden Hilfetext einblenden.

✔ Um Hilfe zu Dialogfenstereinstellungen zu erhalten, klicken Sie am oberen Rand des betreffenden Dialogfensters auf ❓.

## 2.6    PowerPoint beenden

### Die Arbeit mit PowerPoint beenden

▶ Klicken Sie in der rechten oberen Ecke des PowerPoint-Fensters auf ✖ .

ℹ Falls eine oder mehrere geöffnete Präsentationen nicht in ihrer aktuellen Version gespeichert wurden, können Sie die Datei auf Rückfrage speichern.

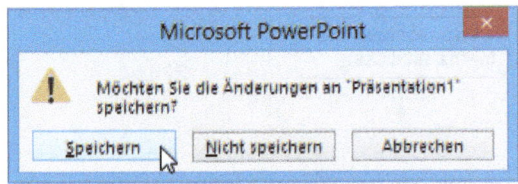

## 2.7     Schnellübersicht

| **Sie möchten ...** | |
|---|---|
| PowerPoint starten | Auf dem Windows-Startbildschirm: Kachel der Desktop-App PowerPoint anklicken oder *pow* eingeben, *Power-Point 2013* |
| eine neue leere Präsentation erzeugen | Auf dem PowerPoint-Startbildschirm: *Leere Präsentation* |
| allgemeine Programm-einstellungen vornehmen | Register *DATEI*, *Optionen* |
| die Hilfefunktion aufrufen | **?** oder F1 |
| einen Hilfetext suchen | Frage in das Suchfeld des Hilfefensters eingeben, ↵ |
| zwischen aufgerufenen Hilfeseiten wechseln | ⊙ bzw. ⊙ |
| einen Hilfetext drucken | 🖶, *Drucken* |
| Hilfe zu Dialogfenster-einstellungen erhalten | Im Dialogfenster: **?** |
| PowerPoint beenden | ✕ |

## 2.8     Übung

### Nach PowerPoint-Hilfethemen suchen

| **Level** | | | **Zeit** | ca. 10 min |
|---|---|---|---|---|
| **Übungsinhalte** | ✔  Mit der PowerPoint-Hilfe arbeiten | | | |

① Sie möchten sich in PowerPoint über das Thema „Speichern" informieren. Rufen Sie die Hilfe auf, geben Sie im Suchfeld den Begriff *speichern* ein und starten Sie die Suche.

② Wählen Sie das Hilfethema *Speichern der Präsentation.*

③ Lesen Sie im anschließend eingeblendeten Hilfetext die Erläuterungen des Abschnitts *Speichern einer Kopie oder an einem anderen Speicherort.*

④ Sie möchten nun nach weiteren Informationen suchen. Klicken Sie in das Suchfeld des Hilfefensters, geben Sie den Begriff *Ansicht* ein und starten Sie die Suche erneut.

⑤ Blenden Sie den Hilfetext zum Hilfethema *Auswählen der richtigen Ansicht für die jeweilige Aufgabe in PowerPoint 2013* ein.

⑥ Drucken Sie den angezeigten Hilfetext.

⑦ Wechseln Sie im Hilfefenster zurück zum Hilfetext *Speichern der Präsentation.*

⑧ Schließen Sie das Hilfefenster.

# 3    Grundlagen der Folienbearbeitung

**In diesem Kapitel erfahren Sie**

- ✔ wie Sie einen Titel für Ihre Präsentation festlegen
- ✔ auf welche Weise Sie neue Folien erzeugen und bearbeiten
- ✔ wie Sie Aufzählungstexte in Platzhaltern erstellen und bearbeiten
- ✔ wie Sie Folien ein Layout zuweisen
- ✔ wie Sie Folien ein Design zuweisen
- ✔ wie Sie eine Präsentation speichern und schließen

**Voraussetzungen**

- ✔ PowerPoint starten und beenden

## 3.1    Titel der Präsentation eingeben

### Was ist die Titelfolie?

Direkt nach dem Erstellen einer neuen leeren Präsentation steht Ihnen die sogenannte Titel-folie zur Verfügung. Diese Folie ist für den Titel der Präsentation reserviert und mit einem Deckblatt zu vergleichen. Hier soll der Titel der Präsentation und eventuell ein Untertitel angegeben werden. Auch allgemeine Daten wie der Name des Referenten und das Datum können hier stehen.

Die Titelfolie enthält bereits zwei Platzhalter. Die enthaltenen Aufforderungstexte dienen dabei lediglich als Eingabehilfe bei der Bearbeitung der Folie und werden weder in der Bild-schirmpräsentation noch im Ausdruck angezeigt.

### Titel und Untertitel eingeben

▶ Klicken Sie in den oberen Platzhalter ①, um einen Titel für Ihre Präsentation einzugeben.

Der vorgegebene Text verschwindet und es er-scheint der blinkende Cursor ②.

▶ Geben Sie den gewünschten Text ein.

▶ Wenn Sie eine neue Zeile innerhalb des Platzhalters erzeugen möchten, betätigen Sie ⏎.

Mit einem Mausklick können Sie den Cursor an eine andere Textstelle setzen.

▶ Um einen Untertitel für Ihre Präsentation einzuge-ben, klicken Sie in den entsprechenden Platzhalter und geben Sie den gewünschten Text wie beschrie-ben ein.

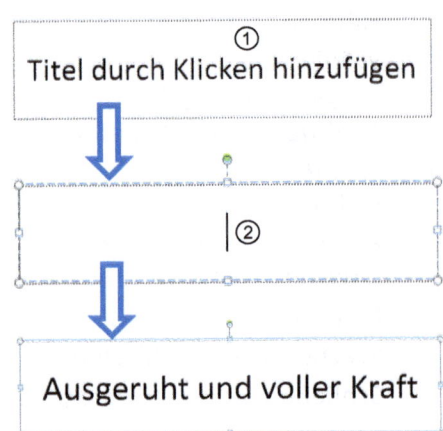

## 3.2 Neue Folien mit Aufzählungstext erzeugen

### Neue Folien einfügen

Möchten Sie weitere Folien für Ihre Präsentation erzeugen, gehen Sie folgendermaßen vor:

▶ Wählen Sie das Register *START* und klicken Sie in der Gruppe *Folien* in den oberen Bereich ① der Schaltfläche *Neue Folie*.

*oder*

▶ Klicken Sie in der Miniaturansicht mit der linken Maustaste unterhalb der Folie ②, nach der Sie die neue Folie einfügen möchten.

Eine rote Linie kennzeichnet die Einfügeposition der neuen Folie.

▶ Bestätigen Sie mit ⏎.

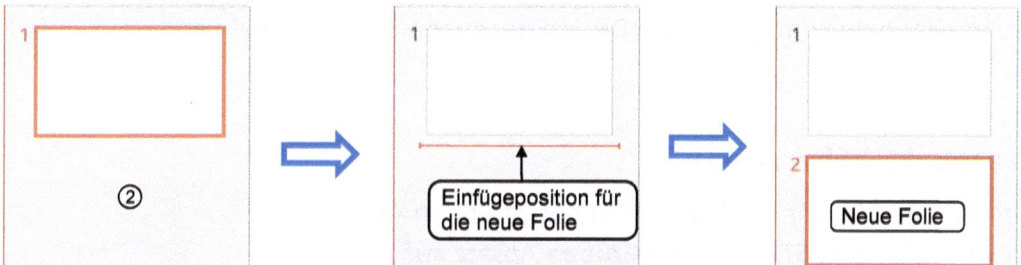

### Aufzählungstext in Platzhalter eingeben

Wenn Sie eine neue Folie eingefügt haben, werden standardmäßig Platzhalter für die Überschrift ① und für den Inhalt der Folie ② bereitstellt.

Da in Präsentationen häufig mit Stichpunkten gearbeitet wird, ist der Textbereich des Inhaltsplatzhalters bereits als Aufzählungstext formatiert.

Sobald Sie den Inhaltsplatzhalter mit Text füllen, werden die Symbole zum Einfügen anderer Objekte ③ ausgeblendet.

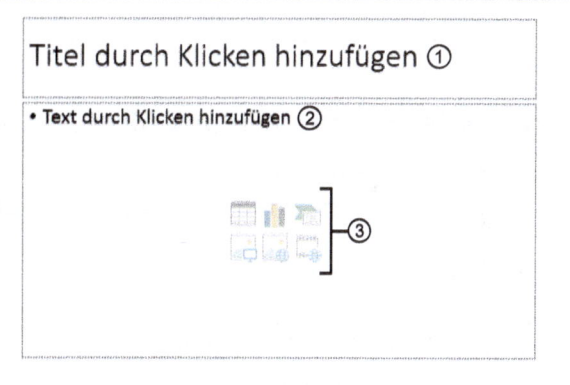

Um einen Aufzählungstext einzugeben, gehen Sie folgendermaßen vor:

▶ Klicken Sie auf der neu erzeugten Folie in den oberen Platzhalter und geben Sie einen Titel ein.

▶ Klicken Sie in den Aufforderungstext des Inhaltsplatzhalters, um den Text für diese Folie einzugeben.

▶ Betätigen Sie ⏎, um einen neuen Aufzählungspunkt zu erzeugen.

▶ Falls Sie die AutoKorrektur, die den Satzanfang immer mit Großbuchstaben formatiert, nicht wünschen, deaktivieren Sie sie über die Autokorrektur-Optionen ①.

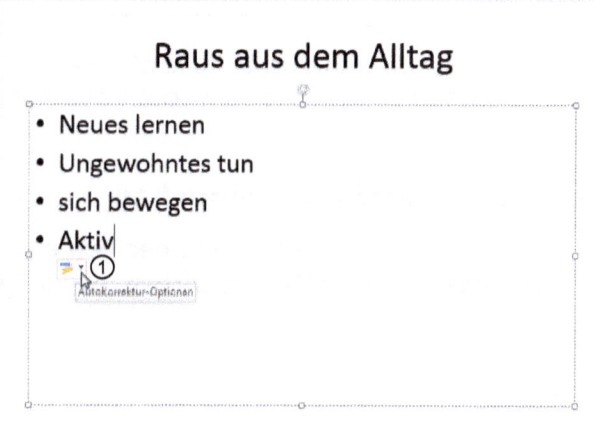

Sie können die Textbearbeitung beenden, indem Sie in einen Bereich außerhalb des Platzhalters klicken.

## Einen Unterpunkt erstellen

Wenn Sie einen neuen Aufzählungspunkt erzeugen, wird dieser automatisch in der Gliederungsebene des vorangehenden Punktes erzeugt. Möchten Sie zu einem Aufzählungspunkt Unterpunkte erstellen, gehen Sie folgendermaßen vor:

▶ Platzieren Sie den Cursor am Anfang des betreffenden Absatzes.

▶ Klicken Sie im Register *START* in der Gruppe *Absatz* auf 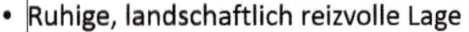.

   Alternative: [⇥]-Taste

| |
|---|
| • Erholsames Wohnen |
| • Ruhige, landschaftlich reizvolle Lage |

| |
|---|
| • Erholsames Wohnen |
|    • Ruhige, landschaftlich reizvolle Lage |

Der neue Gliederungspunkt wird eine Ebene tiefergestuft. Das Aufzählungszeichen wird eingerückt und abhängig vom gewählten Design gegebenenfalls durch ein anderes Symbol dargestellt.

## Einen Unterpunkt höherstufen

▶ Platzieren Sie den Cursor am Anfang des betreffenden Absatzes.

▶ Klicken Sie im Register *START* in der Gruppe *Absatz* auf .

   Alternative: [⇧] [⇥]

| |
|---|
| • Erholsames Wohnen |
|    • Ruhige, landschaftlich reizvolle Lage |

| |
|---|
| • Erholsames Wohnen |
| • Ruhige, landschaftlich reizvolle Lage |

## Neue Zeile innerhalb eines Absatzes ohne Aufzählungszeichen erzeugen

Sie können auch innerhalb eines Absatzes eine neue Zeile erzeugen, um beispielsweise Zusatzinformationen zum betreffenden Aufzählungspunkt einzugeben.

▶ Betätigen Sie [⇧] [↵].

| |
|---|
| • Ruhige, landschaftlich reizvolle Lage |
|    • Handverlesene Hotels |
|    • Köstliche leichte Küche |

| |
|---|
| • Ruhige, landschaftlich reizvolle Lage |
|    • Handverlesene Hotels |
|       (mindestens 4 Sterne) ① |
|    • Köstliche leichte Küche |

Es wird eine neue eingerückte Zeile ohne Aufzählungszeichen ① eingefügt, wobei der Zeilenabstand geringer ist als zwischen den Absätzen.

## ⭐ Text ohne Aufzählung eingeben

▶ Wenn Sie nicht möchten, dass der Text als Aufzählung formatiert ist, löschen Sie das vorgegebene Aufzählungszeichen, bevor Sie den Text eingeben, z. B. mit der Taste [⟵].

## 3.3 Folientexte markieren, überschreiben und löschen

### Text mit der Maus markieren

Um bestimmte Arbeiten, wie z. B. das Löschen oder Überschreiben, durchführen zu können, ist es erforderlich, den betreffenden Text zuvor zu markieren.

| Ein Wort | ▶ Klicken Sie doppelt in das Wort. |
|---|---|
| Beliebige Textteile | ▶ Zeigen Sie mit der Maus auf den Anfang (bzw. das Ende) des Textteiles.<br>▶ Ziehen Sie die Maus mit gedrückter Maustaste auf das Ende (bzw. den Anfang) des Textteiles. |
| Alle Textteile eines Platzhalters | ▶ Klicken Sie in den Text, um den Platzhalterrahmen zu aktivieren.<br>▶ Klicken Sie mit der rechten Maustaste auf den Rahmen und wählen Sie *Text bearbeiten*. |
| Alle Platzhalter | ▶ Wechseln Sie im Folienfenster zur gewünschten Folie und klicken Sie in einen leeren Bereich der Folie.<br>▶ Wechseln Sie gegebenenfalls in das Register *START*.<br>▶ Klicken Sie in der Gruppe *Bearbeiten* auf *Markieren* und wählen Sie *Alles markieren*. |

Markierte Textteile werden mit einem farbigen Hintergrund dargestellt ①.

Um eine Markierung wieder zu entfernen, klicken Sie an eine beliebige Stelle der Folie.

### Text mit der Tastatur markieren

▶ Setzen Sie den Cursor an die Stelle, ab der Sie markieren möchten, und betätigen Sie die gewünschte Tastenkombination (vgl. unten stehende Tabelle).

| Zeichenweise nach rechts/links | ⇧ → bzw. ⇧ ← |
|---|---|
| Wortweise nach rechts/links | Strg ⇧ → bzw. Strg ⇧ ← |
| Alles bis zum Textende | Strg ⇧ Ende |
| Alles bis zum Textanfang | Strg ⇧ Pos 1 |
| Gesamter Text | Strg A |

### Folientexte überschreiben bzw. löschen

▶ Um einen Folientext zu überschreiben, markieren Sie ihn und geben Sie den neuen Text ein. Die Eingabe ersetzt die Markierung.

*oder* Wenn Sie einen markierten Textbereich löschen möchten, betätigen Sie Entf.

## 3.4    Arbeiten rückgängig machen

### Letzte Aktion rückgängig machen

PowerPoint erlaubt es, die letzten durchgeführten Arbeitsschritte zu widerrufen. Sollten Sie beispielsweise versehentlich einen oder mehrere Textbereiche gelöscht haben, können Sie diese Aktion wieder rückgängig machen.

▶ Klicken Sie in der Symbolleiste für den Schnellzugriff auf ↺ .
   Alternative: Strg Z

### Mehrere Aktionen rückgängig machen

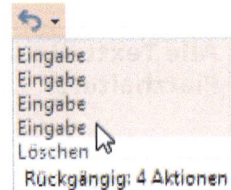

▶ Klicken Sie mehrfach auf ↺ oder drücken Sie mehrmals Strg Z.
   oder  Klicken Sie auf den Pfeil neben ↺ und wählen Sie im geöffneten Feld durch Markieren die Anzahl der Aktionen, die
   rückgängig gemacht werden sollen.

### Rückgängig gemachte Aktionen wiederherstellen

▶ Klicken Sie in der Symbolleiste für den Schnellzugriff auf ↻ .
   Alternative: Strg Y

Möchten Sie mehrere rückgängig gemachte Aktionen wiederherstellen, klicken Sie mehr-fach auf ↻ oder drücken Sie wiederholt Strg Z.

## 3.5    Ein Folienlayout zuweisen

### Was sind Folienlayouts?

Das Folienlayout bestimmt, welche Arten von Inhalten auf der Folie eingefügt werden können (z. B. Text oder Grafiken) und wie diese angeordnet und formatiert sind. Hierfür enthalten die Folienlayouts u. a. bestimmte Platzhalter.

Standardmäßig wird beim Einfügen einer neuen Folie das Layout *Titel und Inhalt* zugewiesen. Es enthält einen Textplatzhalter für den Folientitel und den Platzhalter *Inhalt*, der sich für unterschiedliche Inhaltsarten nutzen lässt, z. B. Texte, Diagramme, Grafiken etc.

Zwei Inhalte

Verwenden Sie für jede Folie dasjenige Folienlayout, das am besten zu den geplanten Inhalten passt. Möchten Sie beispielsweise einen Titel und einen zweispaltigen Text eingeben, stellt Ihnen PowerPoint das Folienlayout *Zwei Inhalte* ① zur Verfügung; benötigen Sie jedoch eine leere Folie, weil Sie eine Zeichnung erstellen möchten, wählen Sie das Layout *Leer* ②.

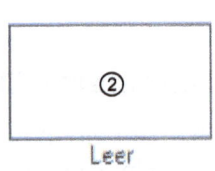

Leer

## Die Folienlayouts im Überblick

| Folienlayout | Platzhalter |
|---|---|
| | **Titelfolie**<br><br>Das Layout *Titelfolie* ist für das Deckblatt der Präsentation bestimmt. Hier werden nur Titel, Untertitel und eventuell allgemeine Angaben wie z. B. Datum oder Name des Referenten angegeben.<br><br>Folien, die mit diesem Layout erstellt wurden, werden automatisch anders formatiert als alle restlichen Folien einer Präsentation. Das Layout sollte daher nur für Deckblätter oder Abschnittsteiler verwendet werden. |
| | **Titel und Inhalt**<br><br>Dieses Layout enthält einen Platzhalter für den Titel der Folie und einen Platzhalter, in den Sie verschiedene Arten von Inhalten eingeben bzw. einfügen können, z. B. Text, Tabellen oder Grafiken.<br><br>Es dient als Basis beim Erzeugen einer neuen Folie und wird beim Erstellen standardmäßig zugewiesen. |
| | **Abschnittsüberschrift**<br><br>Möchten Sie Ihre Präsentation durch Abschnittsüberschriften strukturieren, wählen Sie dieses Layout. |
| | **Zwei Inhalte**<br><br>Möchten Sie mehrere Aufzählungspunkte, die eventuell in zwei Themengebiete aufteilbar sind, auf einer Folie unterbringen, wählen Sie dieses Layout. |
| | **Vergleich**<br><br>Möchten Sie eine Gegenüberstellung zweier Themengebiete auf einer Folie darstellen, wählen Sie dieses Layout. |
| | **Nur Titel**<br><br>Diese Folie eignet sich z. B. für den Fall, dass Sie nur einen Titel eingeben möchten, um den übrigen Platz auf der Folie für eine zu erstellende Zeichnung zu verwenden. |
| | **Leer**<br><br>Wählen Sie dieses Layout, um beispielsweise ein folienfüllendes Foto anzuzeigen. |
| | **Inhalt mit Überschrift**<br><br>Mit diesem Layout können Sie Titel und Untertitel neben dem Inhalt (Aufzählungstext oder Objekte) anordnen. |
| | **Bild mit Überschrift**<br><br>Wählen Sie dieses Layout, wenn Sie groß und übersichtlich ein Bild neben einem Titel bzw. Untertitel einfügen möchten. |

## Ein bestimmtes Folienlayout zuweisen

### Neue Folie mit speziellem Layout erstellen

Standardmäßig wird beim Einfügen einer neuen Folie das Layout *Titel und Inhalt* zugewiesen. Möchten Sie bereits beim Einfügen ein anderes Layout wählen, gehen Sie folgendermaßen vor:

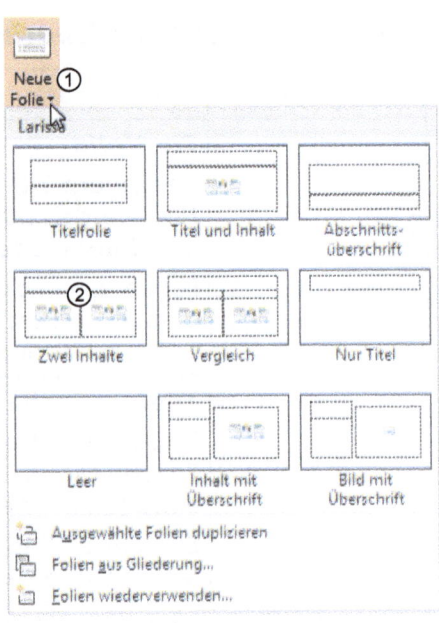

▶ Markieren Sie in der Miniaturansicht die Folie, nach der Sie eine neue Folie einfügen möchten.

▶ Klicken Sie im Register *START* in der Gruppe *Folien* in den unteren Bereich ① der Schaltfläche *Neue Folie*.

▶ Wählen Sie im eingeblendeten Feld das gewünschte Layout, z. B. *Zwei Inhalte* ②.

    Eine neue Folie mit dem ausgewählten Layout wird eingefügt.

### Einer bestehenden Folie ein anderes Layout zuweisen

Wenn Sie bestehende Inhalte anders anordnen möchten als vom bestehenden Layout vorgegeben, können Sie der Folie ein Layout zuweisen, das eher Ihren Vorstellungen entspricht.

Sie möchten beispielsweise auf einer Folie, die mit dem Standardlayout *Titel und Inhalt* erstellt wurde, nachträglich ein Bild neben den Text setzen. Dazu eignet sich das Folienlayout *Zwei Inhalte* sehr gut.

▶ Markieren Sie in der Miniaturansicht die Folie, der Sie ein anderes Folienlayout zuweisen möchten.

▶ Klicken Sie im Register *START* in der Gruppe *Folien* auf *Layout*.

▶ Klicken Sie im eingeblendeten Feld auf das gewünschte Layout.

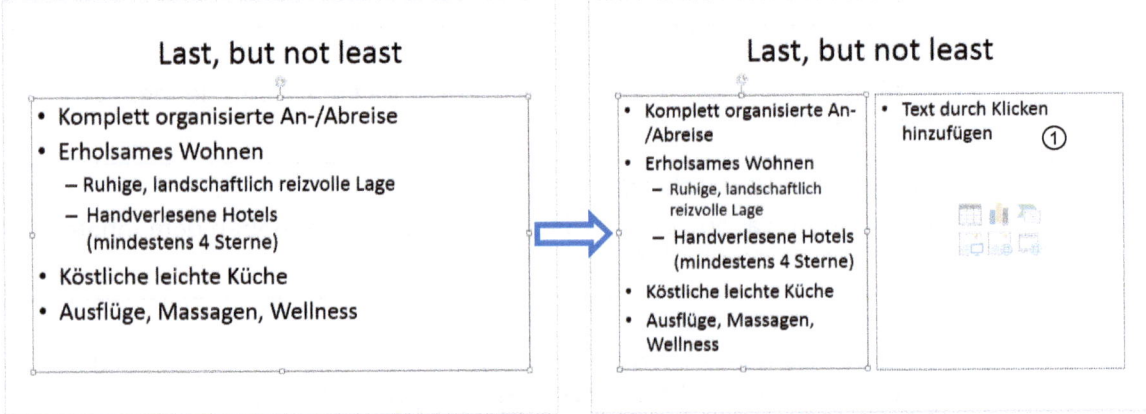

Die bestehenden Inhalte der Folie werden nach den Vorgaben des gewählten Layouts neu ausgerichtet und formatiert. Im Beispiel wurde gemäß den Layoutvorgaben ein weiterer Platzhalter hinzugefügt ①, mit dem z. B. ein Bild neben dem Text eingefügt werden kann.

## 3.6  Mit mehreren Folien arbeiten

### In der Normalansicht zwischen den Folien wechseln

| | |
|---|---|
| **Zur nächsten Folie** | ▶ Klicken Sie unterhalb der Bildlaufleiste des Folienfensters auf ⯯. <br> Alternative: Bild↓ |
| **Zur vorherigen Folie** | ▶ Klicken Sie im Folienfenster auf ⯭. <br> Alternative: Bild↑ |
| **Zu einer bestimmten Folie** | ▶ Klicken Sie in der Miniaturansicht auf die gewünschte Folie. <br> *oder* Ziehen Sie im Folienfenster das Bildlauffeld der vertikalen Bildlaufleiste ①, bis die Seitennummer der Folie, zu der Sie wechseln möchten, in einer QuickInfo ② neben der Leiste eingeblendet wird. <br><br> ② <br> Folie: 3 von 3 <br> Last, but not least <br> ① |
| **Zur ersten bzw. zur letzten Folie** | ▶ Betätigen Sie Pos 1 bzw. Ende. <br> Um diese Funktion ausführen zu können, darf im Folienfenster nichts markiert sein. |

### Folien in der Miniaturansicht markieren

Bei der Arbeit mit Folien ist es häufig nötig, Folien zu markieren, bevor bestimmte Befehle, wie z. B. das Löschen einer Folie, ausgeführt werden können.

Markieren Sie eine Folie in der Miniaturansicht, wird diese optisch hervorgehoben ① und gleichzeitig im Folienfenster eingeblendet.

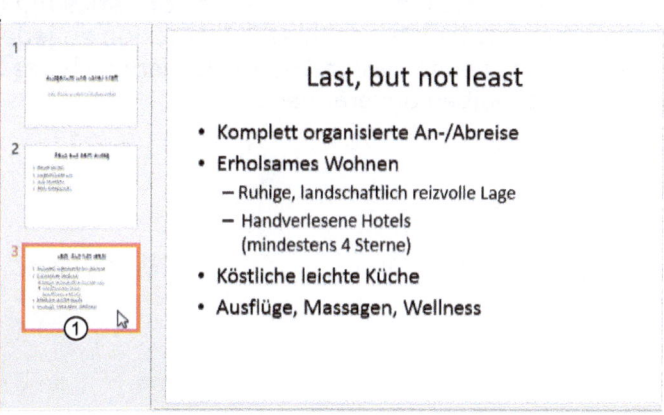

| | |
|---|---|
| **Einzelne Folie markieren** | ▶ Klicken Sie die Folie in der Miniaturansicht an. |
| **Aufeinanderfolgende Folien markieren** | ▶ Klicken Sie auf die erste Folie, die Sie markieren möchten. <br> ▶ Halten Sie ⇧ gedrückt und klicken Sie die letzte zu markierende Folie an. |
| **Nicht aufeinanderfolgende Folien markieren** | ▶ Halten Sie Strg gedrückt und klicken Sie die Folien nacheinander an. |

Haben Sie mehrere Folien markiert, wird die zuletzt markierte Folie im Folienfenster angezeigt.

## Folien löschen

▶ Markieren Sie die gewünschte(n) Folie(n) in der Miniaturansicht.

▶ Klicken Sie sie mit der rechten Maustaste an und rufen Sie *Folie löschen* auf.
   Alternative: [Entf]

Über ↶ in der Symbolleiste für den Schnellzugriff können Sie das Löschen von Folien rückgängig machen.

## 3.7 Folien gestalten

### Mit Foliendesigns arbeiten

PowerPoint stellt Ihnen eine Reihe vordefinierter Gestaltungsentwürfe für Ihre Folien zur
Verfügung, die sogenannten Designs. Mithilfe dieser Designs sind Sie in der Lage, den Folien Ihrer Präsentation mit wenigen Mausklicks ein anspruchsvolles und einheitliches Aussehen zuzuweisen.

Ein Design setzt sich zusammen aus Designschriftarten, Designfarben und Designeffekten.
Es legt somit z. B. fest, welche Schriftarten, Hintergründe oder Effekte standardmäßig für
alle Folien einer Präsentation verwendet werden.

Wenn Sie eine neue leere PowerPoint-Präsentation erstellen, ist standardmäßig das Design
*Larissa* zugewiesen, das eine neutrale Formatierung (Standardschriften und weißer Hintergrund) besitzt. Sie können Ihrer Präsentation zu jedem Zeitpunkt ein anderes Design zuweisen. Mit dem neuen Design ändert sich lediglich das äußere Erscheinungsbild Ihrer Folien,
die Inhalte bleiben unverändert.

Design „Larissa"  Design „Facette"  Design „Fetzen"

### Ein Design zuweisen

Um ein neues Design zuzuweisen, gehen Sie folgendermaßen vor:

▶ Wechseln Sie in das Register *ENTWURF*.

   In der Gruppe *Designs* werden einige der zur Verfügung stehenden Entwürfe angezeigt. Das aktuelle Design wird durch einen Rahmen gekennzeichnet. Über ⬇ können
   Sie weitere Foliendesigns einblenden.

▶ Zeigen Sie mit dem Mauszeiger auf ein passendes Design.

   In einer QuickInfo wird der Name des Designs eingeblendet ①, und im Folienfenster
   wird angezeigt, wie sich das Aussehen Ihrer Folie bei Auswahl dieses Designs ändern
   wird.

▶ Haben Sie ein geeignetes Design gefunden, klicken Sie es an, um dieses Design für alle
   Folien zu übernehmen.

Das gewählte Design wird auf die Foliendarstellung im Folienfenster ② und in der Miniaturansicht ③ übertragen.

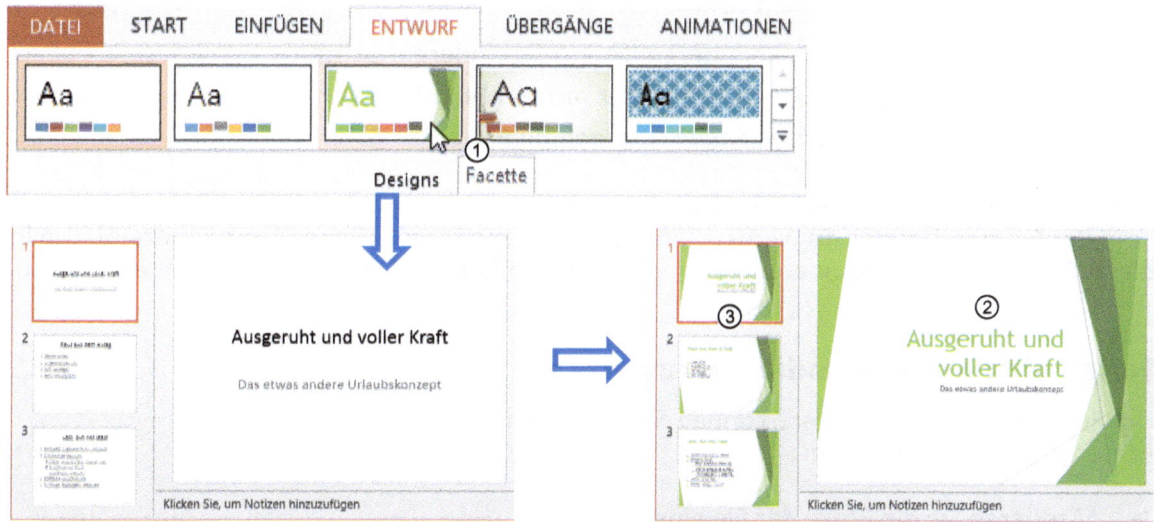

Möchten Sie wieder die Standardeinstellungen mit neutraler Formatierung herstellen, wählen Sie das Design *Larissa*.

Das Design betrifft auch die Gestaltung der Layouts. Die Aufteilung und die Ausrichtung der Platzhalter im Layout *Inhalt mit Überschrift* unterscheiden sich beispielsweise je nach gewähltem Design sehr stark voneinander.

### Designvarianten wählen

Zu den meisten Designs stehen Ihnen zusätzlich unterschiedliche Gestaltungsvarianten zur Verfügung:

▶ Klicken Sie im Register *ENTWURF* in der Gruppe *Varianten* auf ▼, um alle verfügbaren Varianten anzeigen zu lassen.
  Mithilfe der Live-Vorschau können Sie die Auswirkungen auf Ihre Folien prüfen.

▶ Klicken Sie auf die gewünschte Designvariante, um sie zuzuweisen.

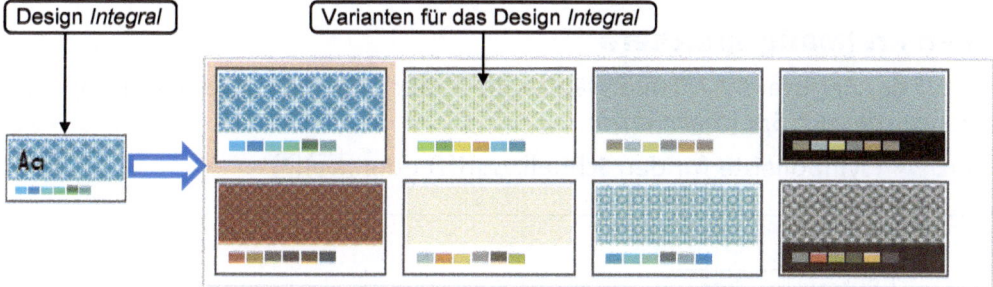

### Unterschiedliche Designs in einer Präsentation verwenden

Sie können den Folien in einer Präsentation auch unterschiedliche Designs zuweisen, beispielsweise um verschiedene Themenbereiche optisch voneinander zu trennen.

▶ Markieren Sie die Folien, denen Sie ein anderes Design zuweisen möchten.

▶ Klicken Sie im Register *ENTWURF* mit der rechten Maustaste auf das gewünschte Design.

▶ Wählen Sie *Für ausgewählte Folien übernehmen*.

**Design für bestimmte Folien ändern**

Wurde bestimmten Folien ein anderes Design zugewiesen und soll dieses nun geändert werden, gehen Sie folgendermaßen vor:

▶ Markieren Sie eine der Folien, deren Design Sie ändern möchten.

▶ Klicken Sie im Register *ENTWURF* mit der rechten Maustaste auf das gewünschte Design.

▶ Wählen Sie *Für gleichartige Folien übernehmen*.

Möchten Sie sich einen Überblick über alle verfügbaren Designs verschaffen, klicken Sie auf ⏷ in der Gruppe *Designs*. Es werden sämtliche vorhandenen Foliendesigns angezeigt. Die in dieser Präsentation verwendeten Designs werden im Bereich *Diese Präsentation* aufgelistet.

### Folien eine Hintergrundfarbe zuweisen

Um Folien farbig zu gestalten, können Sie ihnen eine Hintergrundfarbe zuweisen:

▶ Markieren Sie die Folie, der Sie eine andere Hintergrundfarbe zuweisen möchten.

▶ Klicken Sie im Register *ENTWURF* in der Gruppe *Anpassen* auf *Hintergrund formatieren*.

▶ Klicken Sie im Aufgabenbereich *Hintergrund formatieren* z. B. auf ①, um der Folie einen einfarbigen Hintergrund zuzuweisen.

▶ Wählen Sie im Feld ② die gewünschte Farbe für den Hintergrund aus.

*oder*

▶ Bestätigen Sie mit *Für alle übernehmen* ③, wenn Sie die Hintergrundfarbe allen Folien der Präsentation zuweisen möchten.

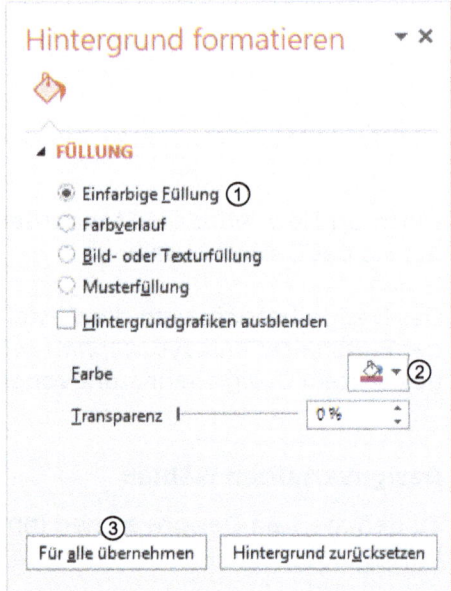

## 3.8 Präsentationen speichern und schließen

### Präsentationen erstmalig speichern

▶ Klicken Sie auf das Register *DATEI* und wählen Sie in der geöffneten Backstage-Ansicht im linken Fensterbereich *Speichern unter*.

Alternativen: 🖫 (Symbolleiste für den Schnellzugriff) oder Strg S

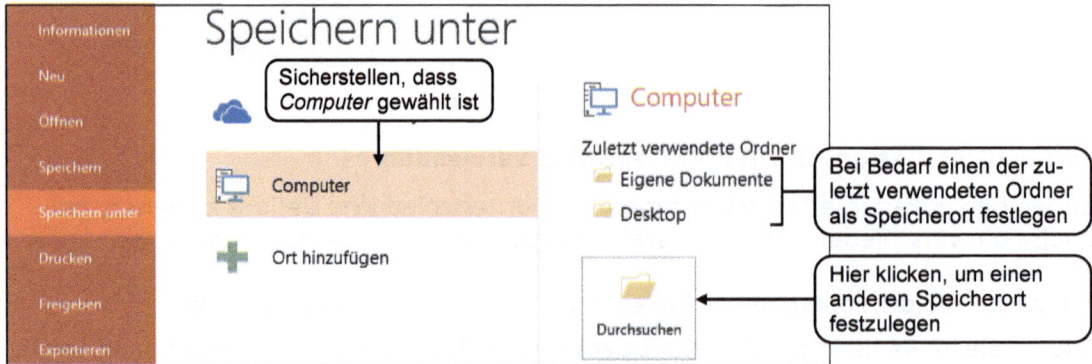

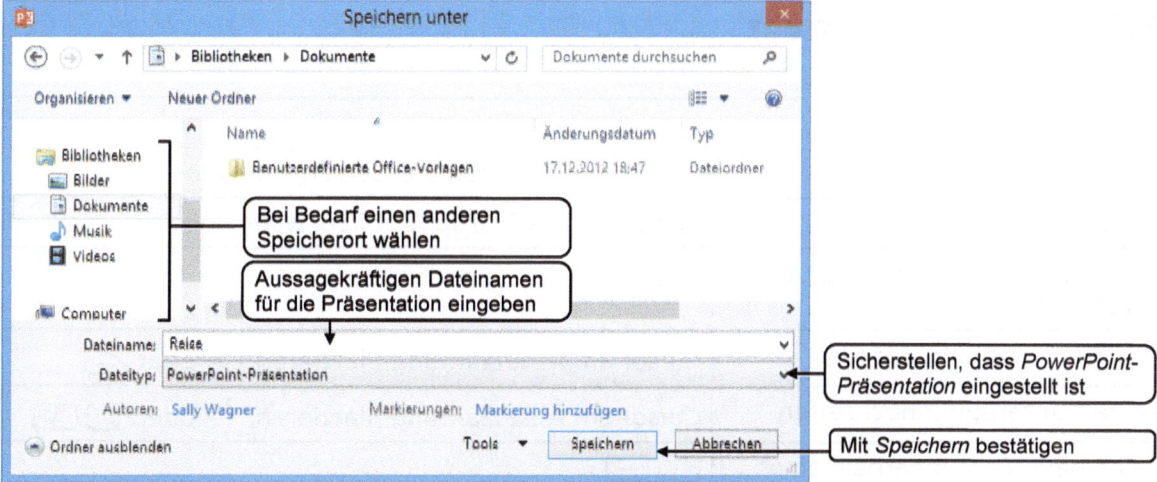

✔ Der Dateiname kann maximal 255 Zeichen lang sein und darf folgende Zeichen nicht enthalten: / \ : * ? „ | < >

✔ Haben Sie beim Speichern einen Namen vergeben, der bereits für eine andere Präsentation gewählt wurde, wird ein Warnhinweis eingeblendet. Wenn Sie die bestehende Präsentation **nicht überschreiben** möchten, klicken Sie auf *Nein*.

## Geänderte Präsentationen speichern

Möchten Sie Änderungen speichern, die Sie an einer bereits gespeicherten Präsentation vorgenommen haben, gehen Sie folgendermaßen vor:

▶ Klicken Sie in der Symbolleiste für den Schnellzugriff auf 🖫 .

    Alternative: Strg S

Die ursprüngliche Version der Präsentation wird automatisch durch die aktuelle Version ersetzt. Die Backstage-Ansicht sowie das Dialogfenster *Speichern unter* werden dabei nicht mehr eingeblendet.

## Präsentationen unter neuem Namen speichern

Beim Bearbeiten einer Präsentation ist es manchmal sinnvoll, die Präsentation sowohl in ihrer bisherigen als auch in ihrer bearbeiteten Fassung zu erhalten. Speichern Sie hierzu die geänderte Version unter einem neuen Namen.

▶ Wechseln Sie zum Register *DATEI* und klicken Sie anschließend im linken Fensterbereich auf *Speichern unter*.

▶ Stellen Sie sicher, dass im mittleren Fensterbereich *Computer* gewählt ist, und klicken Sie auf *Durchsuchen*.

▶ Vergeben Sie im eingeblendeten Dialogfenster *Speichern unter* im Feld *Dateiname* einen anderen Namen für die Präsentation.

▶ Wählen Sie bei Bedarf einen anderen Speicherort und bestätigen Sie mit *Speichern*.

Mit F12 können Sie direkt das Dialogfenster *Speichern unter* öffnen, ohne zuvor die Backstage-Ansicht einzublenden.

## Präsentationen schließen

Klicken Sie am oberen rechten Rand des PowerPoint-Fensters auf ✕ .

Wurde die Präsentation seit der letzten Änderung nicht mehr gespeichert, können Sie die aktuelle Version auf Rückfrage speichern.

## 3.9 Schnellübersicht

| Sie möchten ... | |
| --- | --- |
| einen Platzhalter füllen | Cursor in den Platzhalter setzen, Text eingeben |
| eine neue Folie erzeugen | Register *START*, Gruppe *Folien*, *Neue Folie* |
| einen neuen Aufzählungspunkt erzeugen | ⏎ |
| einen Unterpunkt erstellen | Cursor am Absatzanfang platzieren, ⇥ oder ⇆ |
| einen Unterpunkt hochstufen | Cursor am Absatzanfang platzieren, ⇥ oder ⇧ ⇆ |
| eine neue Zeile innerhalb eines Absatzes einfügen | ⇧ ⏎ |
| ein Wort markieren | Doppelklick in das Wort |
| beliebige Textteile markieren | Maus mit gedrückter linker Maustaste über den zu markierenden Text ziehen |
| alle Textteile eines Platzhalters markieren | Text anklicken, Register *START*, Gruppe *Bearbeiten*, *Markieren*, *Alles markieren* |
| markierte Textteile löschen | Text markieren, Entf |
| Arbeiten rückgängig machen | In der Symbolleiste für den Schnellzugriff: ↻ |
| rückgängig gemachte Aktionen wiederherstellen | In der Symbolleiste für den Schnellzugriff: ↺ |
| ein Folienlayout zuweisen | Register *START*, Gruppe *Folien*, *Layout* |
| zur nächsten bzw. zur vorherigen Folie wechseln | ⯯ oder Bild↓ bzw. ⯭ oder Bild↑ |
| zu einer bestimmten Folie wechseln | Folie in der Miniaturansicht anklicken |
| eine Folie löschen | Folie in der Miniaturansicht mit rechter Maustaste anklicken, *Folie löschen* oder Entf |
| ein Foliendesign zuweisen | Register *ENTWURF*, Gruppe *Designs* |
| eine Designvariante zuweisen | Design zuweisen, Register *ENTWURF*, Gruppe *Varianten* |
| einer oder mehreren Folien eine andere Hintergrundfarbe zuweisen | Register *ENTWURF* , Gruppe *Anpassen*, *Hintergrund formatieren* |
| eine Präsentation speichern | Register *DATEI*, *Speichern* oder 🖫 (Symbolleiste für den Schnellzugriff) oder Strg S |
| eine Präsentation schließen | ✕ |

## 3.10 Übung

### Werbung für Computerkurse

| Level | | | Zeit | ca.10 min |
|---|---|---|---|---|
| **Übungsinhalte** | ✔ Neue Präsentation erstellen<br>✔ Neue Folien einfügen<br>✔ Aufzählungstext eingeben und ändern<br>✔ Folienlayout nachträglich ändern<br>✔ Design zuweisen | | | |
| **Ergebnisdateien** | *Computerkurs-E1, Computerkurs-E2* | | | |

① Erzeugen Sie eine neue leere Präsentation und füllen Sie die Titelfolie wie abgebildet aus.

② Fügen Sie eine weitere Folie mit dem Folienlayout *Titel und Inhalt* ein und geben Sie den aus der Abbildung ersichtlichen Text in die Platzhalter ein.

③ Weisen Sie der zweiten Folie nachträglich das Layout *Zwei Inhalte* zu und geben Sie in den neuen Platzhalter den folgenden Text ein: *Die Kurse sind kostenlos!*

④ Weisen Sie den Folien ein Design zu, z. B. das Design *Holzart* aus der Beispielabbildung. Sie können erst ein paar Designs ausprobieren, bevor Sie sich für ein Design entscheiden. Achten Sie darauf, wie sich die Designs auf die Folieninhalte und die verschiedenen Layouts auswirken.

⑤ Speichern Sie die Präsentation unter dem Namen *Computerkurs-E1*.

⑥ Sie möchten die Überschrift auf Folie 2 aussagekräftiger gestalten. Ändern Sie dazu den Text in *Kindgerechte Kurse durch ein professionelles Konzept.*

⑦ Löschen Sie Folie 2 und machen Sie den Löschvorgang anschließend wieder rückgängig.

⑧ Speichern Sie die Präsentation unter dem neuen Namen *Computerkurs-E2.*

*Folie 1 „Computerkurs-E1"*

⑨ Schließen Sie die Präsentationen.

**KINDGERECHTE KURSE DURCH:**

- Pädagogisch geschulte Lehrerinnen und Lehrer
- Speziell für die unterschiedlichen Altersstufen aufbereitetes Lernmaterial
- Auf die Konzentrationsfähigkeit von Kindern abgestimmte Kurszeiten

- Die Kurse sind kostenlos!

*Folie 2 „Computerkurs-E1"*

# 4 Grundlegende Arbeit mit Präsentationen

**In diesem Kapitel erfahren Sie**

- ✔ wie Sie neue Präsentationen erstellen und öffnen
- ✔ wie Sie zwischen verschiedenen Präsentationen wechseln
- ✔ wie Sie die Foliengröße einstellen können
- ✔ wie Sie Fußzeilen auf Folien einrichten können
- ✔ auf welche Weise Sie Präsentationen drucken

**Voraussetzungen**

- ✔ PowerPoint starten und beenden

## 4.1 Präsentationen erzeugen und öffnen

### Neue Präsentationen erzeugen

▶ Klicken Sie auf das Register *DATEI* und wählen Sie im linken Fensterbereich *Neu*.

- ✔ Über [Strg] [N] können Sie direkt eine neue leere Präsentation erzeugen, ohne zuvor die Backstage-Ansicht einzublenden.
- ✔ Sie können der Symbolleiste für den Schnellzugriff die Schaltfläche 🗋 hinzufügen, über die sich mit einem Klick eine neue leere Präsentation erzeugen lässt. Klicken Sie hierzu neben der Symbolleiste auf ⁼ und wählen Sie *Neu*.

### Zuletzt verwendete Präsentationen öffnen

▶ Klicken Sie auf das Register *DATEI* und wählen Sie im linken Fensterbereich *Öffnen*.

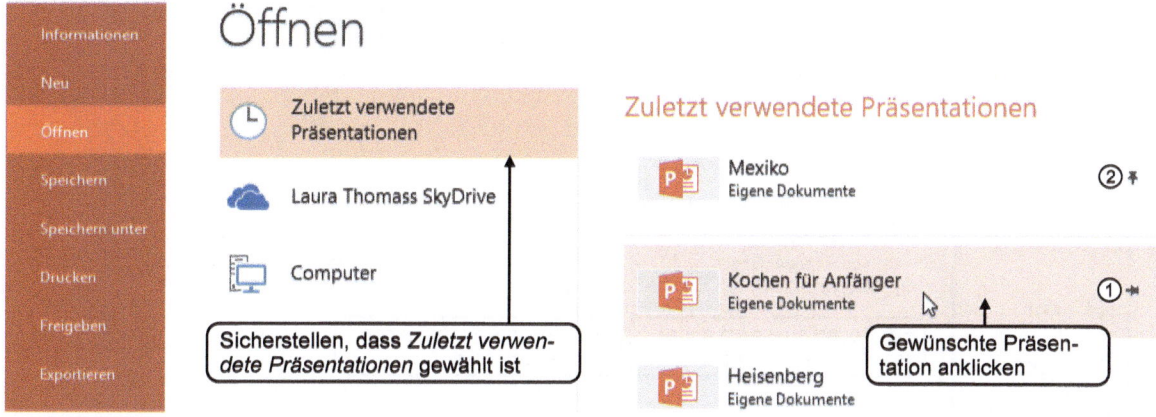

- Möchten Sie, dass eine bestimmte Präsentation in der Liste der 25 zuletzt verwendeten Präsentationen verbleibt, zeigen Sie mit der Maus auf den betreffenden Eintrag und klicken Sie auf ➤ ①. Die Schaltfläche ändert hierdurch ihre Form ⚲ ② und der Name der Präsentation wird an den Anfang der Liste verschoben.

- Um die Fixierung des Eintrags in der Liste wieder aufzuheben, klicken Sie auf ⚲.

- Über den Kontextmenüpunkt *Aus Liste entfernen* können Sie einzelne Einträge aus der Liste entfernen.

- Sie können eine der zuletzt verwendeten Präsentationen auch öffnen, indem Sie auf dem PowerPoint-Startbildschirm im Bereich *Zuletzt verwendet* die entsprechende Präsentation anklicken.

Die zuletzt bearbeiteten Präsentationen lassen sich auch direkt im linken Fensterbereich des Registers *DATEI* anzeigen.

Klicken Sie hierzu im Register *DATEI* auf *Optionen*. Wechseln Sie im geöffneten Dialogfenster *PowerPoint-Optionen* zur Kategorie *Erweitert*. Scrollen Sie den angezeigten Fensterinhalt nach unten, bis der Bereich *Anzeigen* zu sehen ist. Aktivieren Sie in diesem Bereich das Kontrollfeld ③ und ändern Sie bei Bedarf die Anzahl der Präsentationen ④, die angezeigt werden sollen.

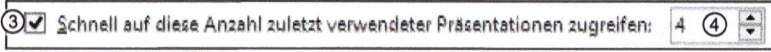

## Früher bearbeitete Präsentationen öffnen

Falls die von Ihnen gewünschte Präsentation nicht in der Liste der zuletzt verwendeten Präsentationen aufgeführt wird, können Sie sie über das Dialogfenster *Öffnen* laden.

▶ Wechseln Sie zum Register *DATEI*.

▶ Klicken Sie im linken Fensterbereich auf *Öffnen*.

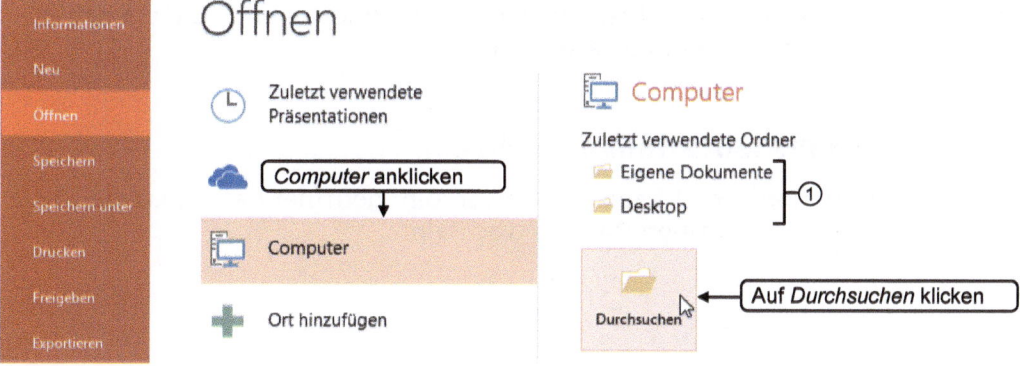

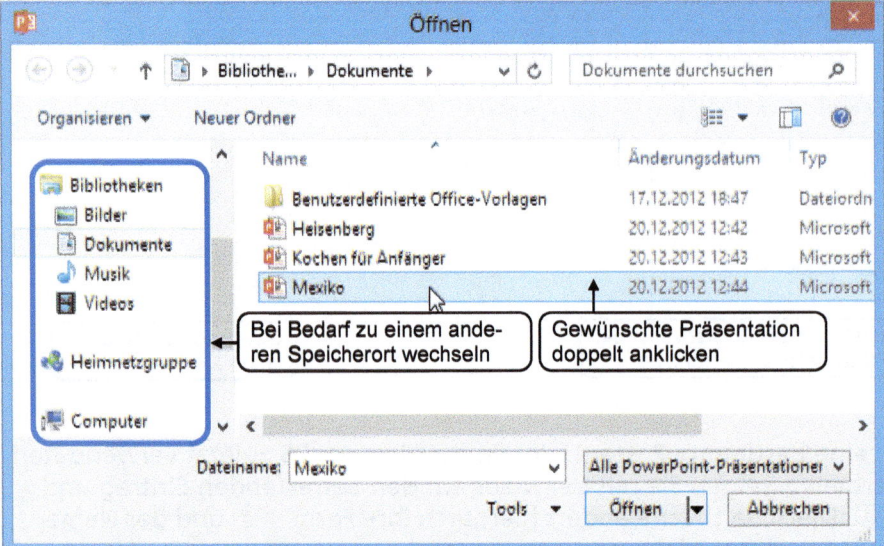

✔ Wenn Sie im Register *DATEI* einen der dort aufgelisteten zuletzt verwendeten Ordner ① anklicken, wird dessen Inhalt anschließend direkt im Dialogfenster *Öffnen* angezeigt.

✔ Sie können in der Liste der zuletzt verwendeten Ordner einzelne Einträge auf dieselbe Weise fixieren wie die Einträge in der Liste der zuletzt verwendeten Arbeitsmappen.

✔ Sie können früher bearbeitete Präsentationen auch öffnen, indem Sie auf dem Power-Point-Startbildschirm *Weitere Präsentationen öffnen* anklicken.

 Sie können der Symbolleiste für den Schnellzugriff die Schaltfläche  hinzufügen, über die sich mit einem Klick das Dialogfenster *Öffnen* einblenden lässt. Klicken Sie hierzu neben der Symbolleiste auf ⁼ und wählen Sie *Öffnen*.

### Mögliche Besonderheit beim Öffnen von Präsentationen

Wenn Sie eine Präsentation öffnen, die sich z. B. an einem vermeintlich unsicheren Speicherort befindet (etwa auf einer Webseite oder einem Netzlaufwerk), blendet PowerPoint die **Dokumentationsleiste** mit einer Sicherheitswarnung ein.

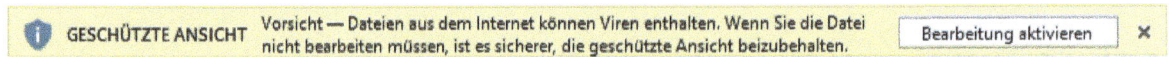

Die betreffende Präsentation wird in der sogenannten **geschützten Ansicht** geöffnet, in der die Inhalte der Datei zwar angezeigt, aber zunächst nicht bearbeitet werden können.

Wenn Sie die Inhalte einer Präsentation, die in der geschützten Ansicht geöffnet wurde, bearbeiten möchten, klicken Sie in der Dokumentationsleiste auf *Bearbeitung aktivieren*.

 Um sicherzustellen, dass durch die entsprechende Präsentation keine Schäden an Ihrem Computer verursacht werden können, sollten Sie jedoch die entsprechende Datei **vorher** mit einem aktuellen Antivirenprogramm **überprüfen**.

### Zwischen geöffneten Präsentationen wechseln

Wenn Sie mehrere Präsentationen gleichzeitig in PowerPoint geöffnet haben, können Sie folgendermaßen zwischen den einzelnen Dateien wechseln:

**Variante 1**

▶ Wechseln Sie zum Register *ANSICHT*.

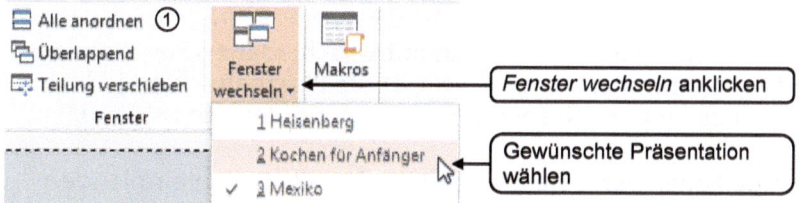

Mit *Alle anordnen* ① können Sie die momentan geöffneten Präsentationen so anordnen lassen, dass sie alle im PowerPoint-Fenster sichtbar sind.

**Variante 2**

## 4.2 Die Foliengröße

### Das Ausgabeformat für die Folien festlegen

Die Foliengröße legt das Format für die Folien fest, z. B. Standard (4 : 3) oder Breitbild (16 : 9). In der Regel ist von PowerPoint das für die meisten Monitore und Projektoren optimierte Breitbild eingestellt. Über das Dialogfenster *Foliengröße* haben Sie die Möglichkeit, die Einstellungen für das Seitenformat individuell anzupassen.

▶ Klicken Sie im Register *ENTWURF* in der Gruppe *Anpassen* auf *Foliengröße*.

▶ Wählen Sie das gewünschte Format aus.

*oder*

▶ Klicken Sie auf *Benutzerdefinierte Foliengröße* und nehmen Sie die gewünschten Einstellungen im eingeblendeten Dialogfenster vor.

▶ Entscheiden Sie, ob die Folieninhalte maximiert oder passend skaliert werden sollen.

▶ Wichtig: Kontrollieren Sie auf allen Folien die Auswirkungen der neuen Einstellung.

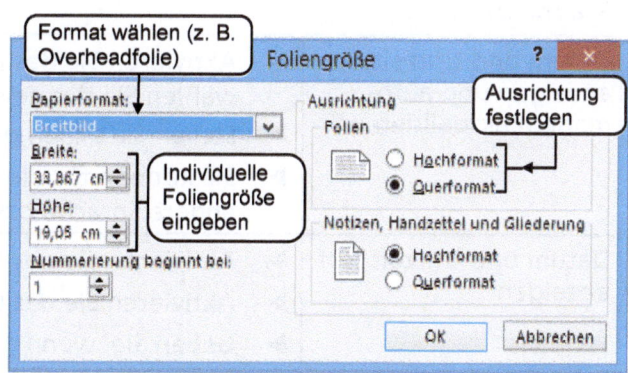

Ändern Sie die Foliengröße nachträglich, können Sie über ein automatisch eingeblendetes Dialogfenster wählen, ob die Folieninhalte maximiert oder passend skaliert werden sollen. Damit soll ein unerwünschtes Verschieben von Folienelementen wie z. B. Platzhaltern und Grafiken auf der Folie verhindert werden. Kontrollieren Sie aber sicherheitshalber auf allen Folien die Auswirkungen der Foliengrößenänderung.

## 4.3    Fußzeilen einrichten

### Fußzeilen auf Folien verwenden

Standardmäßig ist auf Folien bereits ein Fußzeilenbereich mit verschiedenen Platzhaltern (für Datum, Fußzeilentext und Foliennummer) eingerichtet. Diese Platzhalter sind jedoch ausgeblendet. Sie können den Fußzeilenbereich folgendermaßen einblenden und nutzen:

▶ Klicken Sie auf eine beliebige Folie, wenn Sie die Fußzeile für alle Folien einblenden möchten.

*oder*

▶ Markieren Sie die Folien, für die Sie die Fußzeilen einblenden möchten.

▶ Klicken Sie im Register *EINFÜGEN*, Gruppe *Text,* auf *Kopf- und Fußzeile*.

▶ Nehmen Sie im eingeblendeten Dialogfenster *Kopf- und Fußzeile* die gewünschten Einstellungen vor (vgl. nachfolgende Tabelle).

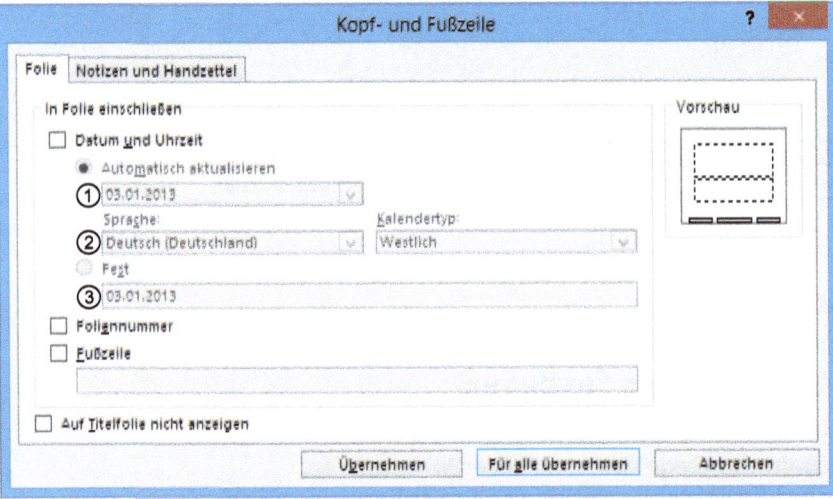

▶ Wenn Sie die Einstellungen allen Folien zuweisen möchten, bestätigen Sie anschließend mit *Für alle übernehmen*.

    *oder*   Wenn Sie wünschen, dass die Fußzeilen mit Ihren Einstellungen nur auf den zuvor markierten Folien eingeblendet werden, betätigen Sie *Übernehmen*.

| Sie möchten ... | |
|---|---|
| Datum und Uhrzeit anzeigen und automatisch aktualisieren | ▶ Aktivieren Sie das Kontrollfeld *Datum und Uhrzeit* und wählen Sie das gewünschte Format ①. <br> ▶ Stellen Sie sicher, dass *Automatisch aktualisieren* aktiviert ist. <br> ▶ Sie können für die Anzeige von Datum und Uhrzeit eine andere Sprache bzw. ein anderes Format auswählen ②. |
| Datum und Uhrzeit fest anzeigen | ▶ Aktivieren Sie das Kontrollfeld *Datum und Uhrzeit*. <br> ▶ Aktivieren Sie das Optionsfeld *Fest*. <br> ▶ Geben Sie, wenn gewünscht, ein anderes Datum ein ③. |
| die Foliennummer anzeigen | ▶ Aktivieren Sie das Kontrollfeld *Foliennummer*. <br> Standardmäßig beginnt die Foliennummerierung mit 1. Sie können aber im Dialogfenster *Foliengröße* (vgl. Abschnitt 4.2) im Feld *Nummerierung beginnt bei* einen anderen Wert eingeben. |

| Sie möchten ... | |
|---|---|
| den Fußzeilentext anzeigen | ▶ Aktivieren Sie das Kontrollfeld *Fußzeile* und geben Sie den gewünschten Text in das Feld ein. |
| die Fußzeile auf der Titelfolie nicht anzeigen | ▶ Aktivieren Sie das Kontrollfeld *Auf Titelfolie nicht anzeigen*. |

Nachdem Sie die Platzhalter in der Fußzeile eingeblendet haben, können Sie bei Bedarf zusätzlichen Text hinzufügen, indem Sie an die entsprechende Stelle innerhalb des Platzhalters klicken und den gewünschten Text eingeben.

## 4.4 Präsentationen drucken

### Aktuelle Präsentation schnell drucken

Mithilfe der Schaltfläche 🖨 lässt sich die aktuelle Präsentation mit einem einzigen Klick drucken. Dabei werden automatisch die Standardeinstellungen von PowerPoint und des Druckers übernommen.

Um die Schaltfläche nutzen zu können, müssen Sie sie zur Symbolleiste für den Schnellzugriff hinzufügen:

▶ Klicken Sie neben der Symbolleiste auf ⤓ und wählen Sie in der geöffneten Liste *Schnelldruck*.

### Präsentationen mit bestimmten Einstellungen drucken

▶ Klicken Sie auf das Register *DATEI* und wählen Sie in der geöffneten Backstage-Ansicht im linken Fensterbereich *Drucken*.
  Alternative: Strg P

▶ Nehmen Sie im mittleren Fensterbereich die gewünschten Druckeinstellungen vor (vgl. nachfolgende Tabelle) und starten Sie den Ausdruck mit *Drucken*.

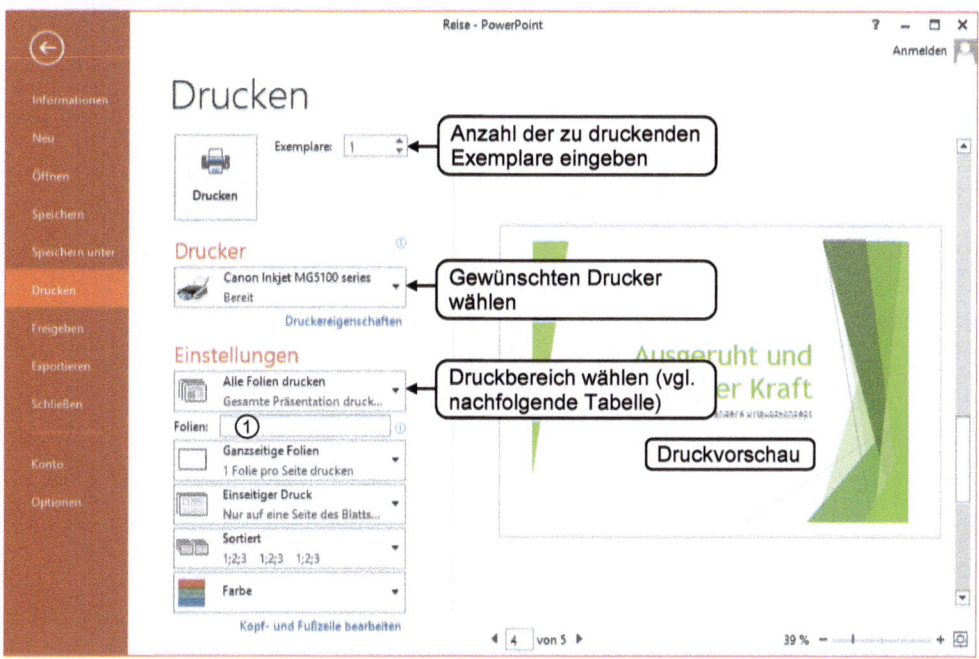

| Sie möchten ... | |
|---|---|
| die komplette Präsentation drucken | ▶ Wählen Sie *Alle Folien drucken*. |
| markierte Folien drucken | ▶ Markieren Sie **vor** Anklicken des Registers *DATEI* die zu druckenden Folien.<br><br>▶ Wählen Sie *Auswahl drucken*. |
| aktuell angezeigte Folie drucken | ▶ Wählen Sie *Aktuelle Folie drucken*. |
| bestimmte Teile der aktuellen Präsentation drucken | ▶ Wählen Sie *Benutzerdefinierter Bereich*.<br><br>▶ Geben Sie die Seitenzahlen der zu druckenden Seiten im Feld *Folien* ① ein, z. B. „*1; 3-4"*. |

## 4.5    Schnellübersicht

| Sie möchten ... | |
|---|---|
| eine Präsentation mit weißem Hintergrund (Standarddesign) erzeugen | Register *DATEI, Neu, Leere Präsentation* oder Strg N |
| eine Präsentation öffnen | Register *DATEI, Öffnen* oder Strg O |
| zwischen mehreren Präsentationen wechseln | Register ANSICHT, Gruppe *Fenster, Fenster wechseln* oder in der Taskleiste auf PowerPoint-Schaltflächen zeigen |
| die Foliengröße festlegen | Register *ENTWURF,* Gruppe *Anpassen, Foliengröße* |
| Fußzeilen einrichten | Register *EINFÜGEN,* Gruppe *Text, Kopf- und Fußzeile* |
| eine Präsentation drucken | Register *DATEI, Drucken* oder Strg P |

## 4.6 Übung

### Werbung für Sprachkurse

| Level | | Zeit | ca. 10 min |
|---|---|---|---|
| **Übungsinhalte** | ✔ Die Foliengröße einstellen<br>✔ Kopf- und Fußzeilen einrichten<br>✔ Folien drucken | | |
| **Übungsdatei** | *Computerkurs* | | |
| **Ergebnisdatei** | *Englischkurs-E1* | | |

① Öffnen Sie die Übungsdatei *Computerkurs*.

② Ersetzen Sie im Titel der ersten Folie das Wort *Computerkurse* durch *Englischkurse* und ändern Sie die Altersangabe zu *6 - 18 Jahren*.

③ Ändern Sie die zweite Folie wie aus der Abbildung ersichtlich.

④ Fügen Sie in die Fußzeile folgende Informationen ein:

    ✔    das aktuelle Datum

    ✔    die Foliennummer

    ✔    folgenden Fußzeilentext: *Schulungswerk Siegerland*

Die Fußzeile soll dabei **nicht** auf der Titelfolie sichtbar sein.

⑤ Da Sie die Präsentation auf A4-Papier ausdrucken möchten, stellen Sie in der Foliengröße das Papierformat *A4-Papier (210 x 297 mm)* ein.

⑥ Lassen Sie die Folien skalieren und drucken Sie sie aus.

⑦ Stellen Sie wieder das Standardformat *Breitbild (16:9)* ein und speichern Sie die Präsentation unter dem Namen *Englischkurs-E1*.

⑧ Öffnen Sie nun die Dateien *Computerkurs* und *Englischkurs-E1* und wechseln Sie zwischen den Präsentationen.

⑨ Schließen Sie die Präsentationen.

## KINDGERECHTE KURSE DURCH:

- Pädagogisch geschulte Muttersprachler
- Altersstufengerechtes Lernmaterial
- Auf die Lernfähigkeit von Kindern abgestimmte Kurszeiten

- Die Kurse sind kostenlos!

# 5    Folientexte bearbeiten und gestalten

**In diesem Kapitel erfahren Sie**

- ✔ wie Sie Textplatzhalter in der Größe und Ausrichtung anpassen
- ✔ wie Sie Textplatzhalter löschen
- ✔ wie Sie Textfelder einfügen können
- ✔ auf welche Weise Sie Zeichen- und Absatzformatierungen vornehmen
- ✔ wie Sie Nummerierungen und Aufzählungen anwenden

**Voraussetzungen**

- ✔ Mit Präsentationen arbeiten

## 5.1    Mit Textplatzhaltern arbeiten

### Größe, Ausrichtung und Position von Textplatzhaltern ändern

Sobald Sie Text in einen leeren Inhaltsplatzhalter eingeben, wird dieser Platzhalter als **Text-platzhalter** formatiert. Zur Bearbeitung des Platzhalters werden Ziehpunkte am Platzhalter-rahmen sowie ein Drehpfeil oberhalb des Rahmens eingeblendet.

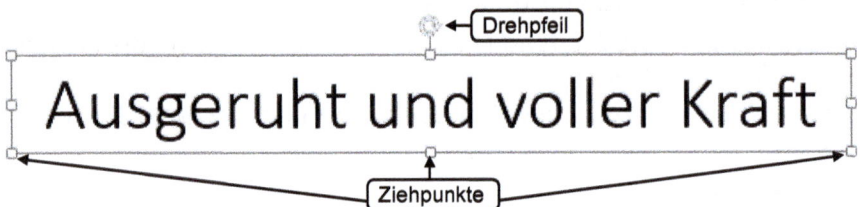

▶ Um die Bearbeitungspunkte eines Textplatzhalters einzublenden, klicken Sie in den betreffenden Textplatzhalter.

### Größe des Platzhalters ändern

▶ Möchten Sie die Größe des Textplatzhalters ändern, zeigen Sie auf den ge-wünschten Ziehpunkt.

Der Mauszeiger nimmt die Form eines Doppelpfeils ① an.

▶ Ziehen Sie den Rahmen bei gedrückter Maustaste auf die gewünschte Größe.

Eine graue Linie ② zeigt die neue Rahmengröße an.

Verkleinern Sie einen Platzhalter so, dass der darin enthaltene Text zu groß für den Platz-halter wird, passt PowerPoint automatisch den Textumbruch an die Platzhaltergröße an. Sie können diese Funktion mithilfe der Optionen für das automatische Anpassen ausschalten (vgl. Abschnitt 6.5).

## Ausrichtung des Platzhalters ändern

Mithilfe des Drehpfeiles haben Sie die Möglichkeit, den Platzhalter samt Textinhalt beliebig zu drehen.

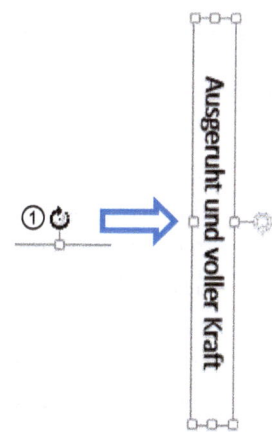

▶ Zeigen Sie auf den Drehpfeil ① und halten Sie die Maustaste gedrückt.

Der Mauszeiger verändert seine Form ⟳.

▶ Ziehen Sie den Drehpfeil in die gewünschte Richtung.

Um in Schritten von jeweils 15° Grad zu drehen, halten Sie während des Vorgangs die H-Taste gedrückt.

## Position eines Platzhalters verändern

Der Platzhalter lässt sich verschieben, indem Sie mit der Maus ⊹ auf seinen Rand (jedoch nicht auf einen der Ziehpunkte) klicken und ihn an eine andere Stelle ziehen.

## Textplatzhalter löschen

Wenn Sie einen kompletten Textplatzhalter löschen möchten, ist es notwendig, ihn zuvor so zu markieren, dass die Rahmenlinie als **durchgehende Linie** dargestellt wird.

| Mit Text gefüllten Platzhalter löschen | ▶ Klicken Sie in den entsprechenden Text, um den Rahmen des zu löschenden Platzhalters einzublenden.<br><br>▶ Klicken Sie auf die gestrichelte Rahmenlinie, um aus dem Textbearbeitungsmodus zu wechseln. Eine durchgehende Linie wird nun als Rahmenlinie angezeigt.<br><br>▶ Betätigen Sie [Entf]. Der gesamte Text wird gelöscht und der Platzhalter nimmt die Form an, die standardmäßig im Folienlayout festgelegt ist.<br><br>▶ Um auch den Platzhalter zu entfernen, markieren Sie den Rahmen erneut und betätigen Sie [Entf]. |
|---|---|
| Leeren Platzhalter löschen | ▶ Klicken Sie auf den Rahmen des Platzhalters.<br><br>▶ Betätigen Sie [Entf]. |

## Mit Textfeldern arbeiten

Für die Eingabe von Text stehen Ihnen neben den Platzhaltern auch sogenannte Textfelder zur Verfügung, die Sie an beliebiger Stelle auf der Folie einfügen und positionieren können. Die Bearbeitung von Text in Textfeldern unterscheidet sich nicht von der Textbearbeitung in den Platzhaltern. Im Gegensatz zu den Platzhaltern ist in Textfeldern der Aufzählungsmodus jedoch standardmäßig nicht aktiviert.

Wenn Sie außerhalb des Textfeldes klicken, bevor Sie Text eingegeben oder eine Formatierung vorgenommen haben, wird das Textfeld wieder verworfen. Sie können daher im Gegensatz zu Platzhaltern keine unbearbeiteten Textfelder auf einer Folie einfügen.

## Textfelder einfügen

Um ein Textfeld mit automatischem Zeilenumbruch zu erzeugen, gehen Sie folgender-maßen vor:

▶ Klicken Sie im Register *EINFÜGEN* in der Gruppe *Text* auf *Textfeld*.

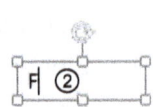

▶ Ziehen Sie auf der Folie an gewünschter Stelle mit der Maus einen Rahmen in der Breite des Textfeldes ① auf.

▶ Geben Sie den Text in das neue Textfeld ein ②.

▶ Beenden Sie die Texteingabe mit [Esc] oder durch Klicken auf einen freien Bereich der Folie.
Das Textfeld erscheint in einem Rahmen im Markierungsmodus.

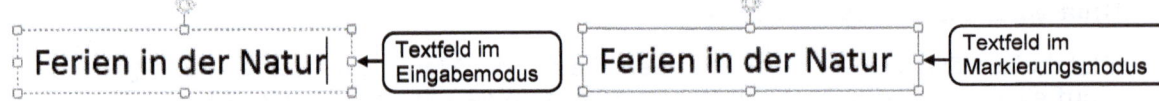

Ferien in der Natur  ←  Textfeld im Eingabemodus     Ferien in der Natur  ←  Textfeld im Markierungsmodus

> Haben Sie ein Textfeld erstellt und mit Text gefüllt, wird es anschließend von PowerPoint wie ein Platzhalter behandelt und kann genauso bearbeitet (z. B. gelöscht) werden.

## 5.2      Zeichenformatierung in Textplatzhaltern

### Designschriftarten verwenden

Die Formatierung von Zeichen bzw. Texten innerhalb von Textfeldern bzw. Textplatzhaltern richtet sich bei PowerPoint standardmäßig nach den Einstellungen des zugewiesenen Designs, das immer eine sogenannte Designschriftart enthält (z. B. *Larissa* ①).

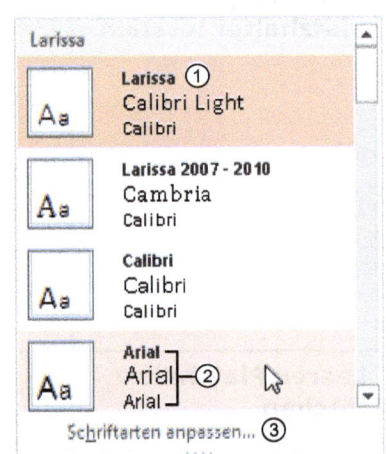

Designschriftarten sind Zusammenstellungen von zwei Schrift-formaten (z. B. ②) und dienen der einheitlichen Textforma-tierung innerhalb von Präsentationen. Dabei wird die eine Schrift automatisch den **Folientiteln** zugewiesen, die andere dem **sonstigen Text**. Um Ihrer Präsentation eine andere Designschriftart zuzuweisen, gehen Sie folgendermaßen vor:

▶ Klicken Sie im Register *ENTWURF* in der Gruppe *Varianten* auf ⊡.

▶ Klicken Sie anschließend auf *Schriftarten* und wählen Sie die gewünschte Design-schriftart aus.

Die betreffenden Schriften bzw. Formatierungen werden automatisch den Texten in der Präsentation zugewiesen. Wenn Sie jedoch ein neues Design auswählen, wird auch die Designschrift wieder entsprechend den Vorgaben des neuen Designs geändert.

> Über *Schriftarten anpassen* ③ können Sie eine eigene Designschrift definieren.

### Die Gruppe *Schriftart* und die Minisymbolleiste nutzen

Die Gruppe *Schriftart* im Register *START* und die Minisymbolleiste zeigen Ihnen immer die Formatierungseinstellungen an der aktuellen Cursorposition bzw. im markierten Bereich an. Darüber hinaus können Sie dort unabhängig vom zugewiesenen Design die Formatierungs-einstellungen für ausgewählte Bereiche schnell verändern.

Möchten Sie die Formatierung einzelner Bereiche ändern, gehen Sie folgendermaßen vor:

▶ Markieren Sie den Bereich, den Sie formatieren möchten, bzw. klicken Sie mit der rechten Maustaste an die Stelle, ab der der Text in der neuen Formatierung eingegeben werden soll.

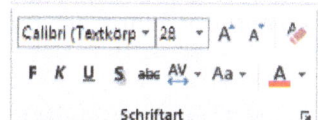

▶ Stellen Sie sicher, dass das **Register START** angezeigt wird, und stellen Sie mithilfe der Funktionen in der **Gruppe Schriftart** die gewünschte Zeichenformatierung ein (vgl. unten stehende Tabelle).

*oder* Nehmen Sie die gewünschten Formatierungen mithilfe der automatisch eingeblendeten **Minisymbolleiste** vor.

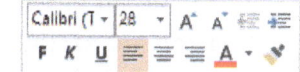

✔ Bei vielen Formatierungsfunktionen bietet Ihnen PowerPoint eine Vorschau: Noch bevor Sie eine Formatierung angewendet haben, sehen Sie, wie der Text mit dieser Formatierung aussehen würde. Zeigen Sie beispielsweise im Feld *Schriftgrad* auf einen bestimmten Schriftgrad, wird der aktuell markierte Text mit dieser Einstellung angezeigt.

✔ Einzelne Formatierungen können Sie für markierte Textteile entfernen, indem Sie erneut das entsprechende Symbol anklicken bzw. die gleiche Tastenkombination noch einmal betätigen.

## Zeichenformatierungen zuweisen

Zusätzlich zu den Funktionen der Gruppe *Schriftart* und der Minisymbolleiste können Sie auch mithilfe von Tastenkombinationen schnell Formatierungen zuweisen:

| Gewünschte Formatierung | Symbol | Tastenkombination |
|---|---|---|
| Schriftschnitt **Fett** | F | Strg ⇧ F |
| Schriftschnitt *Kursiv* | K | Strg ⇧ K |
| Schriftschnitt <u>Unterstrichen</u> | U | Strg ⇧ U |
| ~~Durchgestrichen~~ | abc | -- |
| Schattiert | S | -- |
| Zeichenabstand ändern | AV ▾ | -- |
| Zeichenformatierungen zurücksetzen | | Strg ▭ |
| Schrift vergrößern | A˄ | -- |
| Schrift verkleinern | A˅ | -- |
| Groß- und Kleinbuchstaben schnell vereinheitlichen | Aa ▾ | ⇧ F3 |

## Schriftart bestimmen

▶ Klicken Sie im Register *START* in der Gruppe *Schriftart* oder in der Minisymbolleiste auf den Pfeil ▾ im Feld *Schriftart*.

Eine Liste der zur Verfügung stehenden Schriftarten wird angezeigt.

▶ Klicken Sie auf die gewünschte Schriftart.

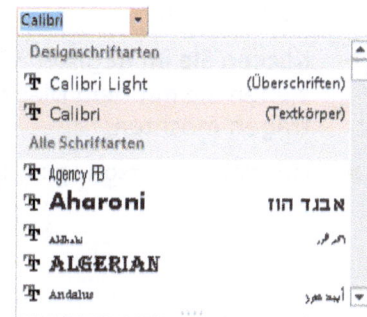

Wenn Sie viele Schriftarten installiert haben, ist das Blättern im Feld zeitraubend. Um die gewünschte Schriftart schneller zu finden, geben Sie einen oder mehrere Anfangsbuchstaben der Schriftart in das Feld ein.

### Schriftfarbe einstellen

▶ Klicken Sie im Register *START* in der Gruppe *Schriftart* oder in der Minisymbolleiste auf den Pfeil der Schaltfläche ![A] und wählen Sie eine Farbe aus.

Wenn Sie direkt auf ![A] klicken, weisen Sie markiertem Text die Schriftfarbe zu, die im Farbbalken angezeigt wird.

### Wichtige Hinweise zur Wahl von Schriftart und Schriftfarbe

Mithilfe der Designschriftarten und -farben sorgt Power-Point automatisch für eine ansprechende und einheitliche Formatierung. Das Zuweisen einer anderen Schriftart oder Farbe, z. B. über die Felder *Schriftart* bzw. *Schriftfarbe*, sollte daher Ausnahmefällen vorbehalten sein.

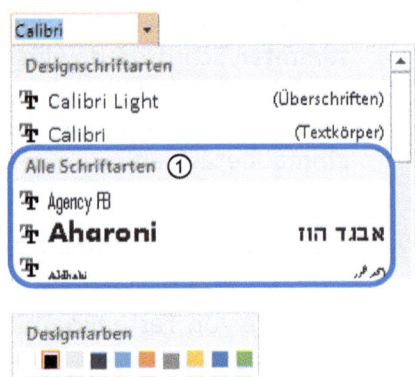

Standardmäßig werden beim Zuweisen eines anderen Designs, einer anderen Designschriftart bzw. einer anderen Designfarbe alle Texte der Präsentation automatisch angepasst.

Soll die neue Schriftart bzw. Farbe unabhängig vom gewählten Design immer beibehalten werden, wählen Sie eine beliebige Schriftart aus dem Bereich *Alle Schriftarten* ① bzw. eine Farbe aus dem Bereich *Standardfarben* ②.

### Schriftgröße ändern

▶ Klicken Sie im Register *START* in der Gruppe *Schriftart* oder in der Minisymbolleiste auf den Pfeil der Schaltfläche *Schriftgrad* ③.

▶ In der Liste der Schriftgrade können Sie die gewünschte Einstellung durch Anklicken vornehmen.

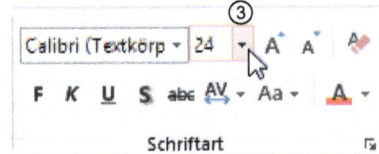

## Zeichenformatierung schnell übertragen

Wenn Sie mehrere Texte ähnlich oder gleich gestalten möchten, bietet sich das Übertragen des Formats als eine schnelle und komfortable Methode an.

▶ Setzen Sie den Cursor in das Wort, das mit den gewünschten Zeichenformatierungen versehen ist.

▶ Klicken Sie im Register *START* in der Gruppe *Zwischenablage* doppelt auf ![Symbol] und ziehen Sie mit dem Mauszeiger über die Textbereiche, auf die Sie das Format übertragen möchten.

▶ Um den Arbeitsgang zu beenden, betätigen Sie [Esc] oder klicken Sie erneut auf ![Symbol].

        

## 5.3 Besondere Zeichenformatierungen vornehmen

### Mit dem Dialogfenster *Schriftart* arbeiten

Neben den Formatierungen, die Sie über die Gruppe *Schriftart* und Tastenkombinationen zuweisen können, lassen sich im Dialogfenster *Schriftart* zusätzliche Formatierungen wählen.

▶ Um das Dialogfenster einzublenden, klicken Sie im Register *START* in der Gruppe *Schriftart* auf 🔲.

Alternative: Strg T

▶ Nehmen Sie die gewünschten Einstellungen vor und bestätigen Sie mit *OK*.

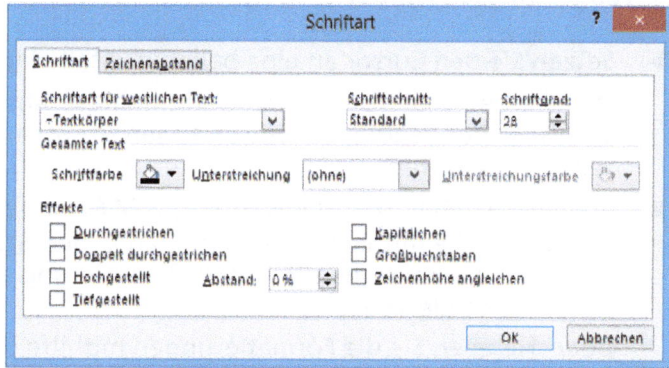

### Besondere Schriftzeichen einfügen

Fast jede installierte Schriftart besitzt diverse Sonderzeichen. Bei aktiviertem Textfeld bzw. Platzhalter können Sie mithilfe der Schaltfläche ① diese Sonderzeichen anzeigen und in den Text einfügen.

▶ Setzen Sie den Cursor an die gewünschte Einfügeposition im Text und klicken Sie im Register *EIN-FÜGEN* in der Gruppe *Symbole* auf *Symbol* ①.

▶ Wählen Sie im Dialogfenster *Symbol* über das Feld ② die Schriftart, deren Sonderzeichen angezeigt werden sollen.

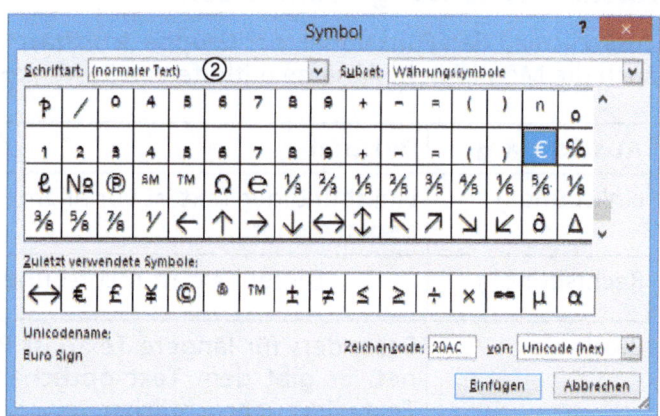

▶ Mit einem Doppelklick übernehmen Sie das Sonderzeichen in den Text.

▶ Um das Dialogfenster zu schließen, klicken Sie je nach Anzeige auf *Schließen* bzw. *Abbrechen*.

### Bestimmte Schriftarten schnell ersetzen

Sie können die Schriftarten der gesamten Präsentation unabhängig vom Design in einem Arbeitsgang ändern.

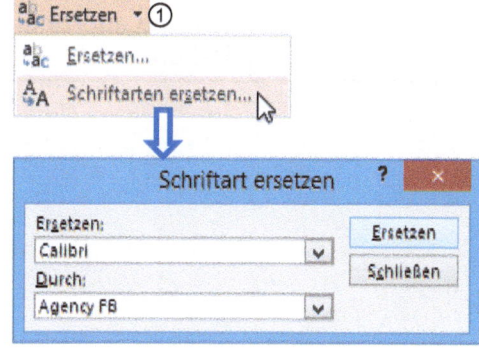

▶ Klicken Sie im Register *START* in der Gruppe *Bearbeiten* auf den Pfeil ① der Schaltfläche *Ersetzen* und wählen Sie *Schriftarten ersetzen*.

▶ Wählen Sie in den Feldern die entsprechenden Schriftarten aus und bestätigen Sie mit *Ersetzen*.

▶ Ersetzen Sie auf diese Weise eventuell weitere in der Präsentation vorkommende Schriftarten und betätigen Sie abschließend *Schließen*.

## 5.4    Absätze formatieren

### Allgemeine Vorgehensweise

Als Absatz erkennt PowerPoint den Text, der mit einer Absatzschaltung durch Betätigen von ⏎ beendet wird. Ein Absatz kann auch nur aus einer Zeile bestehen, wenn diese mit ⏎ abgeschlossen wurde.

▶ Setzen Sie den Cursor an eine beliebige Stelle im Absatz.

Wenn eine Absatzformatierung für mehrere Absätze gelten soll, ist es notwendig, die betreffenden Absätze bzw. Absatzteile zu markieren.

▶ Stellen Sie sicher, dass das **Register START** angezeigt wird, und stellen Sie mithilfe der Funktionen in der **Gruppe Absatz** die entsprechende Absatzformatierung ein (vgl. unten stehende Tabelle).

*oder*   Nehmen Sie die Formatierungen mithilfe der Minisymbolleiste vor.

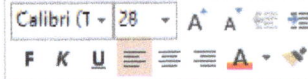

Das Absatzformat gilt für den aktuellen Absatz und alle Absätze, die ab der aktuellen Cursorposition eingegeben werden.

### Absatzausrichtungen zuweisen

Zusätzlich zu den Funktionen der Gruppe *Schriftart* und der Minisymbolleiste haben Sie auch die Möglichkeit, Absätze mithilfe von Tastenkombinationen schnell zu formatieren:

| Ausrichtung | Beispiel | Symbol | Tasten |
|---|---|---|---|
| Linksbündig | Linksbündiger Text ist vor allem für Aufzählungen geeignet. | ☰ | Strg L |
| Rechtsbündig | Dieser Text ist rechtsbündig ausgerichtet. | ☰ | Strg R |
| Blocksatz | Besonders für längere Texte ist Blocksatz geeignet. Er gibt dem Text optischen Halt und der Text wirkt übersichtlicher. | ☰ | -- |
| Zentriert | Zentrierte Texte eignen sich gut für Überschriften. | ☰ | Strg E |
| Text ausrichten | Mithilfe dieses Symbols können Sie die vertikale Ausrichtung für Texte im Textfeld festlegen (z. B. oben, Mitte, unten). | ⬍ | -- |
| Textrichtung | Mithilfe dieses Symbols können Sie die Textrichtung anordnen (z. B. gestapelt oder Text drehen). | ⫼A | -- |

## Zeilenabstände und Absatzabstände verändern

▶ Klicken Sie im Register *START* in der Gruppe *Absatz* auf , um das Dialogfenster *Absatz* einzublenden.

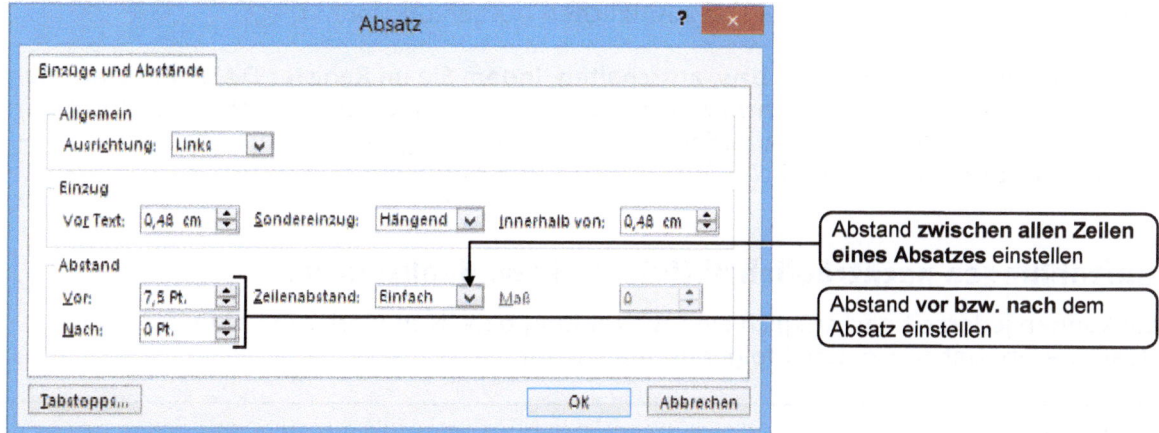

Sie können auch schnell den Zeilenabstand über ⟰▾ im Register *START*, Gruppe *Absatz*, einrichten.

# 5.5 Aufzählungen und Nummerierungen nutzen

### Individuelle Aufzählungen bzw. Nummerierungen erzeugen

Standardmäßig formatiert PowerPoint Texte in Platzhaltern als Aufzählung. Das gewählte Aufzählungszeichen richtet sich dabei nach dem zugewiesenen Design. Sie haben jedoch die Möglichkeit, die vorgegebene Aufzählung zu ändern bzw. in eine Nummerierung umzuwandeln. In Textfeldern dagegen werden Texte standardmäßig als Fließtext formatiert, sodass Aufzählungen über die Schaltflächen erzeugt werden müssen.

### Standardaufzählungen bzw. Nummerierungen erzeugen

Möchten Sie einem Absatz, der nicht als Aufzählung formatiert ist, eine Aufzählung bzw. Nummerierung hinzufügen, gehen Sie folgendermaßen vor:

▶ Setzen Sie den Cursor an die Stelle, an der die Aufzählung bzw. Nummerierung beginnen soll, und klicken Sie im Register *START* in der Gruppe *Absatz* auf ⠿ bzw. ⠿.

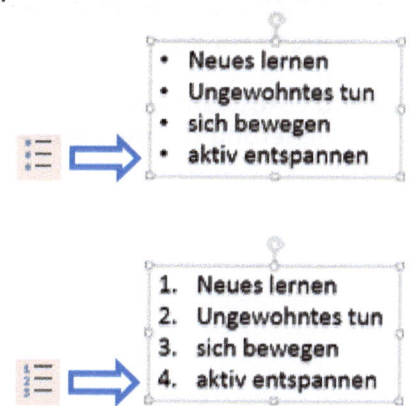

▶ Beginnen Sie mit der Eingabe der Liste und beenden Sie wie gewohnt jeden Aufzählungspunkt mit ⏎.

An jedem Absatzbeginn wird automatisch ein Aufzählungs- bzw. ein Nummerierungszeichen eingefügt.

Wenn Sie den Abstand zwischen dem Aufzählungszeichen und dem Text ändern möchten, blenden Sie das Lineal ein, indem Sie im Register *ANSICHT* in der Gruppe *Anzeigen* das Kontrollfeld *Lineal* aktivieren. Markieren Sie den gewünschten Bereich und ziehen Sie im Lineal das Symbol △ mit der Maus an die gewünschte Position.

**Aufzählungen bzw. Nummerierungen direkt bei der Eingabe erzeugen**

PowerPoint formatiert Texte, die Sie mit einem Bindestrich bzw. mit einer Zahl gefolgt von einem Punkt eingeben, automatisch als Aufzählung bzw. Nummerierung. Beim Betätigen von ⏎ wird der erste Aufzählungspunkt (die Nummerierung) automatisch erzeugt. Jede neue Absatzschaltung erzeugt einen zusätzlichen Aufzählungspunkt.

Sie können diese Funktion ein- bzw. ausschalten, indem Sie im Register *DATEI* auf *Optionen* klicken, zur Kategorie *Dokumentprüfung* wechseln und auf die Schaltfläche *AutoKorrektur-Optionen* klicken. Im Register *AutoFormat während der Eingabe* aktivieren bzw. deaktivieren Sie die Funktion *Automatische Aufzählungs- und Nummerierungsliste*.

## Aufzählungen nachträglich aktivieren bzw. deaktivieren

Sie können jederzeit nachträglich eine Aufzählung bzw. Nummerierung aktivieren oder deaktivieren. Gehen Sie dabei folgendermaßen vor:

| Sie möchten ... | |
|---|---|
| bestehenden Text als Aufzählung bzw. Nummerierung formatieren | ▶ Markieren Sie den Text. <br> ▶ Klicken Sie auf ☰ bzw. ☰. |
| Aufzählungszeichen bzw. Nummern ausschalten | ▶ Markieren Sie die Aufzählung bzw. Nummerierung. <br> ▶ Klicken Sie auf ☰ bzw. ☰. |
| eine Aufzählung in eine Nummerierung umwandeln und umgekehrt | ▶ Markieren Sie die Aufzählung bzw. Nummerierung. <br> ▶ Wählen Sie die gewünschte Formatierung ☰ bzw. ☰. |

## Standardaufzählungen bzw. Nummerierungen schnell ändern

PowerPoint bietet zur Gestaltung von Listen eine Auswahl an vordefinierten Aufzählungszeichen, die Sie folgendermaßen zuweisen können:

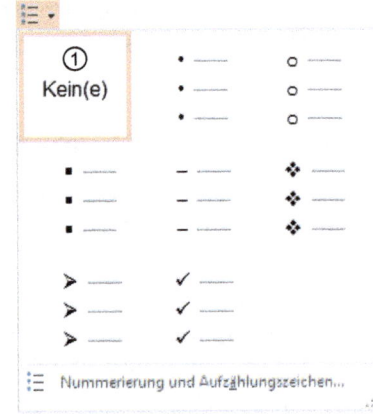

▶ Markieren Sie den betreffenden Absatz.

▶ Klicken Sie auf den Pfeil von ☰▾ bzw. ☰▾.

▶ Klicken Sie auf eines der sieben Formatbeispiele im eingeblendeten Feld.

Über die Auswahl *Kein(e)* ① können Sie die Aufzählung bzw. Nummerierung für markierte Absätze wieder aufheben.

## Aufzählungszeichen bzw. Nummerierung individualisieren

Wenn Sie in den Formatbeispielen des betreffenden Feldes keine passende Auswahl finden, haben Sie die Möglichkeit, über das Dialogfenster *Nummerierung und Aufzählung* die Gestaltung der Zeichen Ihren Wünschen entsprechend anzupassen.

▶ Markieren Sie den betreffenden Absatz.

▶ Klicken Sie auf den Pfeil von ☰ ▾ bzw. ☰ ▾.

▶ Klicken Sie im betreffenden Feld auf *Nummerierung und Aufzählungszeichen* bzw. *Aufzählungszeichen und Nummerierung*.

▶ Abhängig davon, ob Sie eine Aufzählung oder eine Nummerierung ändern möchten, aktivieren Sie das Register ① oder ② im eingeblendeten Dialogfenster.

▶ Aktivieren Sie das Formatbeispiel, das Ihren Wünschen am ehesten entspricht, und bearbeiten Sie die Zeichen entsprechend der nachfolgenden Tabelle.

▶ Bestätigen Sie mit *OK*.

| Sie möchten ... | |
|---|---|
| die Größe bzw. Farbe eines Zeichens ändern | ▶ Klicken Sie im Bereich ③ auf das entsprechende Bedienelement und stellen Sie die gewünschte Formatierung ein. |
| ein anderes Schriftzeichen auswählen | ▶ Klicken Sie im Register ① auf *Anpassen*.<br>▶ Wählen Sie im Dialogfenster *Symbol* das passende Zeichen aus. |
| ein anderes Bildaufzählungszeichen auswählen | ▶ Klicken Sie auf *Bild*.<br>▶ Klicken Sie im Dialogfenster *Bilder einfügen* auf *Aus einer Datei*, wenn Sie z. B. ein eigenes Bild einfügen möchten.<br>*oder* Geben Sie im Feld *ClipArt von Office.com* bzw. *Bing-Bildersuche* einen Suchbegriff ein, um ein Bild aus dem Internet einzufügen. |
| den Beginn einer Nummerierung festlegen | ▶ Geben Sie im Register *Nummerierung* im Feld *Beginnen bei* die entsprechende Anfangsziffer ein. |

## 5.6    Schnellübersicht

| Sie möchten ... | |
|---|---|
| einen Platzhalter in der Größe ändern | Ziehpunkt mit gedrückter linker Maustaste ziehen |
| einen Platzhalter drehen | Drehpfeil mit gedrückter linker Maustaste ziehen |
| einen Platzhalter löschen | Platzhalterrahmen anklicken, [Entf] |
| ein Textfeld einfügen | Register *EINFÜGEN*, Gruppe *Text, Textfeld* |
| eine neue Designschriftart zuweisen | Register *ENTWURF*, Gruppe *Varianten, Schriftarten* |
| markierte Zeichen individuell formatieren | Register *START*, Gruppe *Schriftart* oder Minisymbolleiste |
| eine Zeichenformatierung übertragen | Register *START*, Gruppe *Zwischenablage*, auf 🖌 doppelklicken, mit der Maus über den zu formatierenden Bereich ziehen, [Esc] |
| eine besondere Zeichenformatierung über das Dialogfenster vornehmen | Register *START*, Gruppe *Schriftart*, 🔲 |
| Absätze formatieren | Register *START*, Gruppe *Absatz* oder Minisymbolleiste |
| besondere Absatzformatierungen über das Dialogfenster vornehmen | Register *START*, Gruppe *Absatz*, 🔲 |
| besondere Schriftzeichen (Symbole) einfügen | Register *EINFÜGEN*, Gruppe *Symbole, Symbol* |
| Text als Aufzählung bzw. Nummerierung formatieren | Register *START*, Gruppe *Absatz*, ☰▾ bzw. ☰▾ |
| Aufzählungen und Nummerierungen individualisieren | Register *START*, Gruppe *Absatz*, Pfeil der Schaltfläche ☰▾ bzw. ☰▾ anklicken, *Nummerierung und Aufzählungszeichen* bzw. *Aufzählungszeichen und Nummerierung* |

## 5.7    Übungen

### Übung 1: Präsentation für eine Marketingaktion gestalten

| Level | | Zeit | ca. 15 min |
|---|---|---|---|
| **Übungsinhalte** | ✔  Textfelder einfügen<br>✔  Textplatzhalter bzw. -felder ausrichten<br>✔  Texte formatieren | | |
| **Ergebnisdatei** | *Werbung-E1* | | |

Die Marketingabteilung bereitet eine Präsentation vor, die die grundlegenden Forderungen der Werbung zum Inhalt hat. Sie möchten aus den betreffenden Schlagworten eine Folie gemäß der Abbildung gestalten.

① Erstellen Sie eine neue leere Präsentation und ändern Sie den Layout-Typ der eingeblendeten Folie in *Nur Titel*.

② Geben Sie den Titel ① ein. Der Folientitel soll in Fettdruck, zentriert und in einer blauen Designfarbe erscheinen.

③ Erzeugen Sie ein Textfeld und geben Sie den Satz ② ein. Der Satz soll kursiv und zentriert mit einer dunklen Designfarbe formatiert werden.

④ Weisen Sie dem Text die Schriftgröße 24 pt zu und positionieren Sie das Textfeld entsprechend der Abbildung auf der Folie.

⑤ Fügen Sie ein weiteres Textfeld ein und geben Sie das Schlagwort *Aktualität* ein.

⑥ Formatieren Sie die Schrift dieses Textfeldes mit dem Schriftgrad 24 pt und einer blauen Designfarbe.

⑦ Erstellen Sie die restlichen benötigten Textfelder mit den übrigen Schlagworten ③ und übertragen Sie das Format des zuvor erstellten und formatierten Textfeldes auf diese Textfelder.

⑧ Ordnen Sie die Textfelder wie auf der Abbildung zu sehen zueinander an und speichern Sie die Präsentation unter dem Namen *Werbung-E1*.

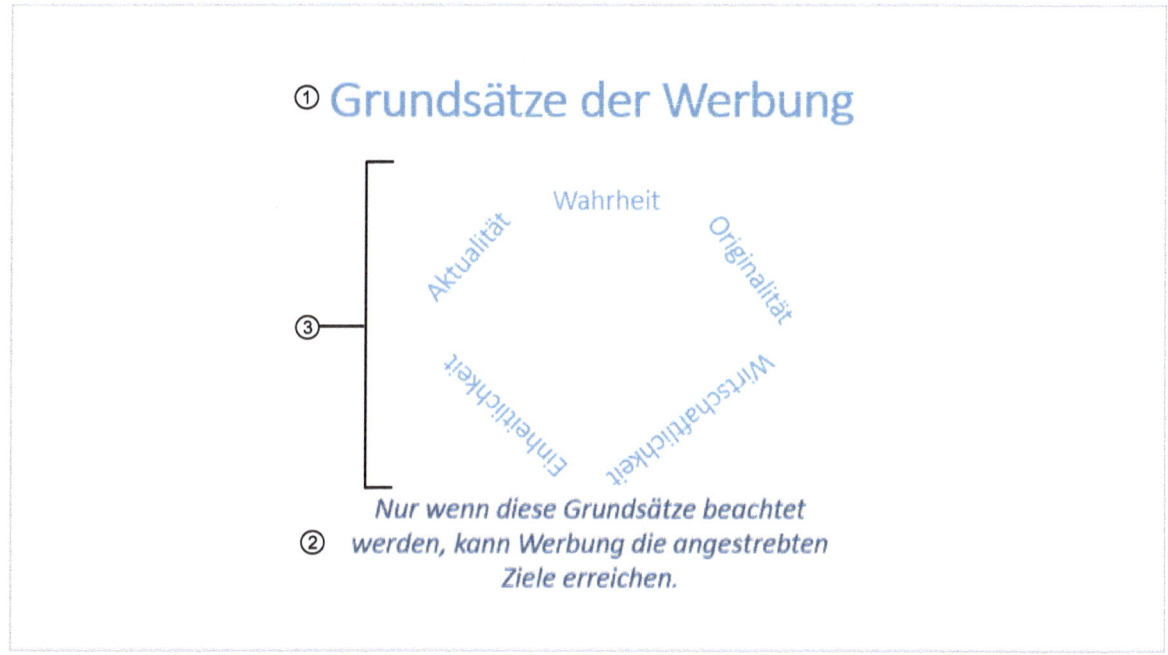

## Übung 2: Die Designvorgaben einer Präsentation ändern

| Level | | Zeit | ca. 5 min |
|---|---|---|---|
| **Übungsinhalte** | ✔ Designs zuweisen <br> ✔ Designschriften ändern <br> ✔ Designfarben ändern | | |
| **Übungsdatei** | *Werbung* | | |
| **Ergebnisdatei** | *Werbung-E2* | | |

① Öffnen Sie die Präsentation *Werbung*.

② Ändern Sie die Designschriftart für die Präsentation in *Arial*.

③ Weisen Sie der Präsentation ein anderes Design zu, z. B. *Ion-Sitzungssaal*.
Achten Sie dabei darauf, wie die Schrift sich wieder ändert und wie die Anordnung der Platzhalter sich je nach Designauswahl auswirkt. Unter Umständen müssen Sie die Platzhalter neu positionieren.

④ Weisen Sie dem Design ein neues Farbschema zu, z. B. *Laufschrift*.

⑤ Weisen Sie der Überschrift die Farbe Weiß zu.

⑥ Speichern Sie die Präsentation unter dem Namen *Werbung-E2*.

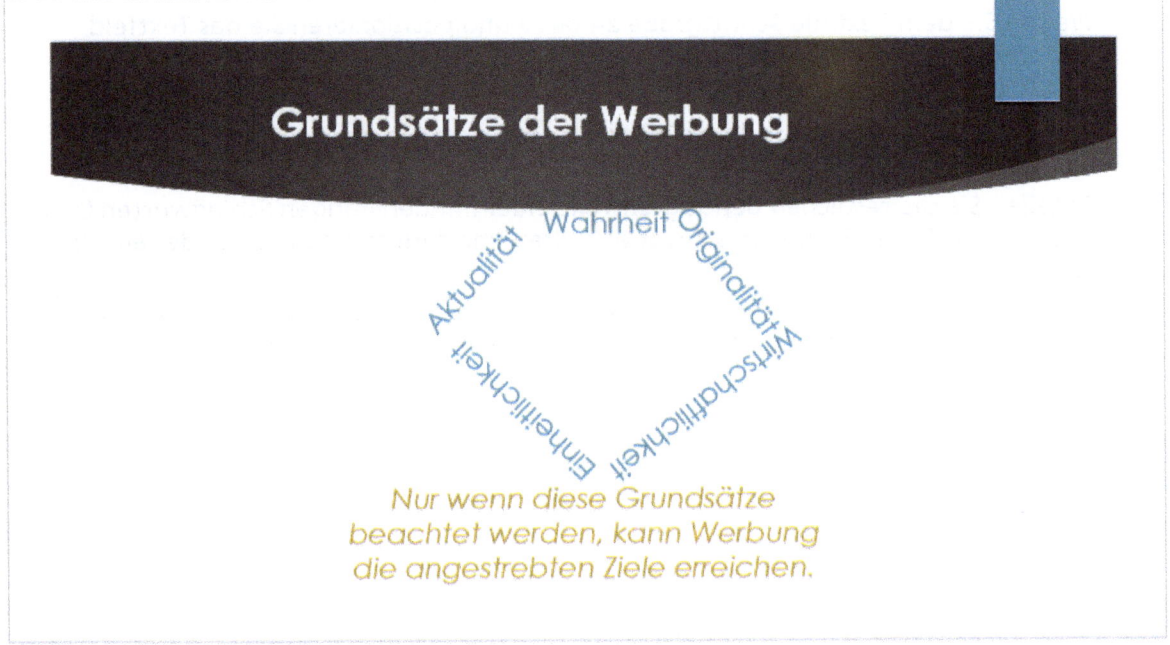

## Übung 3: Aufzählungen gestalten

| Level | 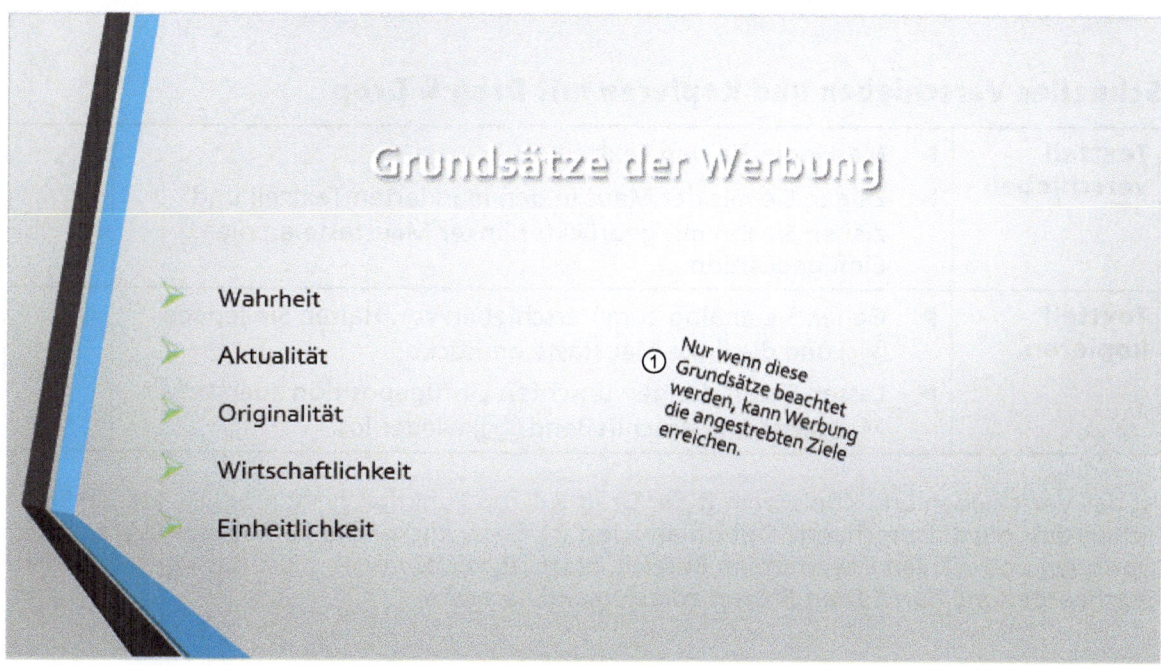 | | Zeit | ca. 10 min |
|---|---|---|---|---|
| Übungsinhalte | ✔ Aufzählung erstellen<br>✔ Aufzählungszeichen formatieren<br>✔ Texte formatieren<br>✔ Platzhalter anordnen | | | |
| Übungsdatei | *Werbung* | | | |
| Ergebnisdatei | *Werbung-E3* | | | |

① Als zweite Fassung möchten Sie eine Folie mit einer Aufzählung erstellen. Öffnen Sie dazu die Präsentation *Werbung* und weisen Sie ihr das Design *Parallax* zu.

② Formatieren Sie den Text der Überschrift fett, weiß und mit Textschatten.

③ Löschen Sie alle anderen Textfelder und ändern Sie das Layout anschließend in *Zwei Inhalte*.

④ Geben Sie in den linken Inhaltsplatzhalter die Schlagworte als Aufzählungspunkte ein.

⑤ Testen Sie, ob die Folie mit einer Nummerierung aussagekräftiger erscheint, indem Sie die Aufzählung in eine Nummerierung ändern.

⑥ Sie entscheiden sich für die Aufzählung und wählen Pfeile als Aufzählungszeichen.

⑦ Vergrößern Sie den Abstand zwischen Aufzählungszeichen und Text und ändern Sie die Farbe der Pfeile, z. B. in Grün.

⑧ Weisen Sie dem Aufzählungstext eine Schriftgröße von 28 pt zu und ändern Sie in der Aufzählung den Zeilenabstand auf 1,5 Zeilen.

⑨ Geben Sie in den rechten Platzhalter den Satz ① ein und ordnen Sie ihn gemäß der Abbildung an.

⑩ Speichern Sie die Präsentation unter dem Namen *Werbung-E3*.

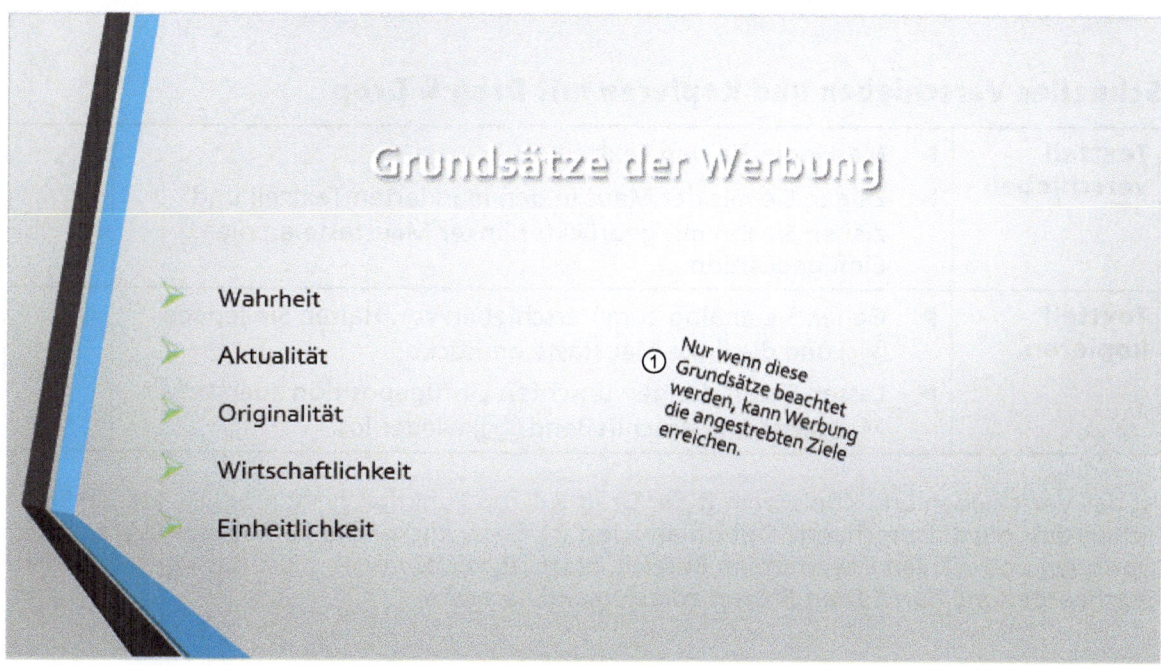

# 6    Folientexte überarbeiten

## In diesem Kapitel erfahren Sie

- ✔ wie Sie Textteile bzw. Folien verschieben und kopieren
- ✔ wie Sie die Zwischenablage nutzen können
- ✔ wie Sie nach Wörtern suchen können
- ✔ wie Sie die Rechtschreibprüfung nutzen
- ✔ wie die AutoKorrektur eingerichtet werden kann

## Voraussetzungen

- ✔ Mit Präsentationen arbeiten

## 6.1    Texte mit Drag & Drop kopieren und verschieben

### Kopieren und Verschieben

Wenn Sie bestimmte Textteile an eine andere Stelle kopieren möchten, können Sie den bestehenden Text entweder duplizieren oder austauschen.

- ✔ Beim **Kopieren** fügen Sie einen Textteil an einer anderen Stelle im Dokument ein, wobei das Original an seiner ursprünglichen Position **erhalten** bleibt.
- ✔ Beim **Verschieben** entfernen Sie einen Textteil an einer Stelle des Dokuments und fügen ihn an einer anderen Stelle wieder ein.

### Schnelles Verschieben und Kopieren mit Drag & Drop

| Textteil verschieben | ▶ Markieren Sie den Textteil. <br><br> ▶ Zeigen Sie mit der Maus in den markierten Textteil und ziehen Sie ihn mit gedrückter linker Maustaste an die Einfügeposition. | |
|---|---|---|
| Textteil kopieren | ▶ Gehen Sie analog zum Verschieben vor. Halten Sie jedoch Strg und die linke Maustaste gedrückt. <br><br> ▶ Lassen Sie an der gewünschten Einfügeposition zuerst die Maustaste und anschließend Strg wieder los. | |

 Ist das Verschieben und Kopieren mit der Drag-&-Drop-Funktion nicht möglich, stellen Sie sicher, dass die entsprechende Option aktiviert ist. Dazu klicken Sie im Register *DATEI* auf *Optionen* und wählen *Erweitert*. Im Bereich *Bearbeitungsoptionen* muss das Kontrollfeld *Textbearbeitung durch Drag & Drop zulassen* aktiviert sein.

## 6.2 Mit der Zwischenablage arbeiten

### Kopieren und Verschieben mithilfe der Zwischenablage

Die Zwischenablage ist ein besonderer Speicherbereich, in dem Daten aus beliebigen Programmen (beispielsweise Texte, Folien oder Tabellen) vorübergehend abgelegt werden können, um sie an einer anderen Stelle wieder einzufügen. Das **zuletzt** in die Zwischenablage abgelegte Element kann dabei beliebig oft eingefügt werden.

Die Zwischenablage lässt sich im Register *START* über die Schaltflächen der Gruppe *Zwischenablage* und über Tastenkombinationen steuern.

| Aktion | Symbol | Tasten |
|---|---|---|
| In die Zwischenablage ausschneiden (verschieben) | ✂ | Strg X |
| In die Zwischenablage kopieren | ▤ ▾ | Strg C |
| Aus der Zwischenablage einfügen (Bereich ①) <br> Nach Anklicken des unteren Bereichs ② stehen Ihnen spezielle Optionen für das Einfügen zur Verfügung. | ① Einfügen ▾ ② | Strg V |

### Mehrere Elemente mit dem Aufgabenbereich *Zwischenablage* kopieren

Der Aufgabenbereich *Zwischenablage* bietet Ihnen die Möglichkeit, auf bis zu 24 Elemente, die in die Zwischenablage eingefügt wurden, zuzugreifen. Auf diese Weise können Sie jederzeit wählen, welche Elemente wo und wie oft eingefügt werden sollen.

#### Aufgabenbereich *Zwischenablage* einblenden

▶ Um den Aufgabenbereich *Zwischenablage* einzublenden, klicken Sie im Register *START* in der Gruppe *Zwischenablage* auf 🔲 .

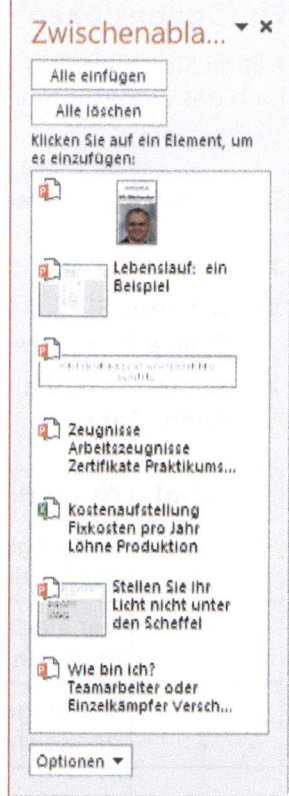

Der Aufgabenbereich wird angezeigt.

### Mehrere Texte in die Zwischenablage aufnehmen

Sie möchten beispielsweise mehrere Textteile einer Präsentation in eine andere Präsentation kopieren bzw. verschieben.

▶ Markieren Sie die Textpassage, die in die Zwischenablage aufgenommen werden soll.

▶ Kopieren Sie den Text beispielsweise mit ▤ ▾ in die Zwischenablage oder schneiden Sie ihn mit ✂ aus.

▶ Wiederholen Sie die letzten beiden Arbeitsschritte, um weitere Textpassagen in die Zwischenablage aufzunehmen.

✔ In der Windows-Taskleiste wird 🖿 angezeigt, sobald der Aufgabenbereich *Zwischenablage* eingeblendet wurde. Bei der Aufnahme jedes Elements in die Zwischenablage wird über dem Symbol eine Meldung ① angezeigt.

✔ Die Einträge im Aufgabenbereich *Zwischenablage* bestehen aus einem Symbol ②, das das Ursprungsprogramm angibt, und aus einem Textauszug ③ bzw. einer Miniaturgrafik ④.

✔ Nehmen Sie mehr als 24 Elemente in die Zwischenablage auf, wird jeweils der Eintrag, der sich am längsten in der Zwischenablage befindet, gelöscht.

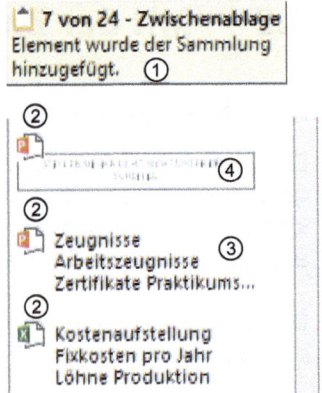

## Inhalte aus der Zwischenablage in eine Präsentation einfügen

▶ Positionieren Sie den Cursor an der Stelle auf der Folie, an der Sie den Inhalt einfügen möchten.

▶ Zeigen Sie im Aufgabenbereich *Zwischenablage* auf den gewünschten Eintrag.

Das Element wird umrahmt und mit einem Pfeil ⑤ angezeigt.

▶ Klicken Sie auf den Eintrag.

*oder*  Klicken Sie auf den Pfeil und wählen Sie *Einfügen*.

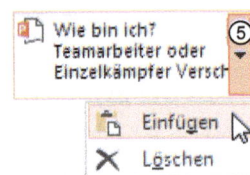

 Sie können die Zwischenablage in allen Office-Anwendungen verwenden. Dadurch haben Sie z. B. die Möglichkeit, Tabellen aus Excel und Texte aus Word zu sammeln und in einem Arbeitsgang in Ihre PowerPoint-Präsentation einfügen.

## Einfügeoptionen mithilfe einer Optionsschaltfläche festlegen

Haben Sie einen Text kopiert oder verschoben, blendet PowerPoint unterhalb des eingefügten Textes die Optionsschaltfläche *Einfügeoptionen* 🖿 (Strg) ▾ ein.

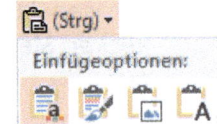

Sie können hier festlegen, wie der eingefügte Text formatiert werden soll:

▶ Klicken Sie nach dem Einfügen des Textes auf die Optionsschaltfläche.

▶ Möchten Sie zunächst eine Live-Vorschau der betreffenden Einfügeoptionen auf Ihrer Folie erhalten, zeigen Sie nacheinander auf die eingeblendeten Schaltflächen.

▶ Klicken Sie auf die Schaltfläche, die den Inhalt nach Ihren Wünschen einfügt (vgl. folgende Tabelle):

| Symbol | Auswirkung |
|---|---|
| 🖿 | Der eingefügte Text und die Aufzählungspunkte werden an die Formatierung des Zieldesigns angepasst. |
| 🖿 | Der eingefügte Text und die Aufzählungspunkte behalten ihre ursprüngliche Formatierung. |
| 🖿 | Der eingefügte Text wird als Grafik eingefügt. Eine inhaltliche Bearbeitung der Zeichen ist anschließend nicht mehr möglich. |
| 🖿 | Der eingefügte Text wird ohne spezielle Formatierung eingefügt. |

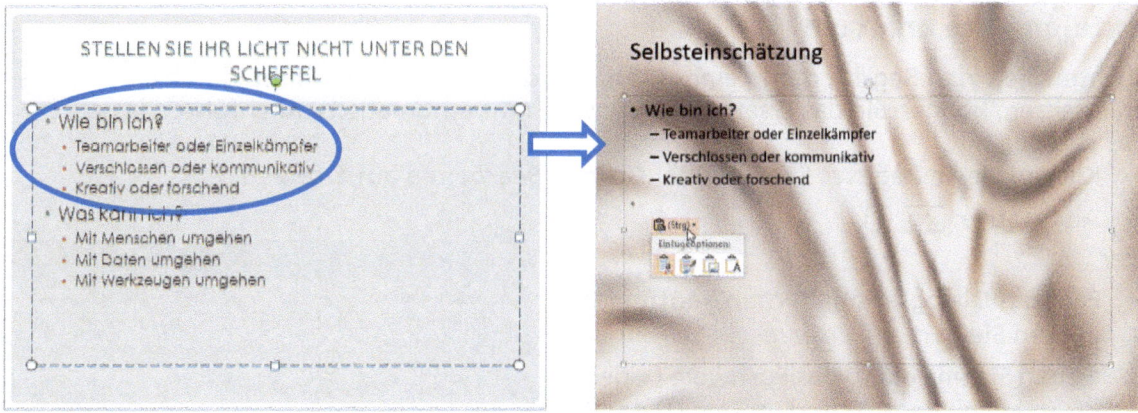

**Besonderheiten beim Verschieben und Kopieren**

▶ Klicken Sie im Register *DATEI* auf *Optionen* und wählen Sie *Erweitert*. Im Bereich *Ausschneiden, Kopieren und Einfügen* können Sie Einstellungen für das Verschieben und Kopieren festlegen:

Ausschneiden, Kopieren und Einfügen

① ☑ Intelligentes Ausschneiden und Einfügen

② ☑ Schaltfläche für Einfügeoptionen anzeigen, wenn Inhalt eingefügt wird

✔ Standardmäßig werden beim Löschen/Ausschneiden von Text überflüssige Leerzeichen entfernt und beim Einfügen/Verschieben von Text fehlende Leerzeichen automatisch ergänzt. Sollte diese Funktion nicht aktiviert sein, kann sie durch ① aktiviert werden.

✔ Um das Einblenden der Optionsschaltfläche beim Einfügen zu verhindern, deaktivieren Sie ②.

## 6.3 Textelemente suchen und ersetzen

### Textelemente suchen

Bei umfangreichen Präsentationen ist es oft schwierig, eine bestimmte Textstelle oder ein bestimmtes Wort schnell zu finden. PowerPoint bietet daher die Möglichkeit, eine Suche nach Textelementen durchzuführen.

▶ Klicken Sie im Register *START* in der Gruppe *Bearbeiten* auf *Suchen*.
Alternative: [Strg] [F]
Das Dialogfenster *Suchen* wird eingeblendet.

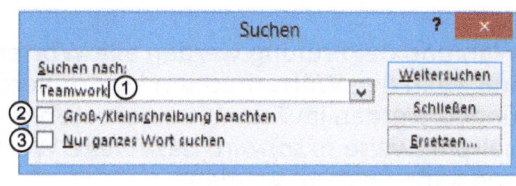

▶ Geben Sie im Feld ① den Suchtext (Wort, Wortteil) ein.

▶ Um bei der Suche die Groß-/Kleinschreibung zu berücksichtigen (um z. B. nur *Ehe*, aber nicht *ehe* zu finden), aktivieren Sie ②.

▶ Wenn Sie den Suchbegriff nur als vollständiges Wort und nicht als Teil eines Wortes suchen möchten, aktivieren Sie ③.

▶ Mit der Schaltfläche *Weitersuchen* starten Sie die Suche ab der aktuellen Cursorposition.
Das Programm stoppt beim ersten Vorkommen des Suchbegriffs und markiert den Text. Änderungen am Text lassen sich nun bei geöffnetem Dialogfenster *Suchen* vornehmen.

▶ Durch erneutes Betätigen der Schaltfläche *Weitersuchen* setzen Sie die Suche fort.

▶ Durch Klicken auf *Schließen* oder mit [Esc] beenden Sie die Suche.

## Textelemente ersetzen

Möchten Sie einen Begriff, der in einer Präsentation häufiger vorkommt, durch einen anderen ersetzen, können Sie das Ersetzen von PowerPoint automatisch durchführen lassen.

▶ Klicken Sie im Register *START* in der Gruppe *Bearbeiten* auf *Ersetzen*.

Alternative: [Strg] [H]

*oder*

▶ Falls das Dialogfenster *Suchen* geöffnet ist, klicken Sie dort auf *Ersetzen*.

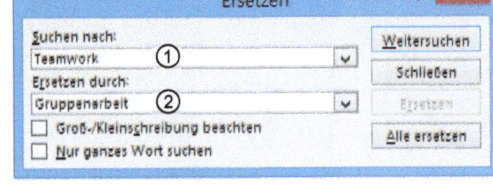

▶ Geben Sie im Feld ① das Suchwort (= den zu ersetzenden Begriff) und im Feld ② das Ersatzwort ein.

▶ Mit *Weitersuchen* starten Sie die Suche.

▶ Stoppt die Suche an einer Fundstelle, haben Sie folgende Möglichkeiten:

  ✔ Mit *Ersetzen* bestätigen Sie das Ersetzen des ursprünglichen Begriffs durch den neuen.

  ✔ Mit *Alle ersetzen* wird der Suchbegriff an jeder Fundstelle ohne Rückfrage ersetzt.

  ✔ Durch erneutes Anklicken von *Weitersuchen* gelangen Sie ohne Änderung zur nächsten Textstelle.

▶ Schließen Sie das Dialogfenster, indem Sie auf *Schließen* klicken oder [Esc] betätigen.

 Mit 🔄 aus der Symbolleiste für den Schnellzugriff können Sie die letzten Ersetzungen schnell rückgängig machen.

 Die Funktion *Alle ersetzen* birgt die Gefahr unerwünschter Ersetzungen und sollte stets mit Bedacht eingesetzt werden.

## 6.4 Die Rechtschreibprüfung verwenden

### Funktionsweise der Rechtschreibprüfung

Mit der Rechtschreibprüfung können Sie Ihre Folientexte auf Rechtschreibfehler überprüfen lassen. PowerPoint benutzt hierfür ein internes Hauptwörterbuch in Kombination mit einem individuell erweiterbaren Benutzerwörterbuch.

Während der Prüfung werden alle Wörter der Präsentation auf Übereinstimmung mit Einträgen in den Wörterbüchern kontrolliert. Wörter, die die Rechtschreibprüfung dort nicht findet, werden im Text mit einer roten Wellenlinie markiert. Bei Wortwiederholungen wie beispielsweise *so so*, wird das zweite Wort standardmäßig ebenfalls als Fehler angezeigt und kann gelöscht werden.

Handelt es sich bei einem gekennzeichneten Wort um keinen Rechtschreibfehler, können Sie es dem Benutzerwörterbuch hinzufügen, sodass das Wort zukünftig nicht mehr als Fehler markiert wird.

 Die Rechtschreibprüfung erstreckt sich **nicht** auf Diagramme und importierte Objekte (beispielsweise Word-Dokumente).

## Mit der Rechtschreibprüfung arbeiten

▶ Wechseln Sie ins Register *ÜBERPRÜFEN* und klicken Sie in der Gruppe *Dokumentprüfung* auf *Rechtschreibung*.

Alternative: F7

Der Aufgabenbereich *Rechtschreibung* wird eingeblendet und die Überprüfung beginnt. Es wird von der aktuellen Cursorposition bis zum Ende der Präsentation geprüft.

▶ Findet die Rechtschreibprüfung ein unbekanntes Wort, wird es markiert und im Aufgabenbereich *Rechtschreibung* werden Optionen angezeigt.

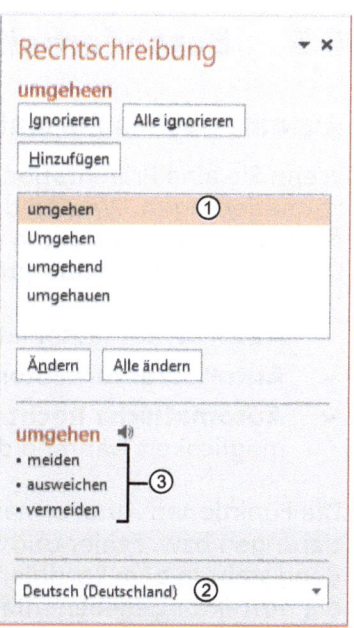

Sie haben verschiedene Möglichkeiten zum Bearbeiten des betreffenden Wortes:

| Sie möchten ... | |
|---|---|
| einen Fehler korrigieren | ▶ Wählen Sie aus dem Feld ① den passenden Eintrag aus.<br><br>▶ Bestätigen Sie mit *Ändern*, um das Wort an der aktuellen Stelle zu korrigieren.<br><br>*oder* Klicken Sie auf *Alle ändern*, um das fehlerhafte Wort an allen Stellen dieser Präsentation zu korrigieren. |
| das Wort ohne Korrektur überspringen | Beispiel: PowerPoint zeigt ein unbekanntes Wort an, das Sie in der aktuellen Schreibweise erhalten möchten (z. B. einen Nachnamen).<br><br>▶ Klicken Sie auf *Ignorieren*.<br><br>*oder* Klicken Sie auf *Alle ignorieren*, um das fehlerhafte Wort an allen Stellen dieser Präsentation zu ignorieren. |
| das Wort in das Benutzerwörterbuch aufnehmen | ▶ Klicken Sie auf *Hinzufügen*.<br><br>Der Begriff wird dem Benutzerwörterbuch hinzugefügt und in Zukunft nicht mehr von der Rechtschreibprüfung markiert. |
| die Sprache des Wörterbuches ändern | Kommen in Ihrer Präsentation z. B. viele englische Wörter vor, können Sie die Sprache der Rechtschreibprüfung anpassen.<br><br>▶ Klicken Sie auf die Sprachauswahlleiste ②.<br><br>▶ Wählen Sie die gewünschte Sprache aus der Liste. |

Im unteren Bereich des Aufgabenbereiches *Rechtschreibung* werden Synonyme ③ für das aktuell in der Liste markierte Wort ① angezeigt.

Sie können die Standardeinstellungen für die Rechtschreibprüfung individuell anpassen, indem Sie im Register *DATEI* auf *Optionen* klicken und *Dokumentprüfung* wählen.

## 6.5    Besonderheiten bei der Texteingabe

### ⭐ Automatisches Formatieren und Korrigieren während der Texteingabe

Wenn Sie eine Präsentation erstellen, überprüft PowerPoint automatisch Ihre Eingaben und Formatierungen. Werden dabei bestimmte Muster bzw. Fehler erkannt, ändert PowerPoint die Eingaben selbstständig nach vorgegebenen Regeln oder markiert bestimmte Bereiche. Diese automatische Überprüfung geschieht durch folgende Funktionen:

- ✔ **AutoFormat** (automatische Korrektur der Formatierung)
- ✔ **AutoKorrektur** (automatische Berichtigung von Eingaben)
- ✔ **Automatische Rechtschreibprüfung** (automatische Fehleranzeige mit Korrektur-möglichkeit während der Texteingabe)

Die Funktionen *AutoFormat* und *AutoKorrektur* erkennen selbstständig bestimmte Formatierungen bzw. Fehler und ändern diese ohne Rückfrage direkt nach der Eingabe. Anschließend steht in dem korrigierten Bereich eine Optionsschaltfläche zur Verfügung, über die Sie die Korrektur gegebenenfalls anpassen oder annullieren können.

### Beispiele für die AutoFormat- und Autokorrektur-Funktionen

Geben Sie in einen Platzhalter mehr Zeichen ein, als der Platzhalter fassen kann ①, passt PowerPoint Schriftgröße und Zeilenabstand des Textes an die Platzhaltergröße an.

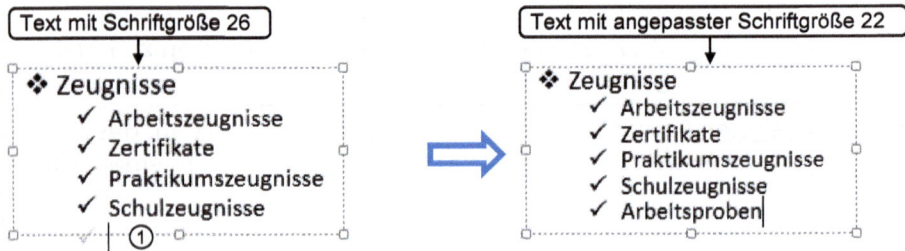

Geben Sie in Ihren Text beispielsweise Bruchzahlen wie 1/2 ein, wandelt PowerPoint diese automatisch in die Formatierung ½ um.

Geben Sie auf einer Folie eine E-Mail- bzw. Internetadresse ein, wird diese automatisch in einen Hyperlink mit entsprechender Formatierung und Funktion umgewandelt.

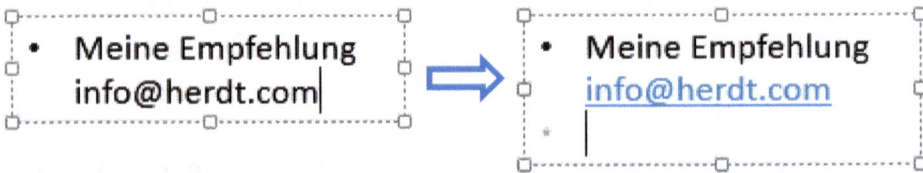

### Hinweise zu Hyperlinks

- ✔ Hyperlinks können nur während der **Bildschirmpräsentation** (vgl. Abschnitt 7.1) durch Anklicken aktiviert werden.
- ✔ Die Angabe des Protokolls *http://* beim Eingeben einer Internetadresse ist für das Erstellen eines Hyperlinks nicht erforderlich.

**Weitere Beispiele**

✔ Häufige Tippfehler werden automatisch berichtigt: *dise* wird in *diese* und *Auswal* in *Auswahl* umgewandelt.

✔ Am Satzanfang wird der erste Buchstabe groß formatiert.

✔ Die Zeichenfolge (e) wird zu € korrigiert.

## Automatisches Ersetzen zurücknehmen

Wurde von PowerPoint eine automatische Korrektur bzw. Formatierung vorgenommen, die Sie nicht wünschen, können Sie diese mithilfe von ⤺ ▾ schnell wieder rückgängig machen.

Darüber hinaus haben Sie die Möglichkeit, eine automatische Korrektur mit der zugehörigen Optionsschaltfläche rückgängig zu machen oder Ihren Wünschen entsprechend anzupassen. Die Optionen zur Anpassung von Korrekturen, die über die Optionsschaltfläche angeboten werden, sind jeweils kontextbezogen.

### Korrekturen von Wörtern zurücknehmen bzw. ändern

▶ Zeigen Sie zunächst auf das geänderte Wort und anschließend auf die eingeblendete rote Markierung ⎯ ①. Die Optionsschaltfläche *AutoKorrektur-Optionen* 🖋 ▾ wird eingeblendet.

▶ Klicken Sie auf den Pfeil der Optionsschaltfläche ②.

▶ Wählen Sie aus dem Menü aus, wie mit der Korrektur umgegangen werden soll, z. B. ob Sie die Korrektur einmalig zurücknehmen ③ oder dauerhaft deaktivieren ④ möchten.

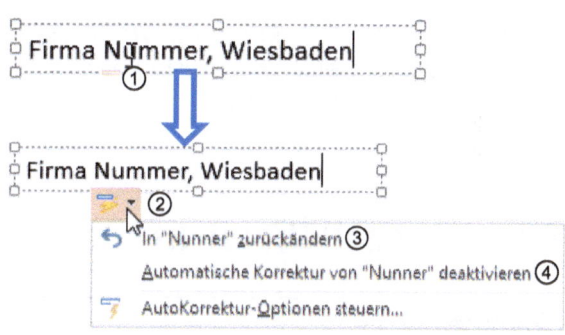

### Anpassung des Textes an einen Platzhalter zurücknehmen bzw. ändern

Wurde bei der Texteingabe der Text so formatiert, dass er nicht über die Begrenzung des Platzhalters hinausreicht, wird neben dem Platzhalter die Optionsschaltfläche *Optionen für das automatische Anpassen* ⬍ eingeblendet.

▶ Klicken Sie auf die Optionsschaltfläche und wählen Sie die Option ①, wenn Sie den Platzhalter nicht automatisch anpassen lassen möchten.

    *oder* Klicken Sie auf eine der verbleibenden Optionen, wenn Sie den Text anders auf der Folie anordnen möchten.

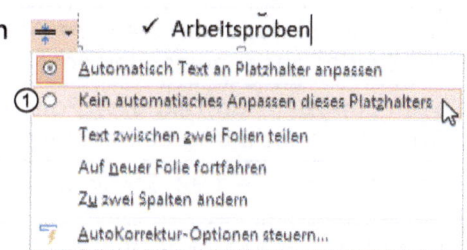

Abhängig von der gewählten Option wird der Text eventuell nicht mehr komplett auf der Folie angezeigt. Wenn noch Platz auf der Folie ist, können Sie den Platzhalter vergrößern, um den gesamten Text anzuzeigen.

Die Optionsschaltflächen können für nachträgliche Änderungen über den Anzeiger so lange immer wieder eingeblendet werden, bis Sie die Präsentation schließen. Bei erneutem Öffnen der Präsentation sind die Optionsschaltflächen nicht mehr vorhanden.

## Die automatische Rechtschreibprüfung

Die automatische Rechtschreibprüfung ermöglicht die sofortige Überprüfung Ihrer Texte während der Eingabe. Dabei kennzeichnet das Programm Wörter, die es für fehlerhaft hält, durch eine rote Wellenlinie.

### Fehler während der Texteingabe korrigieren

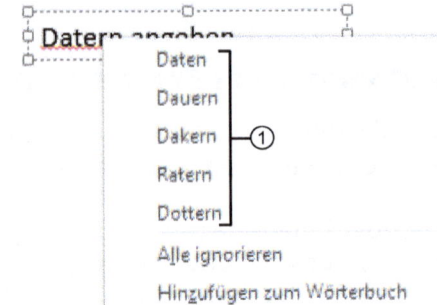

▶ Klicken Sie mit der rechten Maustaste in das von PowerPoint beanstandete Wort.

Falls vorhanden, werden im eingeblendeten Kontextmenü Korrekturvorschläge angezeigt ①.

▶ Wählen Sie den passenden Begriff aus.

*oder* Wählen Sie einen der anderen Befehle im Kontextmenü (vgl. Abschnitt 6.4).

### Die automatische Rechtschreibprüfung aktivieren bzw. deaktivieren

▶ Aktivieren Sie das Register *DATEI* und klicken Sie auf *Optionen*.

▶ Klicken Sie auf *Dokumentprüfung* und deaktivieren bzw. aktivieren Sie im Bereich *Bei der Rechtschreibkorrektur in PowerPoint* das Kontrollfeld *Rechtschreibung während der Eingabe überprüfen*.

## 6.6 Schnellübersicht

| Sie möchten ... | |
|---|---|
| Inhalte kopieren | Register *START*, Gruppe *Zwischenablage*, 🗐 |
| Inhalte ausschneiden (verschieben) | Register *START*, Gruppe *Zwischenablage*, ✂ |
| Inhalte einfügen | Register *START*, Gruppe *Zwischenablage*, oberer Bereich von *Einfügen* |
| den Aufgabenbereich *Zwischenablage* einblenden | Register *START*, Gruppe *Zwischenablage*, 🗔 |
| ein Element aus dem Aufgabenbereich *Zwischenablage* einfügen | Eintrag im Aufgabenbereich *Zwischenablage* anklicken |
| Text beim Einfügen an die Formatierung des Zieldesigns anpassen lassen | 🗐 (Strg) ▾ , 🗐 |
| beim Einfügen von Text bzw. Folien die Originalformatierung beibehalten | 🗐 (Strg) ▾ , 🗐 |
| den kopierten Text als Grafik einfügen | 🗐 (Strg) ▾ , 🗐 |
| Text ohne besondere Formatierung einfügen | 🗐 (Strg) ▾ , 🗐A |
| Textelemente suchen | Register *START*, Gruppe *Bearbeiten*, Suchen |
| Textelemente ersetzen | Register *START*, Gruppe *Bearbeiten*, Ersetzen |
| die Rechtschreibung überprüfen | Register *ÜBERPRÜFEN*, Gruppe *Dokumentprüfung*, *Rechtschreibung* |
| das automatische Ersetzen von Texten bzw. Formatierungen zurücknehmen | ↶ ▾ oder betreffende Optionsschaltfläche anklicken, Option auswählen |

## 6.7 Übung

### Präsentation überarbeiten

| Level | 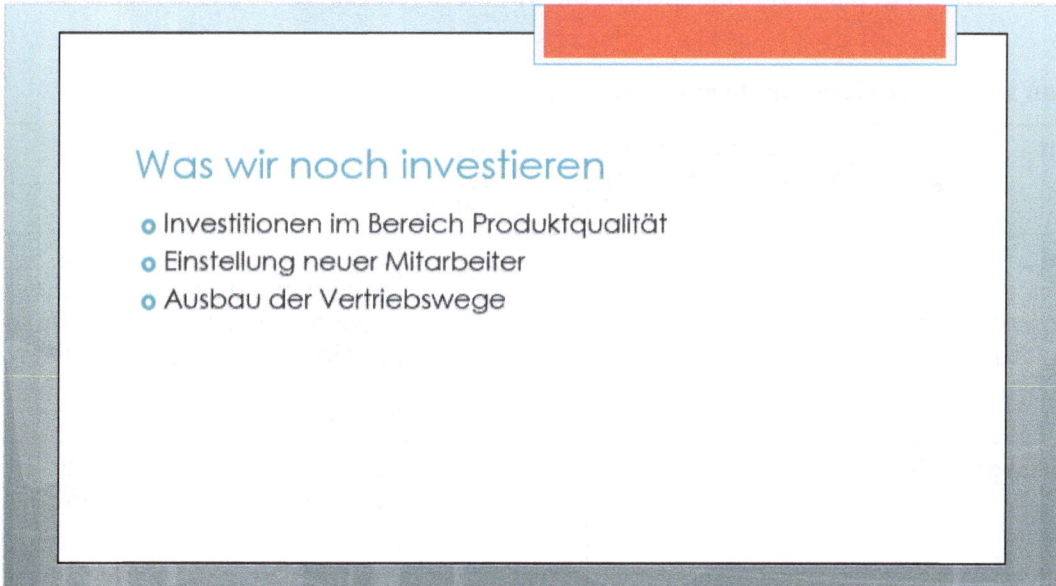 | | Zeit | ca. 10 min |
|---|---|---|---|---|
| **Übungsinhalte** | ✔ Die Rechtschreibkorrektur nutzen<br>✔ Texte suchen und ersetzen<br>✔ Texte über die Zwischenablage einfügen | | | |
| **Übungsdateien** | *Citybike, Radzeit* | | | |
| **Ergebnisdateien** | *Urbanbike-E1, Urbanbike-E2* | | | |

① Öffnen Sie die Präsentation *Citybike* und korrigieren Sie mithilfe der Rechtschreib-prüfung alle Fehler in der Präsentation. Der Begriff *Citybike* soll dabei zukünftig nicht mehr als Fehler beanstandet werden und Sie können ihn dem Wörterbuch hinzufügen.

② Der Name des neuen Fahrrads hat sich geändert. Lassen Sie daher auf allen Folien die alte Bezeichnung *Shopper* durch die Bezeichnung *Urbanbike* automatisch ersetzen.

③ Überprüfen Sie, ob durch die Ersetzung eventuell Anpassungen im restlichen Text notwendig sind, und nehmen Sie diese gegebenenfalls vor (z. B. auf der zweiten und der letzten Folie).

④ Löschen Sie auf der Titelfolie den Begriff *Citybike*.

⑤ Speichern Sie die Präsentation unter dem Namen *Urbanbike-E1*.

⑥ Fügen Sie der Präsentation *Urbanbike-E1* am Ende eine weitere Folie hinzu und geben Sie den Text *Was wir noch investieren* in den Titelplatzhalter ein.

⑦ Öffnen Sie die Präsentation *Radzeit* und kopieren Sie den Aufzählungstext der Folie 5.

⑧ Fügen Sie die Aufzählung aus der Zwischenablage in die neu erstellte Folie der Präsen-tation *Urbanbike-E1* so ein, dass die speziellen Zeichenformatierungen (fett, Schrift-größe) der Ursprungsaufzählung **nicht** mit übernommen werden.

⑨ Speichern Sie die Präsentation unter dem neuen Namen *Urbanbike-E 2*.

# 7    Ansichten in PowerPoint effektiv nutzen

**In diesem Kapitel erfahren Sie**

- ✔ welche Ansichten PowerPoint bietet
- ✔ wie Sie mit der Normalansicht arbeiten können
- ✔ wie Sie eine Gliederung erstellen und bearbeiten
- ✔ auf welche Weise Sie die Foliensortierungsansicht nutzen können

**Voraussetzungen**

- ✔ Präsentationen erstellen

## 7.1    Die Ansichten im Vergleich

### Die geeignete Ansicht wählen

Sie können in PowerPoint zwischen einer Reihe von Ansichten wechseln. Die Ansichten sind abgestimmt auf bestimmte Arbeitssituationen, sodass Sie jederzeit in die Ansicht wechseln können, die für den geplanten Arbeitsschritt die optimalen Nutzungsmöglichkeiten bietet.

**Ansichten zum Bearbeiten von Präsentationen**

| Ansicht | Schaltfläche im Register *ANSICHT* | Symbol in der Statusleiste | Nutzungsmöglichkeiten |
|---|---|---|---|
| **Normal** (inklusive des Bereichs *Notizenfenster* und der Miniaturansicht) | Normal | [Symbol] | Texteingabe und -bearbeitung, Objekte einfügen und bearbeiten, Animationseffekte einfügen, Notizen erfassen, Folien einfügen, löschen, kopieren, verschieben |
| **Gliederungsansicht** | Gliederungsansicht | -- | Gliederung der Präsentation anzeigen und bearbeiten |
| **Foliensortierung** | Foliensortierung | [Symbol] | Folien sortieren, einfügen, löschen, kopieren, verschieben, Animationseffekte einfügen |
| **Notizenseite** | Notizenseite | -- | Eingabe von Notiztexten für die Folien |

| Ansicht | Schaltfläche im Register *ANSICHT* | Symbol in der Statusleiste | Nutzungsmöglichkeiten |
|---|---|---|---|
| **Master- ansichten** | Folienmaster    Handzettelmaster    Notizenmaster | -- | Erstellen und Bearbeiten von so-genannten Mastern für Folien, Handzettel und Notizen, die be-stimmte (Layout-) Einstellungen enthalten (vgl. Kap. 13) |

Die **Normalansicht** ist die Standardansicht, da hier alle für die Bearbeitung relevanten Bereiche auf einen Blick angezeigt werden. Diese Ansicht integriert gewissermaßen die Foliensortierungsansicht und zeigt gleichzeitig die ersten Zeilen der Notizenseite an.

### Ansichten zum Abspielen von Präsentationen

Manche Funktionen einer Präsentation stehen während der Bearbeitung nicht zur Ver-fügung bzw. werden erst sichtbar, wenn die Präsentation abgespielt wird. Dazu gehören beispielsweise das Aktivieren von Animationen oder das Navigieren mit Hyperlinks. Möch-ten Sie die Präsentation abspielen, um die eingefügten Aktionen zu testen oder um die Präsentation einem Publikum vorzuführen, stehen folgende Ansichten zur Verfügung:

| Ansicht | Schaltfläche | Symbol in der Statusleiste | Nutzungsmöglichkeiten |
|---|---|---|---|
| **Bildschirm-präsentation** | Register *BILDSCHIRM-PRÄSENTATION*    Von Beginn an  oder  Ab aktueller Folie | 🔲 | Vorführen der Folien vor einem Publikum. Die Folien werden **bildschirmfüllend** dargestellt. Ist ein zweiter Bildschirm an-geschlossen, wird automatisch auf einem Bildschirm die Refe-rentenansicht eingeblendet, die zum Vorführen der Präsentation dient (vgl. Abschnitt 12.1). |
| **Leseansicht** | Register *ANSICHT*    Leseansicht | 📖 | Vorführen und Prüfen der Prä-sentation am Computer. Die Präsentation wird in einem eigenen Fenster mit Steuer-elementen in der Statusleiste ◀ ▣ ▶ auf dem Bildschirm dargestellt. |

## Zwischen den Ansichten wechseln

▶ Klicken Sie im rechten Bereich der Statusleiste die gewünschte Schaltfläche in der Ansichtssteuerung ① an.

   *oder* Wechseln Sie in das Register *ANSICHT* bzw. *BILDSCHIRMPRÄSENTATION* und klicken Sie auf die gewünschte Schaltfläche.

## Die Standardansicht ändern

Wenn Sie statt der Normalansicht eine andere als Standardansicht nutzen möchten, können Sie diese Einstellung für alle
zukünftigen Präsentationen ändern.

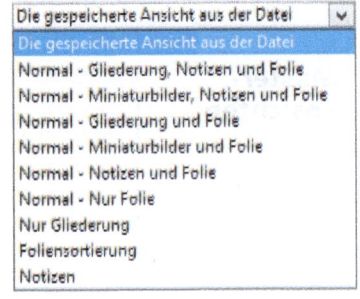

▶ Klicken Sie im Register *DATEI* auf *Optionen*.

▶ Wählen Sie *Erweitert* und klicken Sie im Bereich *Anzeigen*
auf den Pfeil des Felds *Alle Dokumente in dieser Ansicht*
*öffnen*.

▶ Wählen Sie die gewünschte Einstellung aus.

Mit der Auswahl *Die gespeicherte Ansicht aus der Datei*, die standardmäßig voreingestellt
ist, wird eine Datei immer in der Ansicht geöffnet, in der sie gespeichert wurde.

## Ausschnittsbereiche im PowerPoint-Fenster individuell anpassen

Sie können die Größe der Miniaturansicht sowie der Folien- und
Notizenfenster in der Normalansicht individuell anpassen. Möchten Sie beispielsweise die Größe der Miniaturansicht verändern,
gehen Sie folgendermaßen vor:

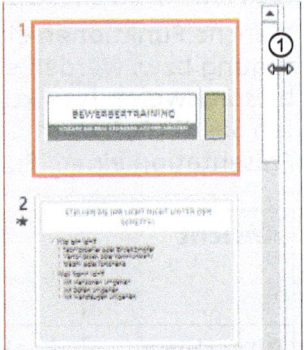

▶ Setzen Sie den Cursor auf die vertikale Teilungsleiste zwischen
Miniaturansicht und Folienfenster ①.

Der Cursor nimmt folgendes Aussehen an: ⇔.

▶ Ziehen Sie den Bereichsteiler mit gedrückter Maustaste in die
gewünschte Richtung.

▶ Lassen Sie die Maustaste wieder los, wenn der Ausschnitt auf
die gewünschte Größe geändert ist.

### Hinweise zur Größenänderung der Ausschnittsbereiche

✔ Möchten Sie die Standardgrößen der Bereiche wiederherstellen, halten Sie ⌈Strg⌉ gedrückt
und klicken Sie im Register *ANSICHT* in der Gruppe *Präsentationsansichten* auf *Normal*.

✔ Durch das Ändern der Bereichsgröße werden die Inhalte ebenfalls angepasst. So verkleinert bzw. vergrößert sich die Ansicht der Miniaturfolien in der Miniaturansicht, wenn
Sie diesen Bereich größer bzw. kleiner ziehen.

✔ Sind durch die Verkleinerung der Miniaturansicht die Texte auf den Miniaturfolien
nicht mehr lesbar, können Sie durch Zeigen mit der Maus auf die Miniaturfolie den
Folientitel in einer QuickInfo anzeigen lassen.

## 7.2     In der Normalansicht arbeiten

### Folien in der Miniaturansicht verschieben bzw. kopieren

Ebenso wie Texte können auch Folien mit Drag & Drop verschoben und kopiert werden. Diese Arbeiten können Sie in der Miniaturansicht ausführen.

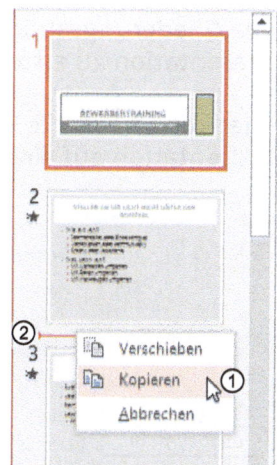

▶ Möchten Sie eine Folie verschieben, klicken Sie auf die entsprechende Folie und ziehen Sie sie mit gedrückter linker Maustaste an die gewünschte Position.

Nach dem Einfügen wird die Folienreihenfolge korrigiert.

*oder*

▶ Möchten Sie eine Folie kopieren, halten Sie beim Ziehen die **rechte** Maustaste gedrückt und wählen Sie *Kopieren* ① aus dem Kontextmenü.

Die aktuelle Einfügeposition wird durch eine rote Linie gekennzeichnet ②.

Standardmäßig behält eine auf diese Weise kopierte bzw. verschobene Folie ihre ursprüngliche Formatierung bei.

### Foliendesign beim Einfügen aus der Zwischenablage festlegen

Kopieren oder verschieben Sie mithilfe der Zwischenablage Folien von einer Präsentation in eine andere, werden die eingefügten Folien standardmäßig an das Design der Zielpräsentation angepasst.

Wie beim Einfügen von Texten können Sie auch hier mithilfe der Optionsschaltfläche *Einfügen-Optionen* festlegen, dass das Originaldesign der eingefügten Folie beibehalten werden soll.

▶ Markieren Sie die gewünschte Folie und kopieren Sie sie in die Zwischenablage.

▶ Wechseln Sie z. B. über die Taskleiste in die Präsentation, in die die Folie eingefügt werden soll.

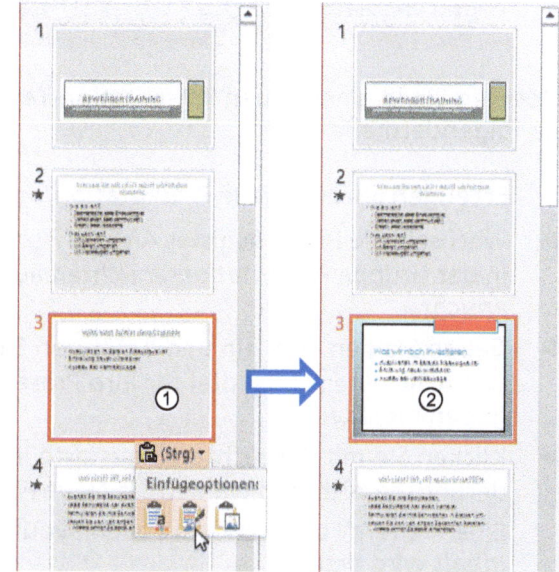

▶ Markieren Sie in der Miniaturansicht die Folie, hinter der Sie die kopierte Folie einfügen möchten.

▶ Fügen Sie die Folie aus der Zwischenablage ein, z. B. mit Strg V.

Der eingefügten Folie wird automatisch die Entwurfsvorlage der Zielpräsentation zugeordnet ①, und in der Miniaturansicht wird unter der Folie die Optionsschaltfläche (Strg) ▾ eingeblendet.

▶ Möchten Sie das ursprüngliche Design der Folie wiederherstellen ②, klicken Sie auf die Optionsschaltfläche und wählen Sie .

Sie können kopierte Folien auch als Grafik einfügen. Klicken Sie dazu auf die Optionsschaltfläche und wählen Sie  . Die eingefügte Folie wird wieder gelöscht und als Grafik auf der folgenden Folie eingefügt.

## 7.3    Mit der Gliederungsansicht arbeiten

### Gliederung für eine Präsentation umsetzen

Die Gliederungsansicht eignet sich besonders, um einen ersten Gliederungsentwurf für Ihre Präsentation zu erstellen.

Hier können Sie die Texte für Ihre Folien schnell erfassen und alle Textinformationen Ihrer Präsentation auf einen Blick sehen, ohne von grafischen Elementen abgelenkt zu werden.

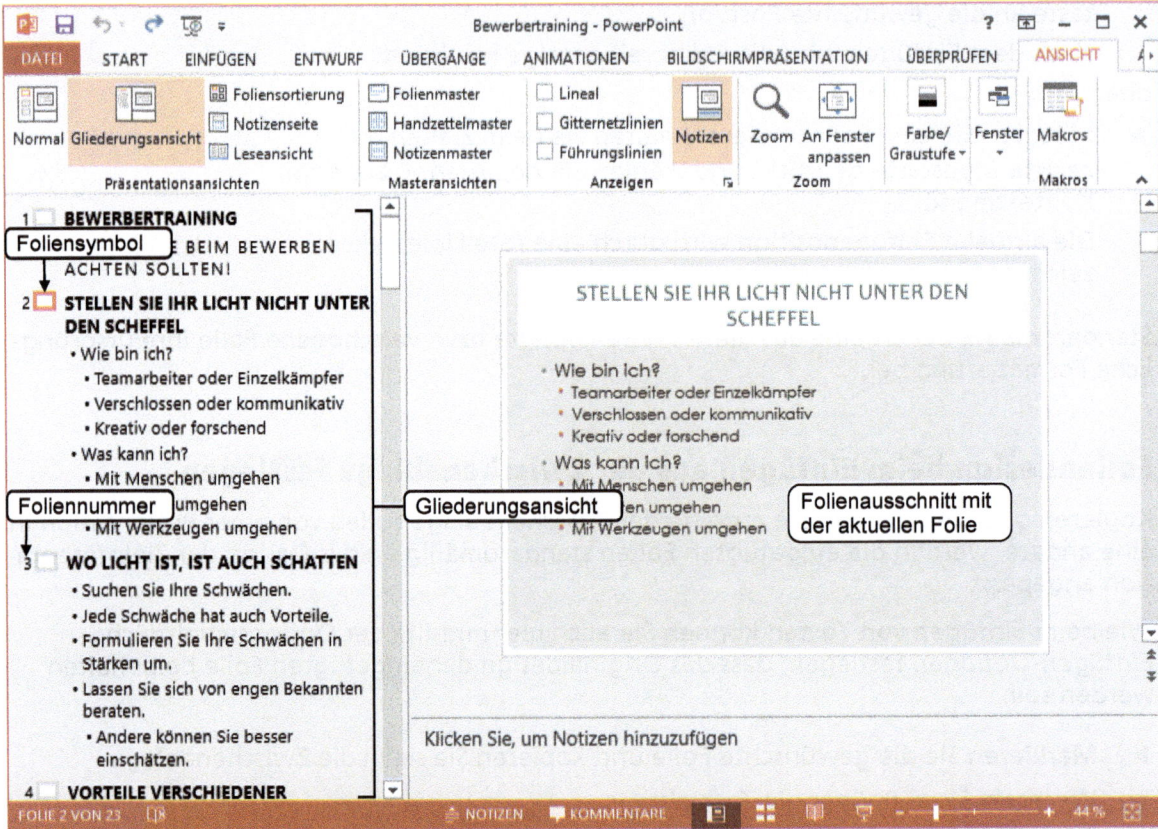

Möchten Sie in einer neuen Präsentation Texte in der Gliederungsansicht eingeben, gehen Sie folgendermaßen vor:

▶ Erzeugen Sie eine neue Präsentation.

▶ Wechseln Sie in das Register *ANSICHT* und klicken Sie in der Gruppe *Präsentationsansichten* auf *Gliederungsansicht*.

▶ Geben Sie den Titel ein und betätigen Sie ⌨Strg⌨ ⏎, wenn Sie einen Untertitel für Ihre Präsentation eingeben möchten.

▶ Klicken Sie mit der rechten Maustaste in den Gliederungsbereich und wählen Sie *Neue Folie*.

     Eine weitere Folie mit dem Folienlayout *Titel und Inhalt* wird erzeugt.

▶ Geben Sie die Überschrift für die zweite Folie ein und betätigen Sie ⌨Strg⌨ ⏎, um Unterpunkte einzugeben.

     Die aktuelle Zeile wird dadurch eingerückt und Sie können den Unterpunkt eingeben.

▶ Betätigen Sie ⏎ und geben Sie eventuell weitere Unterpunkte ein.

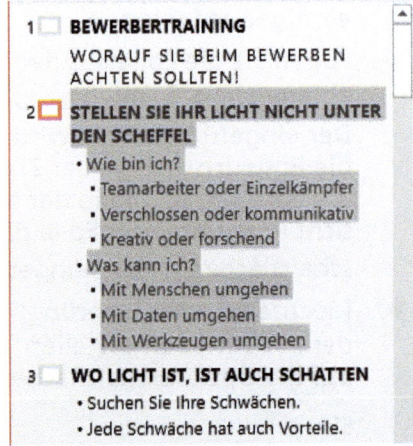

▶ Wenn Sie die aktuelle Zeile wieder eine Gliederungsebene hochstufen möchten, betätigen Sie die Tastenkombination ⇧ ⇆.

▶ Fügen Sie mit Strg ⏎ eventuell weitere Folien ein.

**Praktisch erfolgreiche Vorgehensweise (gute Praxis) beim Erstellen von Folieninhalten**

✔ Geben Sie von vornherein möglichst aussagekräftige Titel für jede Folie ein. Damit gewährleisten Sie, dass Sie die Folien in der Gliederungsansicht leicht voneinander unterscheiden können, und erleichtern somit das Navigieren.

✔ Texte in Präsentationen sollten möglichst kurz und prägnant sein. Auflistungen bzw. Aufzählungen erleichtern den Überblick über die Folie und sind daher für die Gestaltung von Textfolien besonders gut geeignet.

## Gliederungsanzeige variieren

Standardmäßig werden in der Gliederungsansicht alle Gliederungsebenen der Folien angezeigt. Mithilfe des Kontextmenüs haben Sie die Möglichkeit, die Gliederungsanzeige zu verändern.

▶ Klicken Sie mit der rechten Maustaste in den Textbereich der Gliederungsansicht:

| Sie möchten ... | |
|---|---|
| nur die Folientitel einblenden | ▶ Zeigen Sie auf *Gliederung reduzieren* und klicken Sie anschließend auf *Alle Ebenen reduzieren*. |
| alle Ebenen einblenden | ▶ Zeigen Sie auf *Gliederung erweitern* und klicken Sie anschließend auf *Alle Ebenen erweitern*. |
| Unterebenen einzelner Folien ausblenden | ▶ Klicken Sie auf *Gliederung reduzieren,* um die Unterpunkte der aktuellen Überschrift auszublenden. <br> *oder* Klicken Sie doppelt auf das Foliensymbol. |
| einzelne Unterebenen einblenden | ▶ Klicken Sie auf *Gliederung erweitern,* um die nächste Gliederungsebene der aktuellen Überschrift einzublenden. <br> *oder* Klicken Sie doppelt auf das Foliensymbol. |

## Neue Folie innerhalb der Gliederung einfügen

▶ Blenden Sie zur besseren Übersicht nur die Folientitel ein.

▶ Platzieren Sie den Cursor rechts neben dem Symbol der Folie, vor der Sie eine neue Folie einfügen möchten, und betätigen Sie ⏎.

Eine neue Folie wird erzeugt. Die neue Folie verwendet die gleiche Entwurfsvorlage wie die Folie, hinter der sie eingefügt wurde.

*oder* Klicken Sie direkt hinter den Titel der Folie, hinter der Sie eine neue Folie einfügen möchten, und betätigen Sie ⏎.

## Bereiche in der Gliederungsansicht markieren

Sie können Textbereiche in der Gliederungsansicht wie gewohnt markieren. Zusätzlich dazu bietet Ihnen die Ansicht die Möglichkeit, schnell eine bestimmte Folie bzw. eine Aufzählung inklusive aller Unterpunkte zu markieren:

▶ Um eine Aufzählung und deren Unterpunkte zu markieren ①, klicken Sie auf das betreffende Aufzählungszeichen.

▶ Um eine Folie zu markieren, klicken Sie auf das Foliensymbol ☐ bzw. auf die Foliennummer.

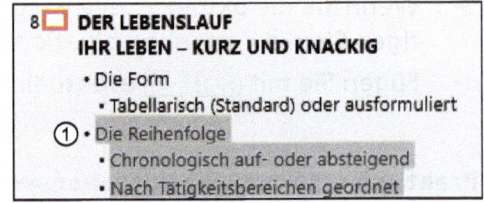

## Reihenfolge der Folien verändern

▶ Blenden Sie zur besseren Übersicht nur die Folientitel ein.

▶ Markieren Sie den Titel der Folie, die Sie an eine andere Stelle setzen möchten, z. B. durch Anklicken des betreffenden Foliensymbols.

▶ Verschieben Sie die Folie durch Anklicken mit der rechten Maustaste und wählen Sie *Nach oben* bzw. *Nach unten*.

*oder*

▶ Ziehen Sie mit gedrückter Maustaste das Foliensymbol an die neue Position. Während des Ziehens zeigt Ihnen eine horizontale Linie ① jeweils die Position an, an der die Folie eingefügt wird, wenn Sie die Maustaste loslassen.

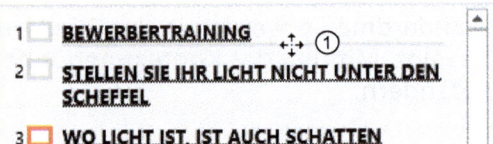

Der gesamte Inhalt der Folie (auch die Teile der Folie, die ausgeblendet wurden) wird dabei automatisch mit verschoben. Die Nummerierung der Folien wird automatisch aktualisiert.

## Reihenfolge der Aufzählungspunkte verändern

Sie haben die Möglichkeit, Gliederungspunkte zu verschieben. Wenn Sie einen Gliederungspunkt verschieben, wird dieser unter Beibehaltung der Gliederungsebene verschoben, ohne dass die untergeordneten Gliederungspunkte mit verschoben werden. Beispielsweise wird beim Verschieben einer Titelzeile in der Gliederung nur diese Titelzeile, nicht der gesamte Inhalt der Folie verschoben.

### Aufzählungspunkte mit Drag & Drop verschieben

▶ Zeigen Sie mit dem Mauszeiger auf das Aufzählungszeichen, das Sie verschieben möchten ①, bis der Mauszeiger zu einem Pfeilkreuz ② wird.

▶ Ziehen Sie das Aufzählungszeichen mit gedrückter Maustaste an die gewünschte Stelle ③.

Falls diesem Punkt Unterpunkte zugeordnet sind, werden sie automatisch mit verschoben (außer wenn es sich um eine Titelfolie handelt).

Während des Ziehens zeigt ein Querstrich ④ an, an welcher Position der Punkt jeweils eingefügt werden kann.

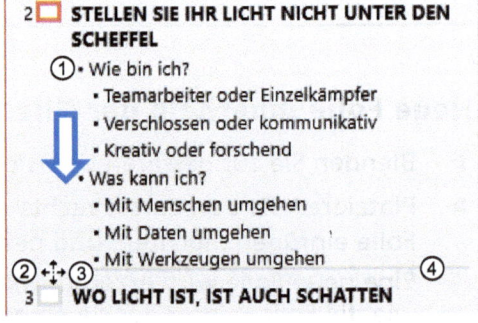

### Aufzählungspunkte mithilfe des Kontextmenüs verschieben

▶ Klicken Sie mit der rechten Maustaste in den Gliederungspunkt, den Sie über bzw. unter dem benachbarten Gliederungspunkt positionieren wollen, und wählen Sie *Nach oben* bzw. *Nach unten*.

 Um mehrere aufeinanderfolgende Gliederungspunkte zu verschieben, markieren Sie diese und verschieben Sie sie wie beschrieben mit Drag & Drop bzw. mit dem Kontextmenü.

## Folie/Text löschen

▶ Markieren Sie die Folie oder den Text, den Sie löschen möchten, und betätigen Sie $\boxed{\text{Entf}}$.

Der Löschvorgang wird ohne Rückfrage durchgeführt.

## Gliederungsübersicht drucken

▶ Wechseln Sie in das Register *DATEI* und klicken Sie auf *Drucken*.

▶ Klicken Sie im Bereich *Einstellungen* auf die Schaltfläche ① und wählen Sie *Gliederung* ②.

▶ Klicken Sie auf *Drucken*.

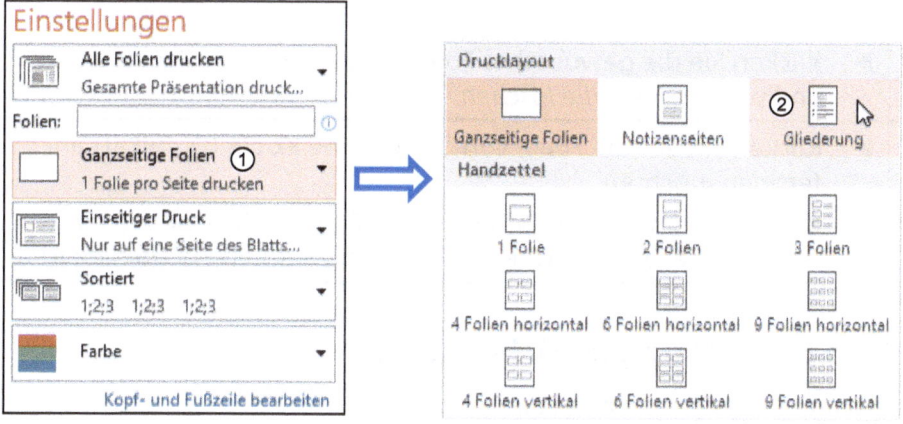

## 7.4 Mit der Foliensortierungsansicht arbeiten

### Vorteile der Foliensortierungsansicht

Im Vergleich zur Miniaturansicht zeigt die Foliensortierungsansicht eine größere Anzahl von Folien an. Deshalb eignet sich diese Ansicht besonders zum Ändern der Folienreihenfolge, zum Festlegen von Folienübergangseffekten und zum Kopieren oder Löschen von Folien.

Sie wechseln in die Foliensortierungsansicht über 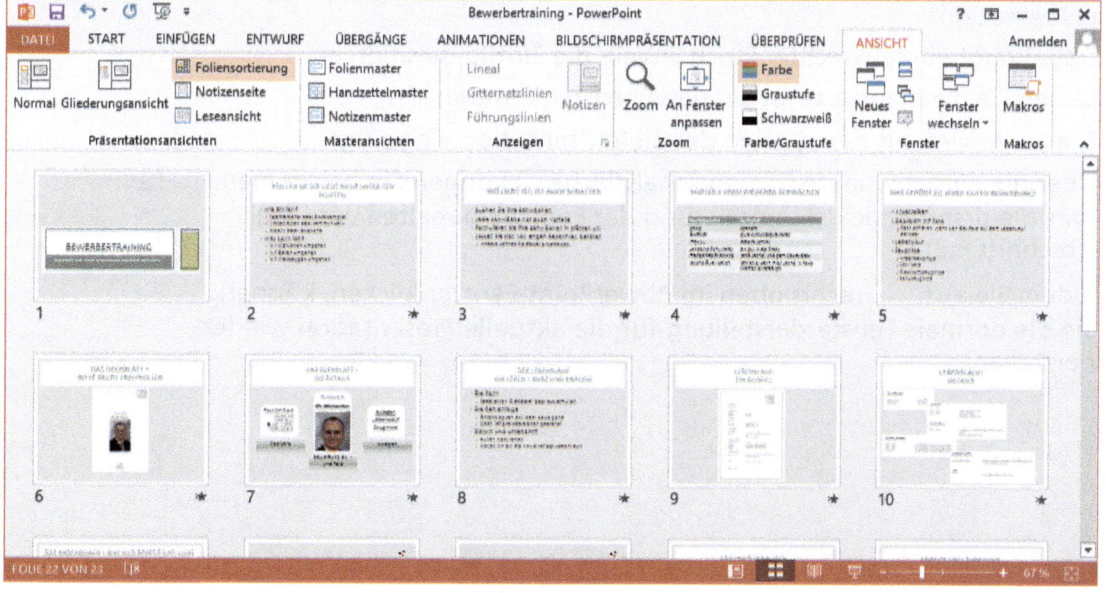 in der Statusleiste bzw. indem Sie im Register *ANSICHT* in der Gruppe *Präsentationsansichten* auf *Foliensortierung* klicken.

Auch wenn Sie bestimmte nicht zusammenhängende Folien drucken möchten, bietet sich diese übersichtliche Ansicht an, um die betreffenden Folien zu markieren.

## Folien in der Foliensortierungsansicht bearbeiten

| | |
|---|---|
| **Reihenfolge der Folien verändern** | ▶ Ziehen Sie die Folie, die Sie verschieben möchten, mit gedrückter Maustaste an die gewünschte Position. |
| **Folie kopieren** | ▶ Gehen Sie analog zum Verschieben vor, aber halten Sie beim Ziehen ⌨Strg gedrückt. |
| **Folie löschen** | ▶ Klicken Sie auf die Folie, die Sie löschen möchten, und betätigen Sie ⌨Entf.<br><br>*oder*<br><br>▶ Klicken Sie die gewünschte Folie mit der rechten Maustaste an und wählen Sie *Folie löschen*. |
| **Folie duplizieren** | ▶ Klicken Sie auf die Folie, von der Sie eine Kopie (Duplikat) anfertigen möchten.<br><br>▶ Klicken Sie im Register *START* in der Gruppe *Zwischenablage* auf den Pfeil der Schaltfläche *Kopieren* und wählen Sie *Duplizieren*. |

## Eine bestimmte Folie in der Normalansicht anzeigen

▶ Klicken Sie doppelt auf die entsprechende Folie.

*oder*

▶ Wechseln Sie mithilfe der Pfeiltasten zu der gewünschten Folie und betätigen Sie ⌨. PowerPoint wechselt dabei in die zuletzt aktive Ansicht.

## Folien aus einer anderen Präsentation einfügen

### Die Drag-&-Drop-Funktion verwenden

▶ Öffnen Sie die beiden Präsentationen in der Foliensortierungsansicht.

▶ Zeigen Sie die Präsentationen nebeneinander an, indem Sie im Register *ANSICHT* in der Gruppe *Fenster* auf *Alle anordnen* ▤ klicken.

▶ Ziehen Sie die zu kopierende Folie mit gedrückter Maustaste in das Fenster der Zielpräsentation.

Dabei zeigt ein senkrechter Strich jeweils die Einfügeposition an.

▶ Lassen Sie die Maustaste an der gewünschten Position los.

Die Folie wird mit dem Design der Zielpräsentation eingefügt.

▶ Über die eingeblendete Optionsschaltfläche ① können Sie bestimmen, dass die ursprüngliche Formatierung der Folie beibehalten wird (vgl. Abschnitt 6.2).

▶ Indem Sie auf ▢ rechts oben im PowerPoint-Fenster klicken, können Sie die normale Fensterdarstellung für die aktuelle Präsentation wiederherstellen.

**Die Zwischenablage verwenden**

Alternativ können Sie Folien auch über die Zwischenablage von einer Präsentation in eine andere kopieren. Klicken Sie vor dem Einfügen zwischen die Folien, an denen die neue Folie eingefügt werden soll.

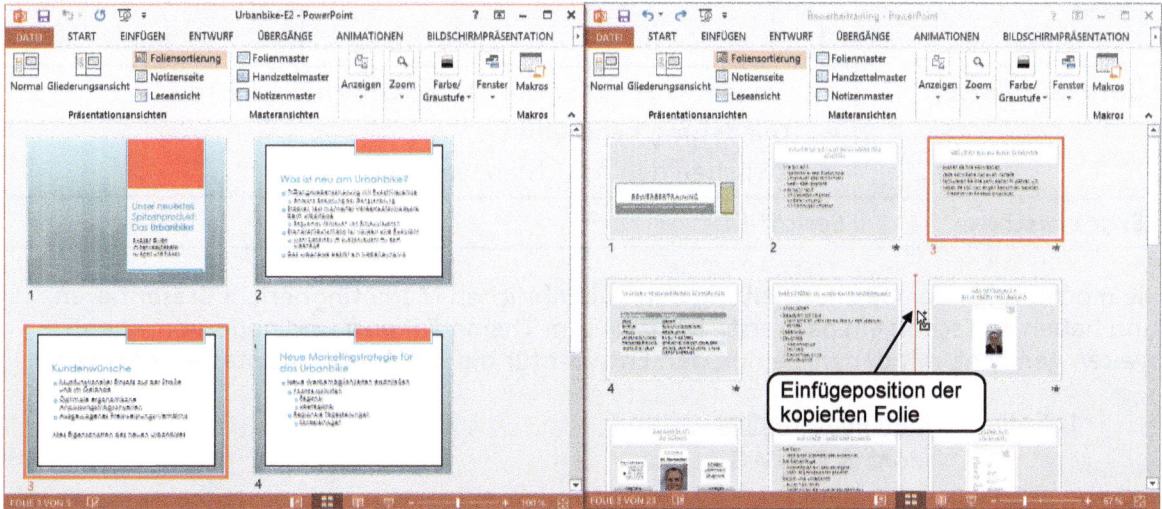

## 7.5 Schnellübersicht

| Sie möchten ... | |
|---|---|
| zwischen den Ansichten wechseln | Register *ANSICHT*, Gruppe *Präsentationsansichten* oder in der Statusleiste |
| in die Normalansicht wechseln | Register *ANSICHT*, Gruppe *Präsentationsansichten*, *Normal* oder in der Statusleiste |
| in der Gliederungsansicht nur die Titel einblenden | Mit der rechten Maustaste in den Gliederungstext klicken, *Gliederung reduzieren*, *Alle Ebenen reduzieren* |
| in der Gliederungsansicht alle Ebenen einblenden | Mit der rechten Maustaste in den Gliederungstext klicken, *Gliederung erweitern*, *Alle Ebenen erweitern* |
| einen Gliederungspunkt tiefer-stufen | Mit der rechten Maustaste in den Gliederungstext klicken, *Tiefer stufen* oder ⇥ |
| einen Gliederungspunkt höher-stufen | Mit der rechten Maustaste in den Gliederungstext klicken, *Höher stufen* oder ⇧ ⇥ |
| eine Gliederungsübersicht drucken | Register *DATEI*, *Drucken*, *Gliederung* auswählen, *Drucken* |

## 7.6    Übungen

### Übung 1: Eine Präsentation für die Marketingabteilung

| Level | | Zeit | ca. 15 min |
|---|---|---|---|
| **Übungsinhalte** | ✔ Textentwurf in der Gliederungsansicht erstellen <br> ✔ Gliederung bearbeiten <br> ✔ Zwischen den Ansichten wechseln | | |
| **Ergebnisdatei** | *Bericht-E1* | | |

Sie möchten vor der Geschäftsleitung den halbjährlichen Marketingbericht präsentieren und haben sich schon ein paar erste Notizen zum Thema *Zukunft und neue Vorgehensweisen* gemacht, mit denen Sie nun den Entwurf für die Präsentation erstellen möchten.

**1. Folie**    <u>Marketing-Bericht</u>
Mono & Poly AG

**2. Folie**    <u>Unser Weg in die Zukunft</u>
- Erhöhung des Marktanteils durch Ausbau der Vertriebswege
- Investitionen im Bereich Forschung und Entwicklung
    - Beteiligung an Gemeinschaftsforschung
        - Innovations-Team, München
    - Vergabe von Auftragsforschung

**3. Folie**    <u>Mögliches Vorgehen zur Verbesserung der Situation</u>
- Vorschläge
    - Neustrukturierung der Absatzgebiete
        - Personalbedarf im Außendienst erhöhen
        - Besondere Betreuung des Großhandels
        - Verstärkte Neukundenwerbung
    - Verbesserung des Kundendienstes
        - Hotline
            - 0130-Nummer
        - 24-Stunden-Lieferservice
        - Internetauftritt (www.monoundpoly.de)

① Erzeugen Sie eine neue leere Präsentation und erstellen Sie die abgebildete Gliederung in der Gliederungsansicht.

② Der Text der Folie 3 soll auf zwei Folien verteilt werden. Wechseln Sie dazu in die Foliensortierungsansicht, duplizieren Sie die Folie 3.

③ Wechseln Sie zurück in die Gliederungsansicht und ändern Sie die Titel der beiden Folien in *Mögliche Vorgehensweisen (1)* und *Mögliche Vorgehensweisen (2)*.

④ Löschen Sie auf der Folie *Mögliche Vorgehensweisen (1)* den Gliederungspunkt *Verbesserung des Kundendienstes* (mit allen Unterpunkten) und auf der Folie *Mögliche Vorgehensweisen (2)* den Gliederungspunkt *Neustrukturierung der Absatzgebiete* (mit allen Unterpunkten).

⑤ Löschen Sie schließlich noch auf beiden Folien die Zeile *Vorschläge* und setzen Sie dafür die verbleibenden Gliederungspunkte um eine Ebene nach oben.

⑥ Verschieben Sie auf der Folie 2 den Aufzählungspunkt *Vergabe von Auftragsforschung* über den Aufzählungspunkt *Beteiligung an Gemeinschaftsforschung*.

⑦ Weisen Sie der Präsentation ein ansprechendes Design zu, z. B. *Organisch*.

⑧ Prüfen Sie im Lesemodus, ob PowerPoint den Text „www.monoundpoly.de" als Hyperlink erkennt.

Im Lesemodus müsste die Maus sich in eine Hand ① verwandeln, sobald Sie auf den Text zeigen. Neben dem Text sollte die QuickInfo ② eingeblendet werden.

Sofern der Rechner keinen Zugang zum Internet hat oder die angegebene Seite nicht existiert, wird eine Fehlermeldung eingeblendet, sobald auf den Hyperlink im Lesemodus bzw. Bildschirmpräsentationsmodus geklickt wird.

⑨ Wechseln Sie wieder in die Normalansicht und speichern Sie die Präsentation unter dem Namen *Bericht-E1*.

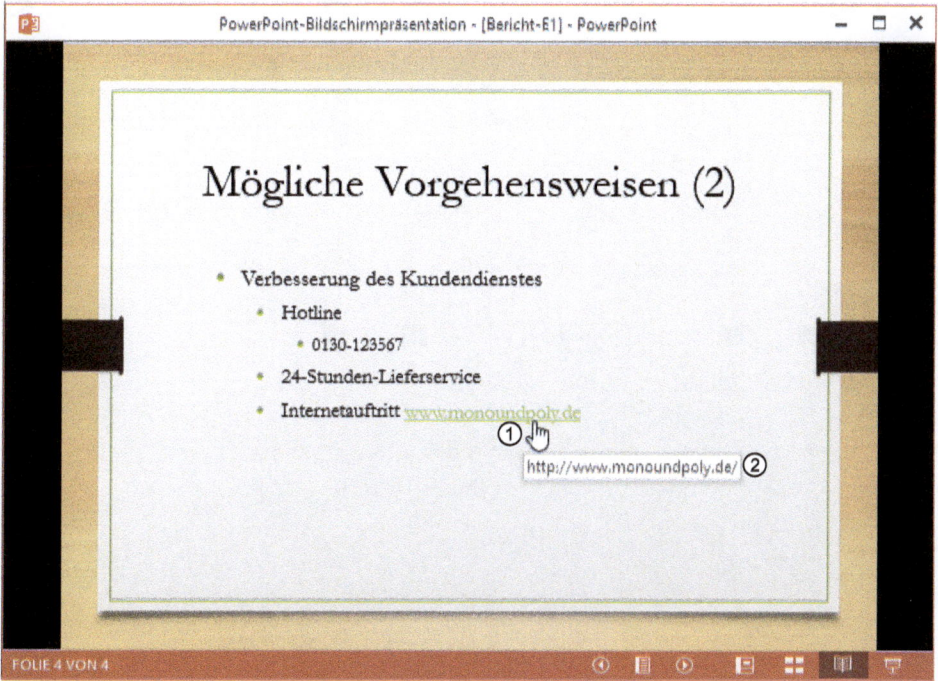

## Übung 2: Eine bestehende Präsentation optimieren

| Level | | Zeit | ca. 5 min |
|---|---|---|---|
| Übungsinhalte | ✔ Textentwurf im Register *Gliederung* erstellen<br>✔ Gliederung bearbeiten<br>✔ Zwischen den Ansichten wechseln | | |
| Übungsdateien | *Bericht, Marketing* | | |
| Ergebnisdatei | *Bericht-E2* | | |

① Sie möchten Ihre Präsentation mit den Folien einer anderen Präsentation ergänzen. Verwenden Sie dazu die in Übung 1 erstellte Präsentation *Bericht-E1* oder öffnen Sie die Übungsdatei *Bericht*.

② Speichern Sie die Präsentation unter dem Namen *Bericht-E2*.

③ Öffnen Sie zusätzlich die Präsentation *Marketing*.

④ Zeigen Sie die Präsentationen nebeneinander in der Ansicht *Foliensortierung* an.

⑤ Kopieren Sie alle notwendigen Folien aus der Präsentation *Marketing* in die Präsentation *Bericht-E2*, sodass am Ende die Präsentation wie auf der Abbildung ersichtlich aussieht.

⑥ Klicken Sie auf die erste Folie Ihrer Präsentation. Sie möchten sich einen allgemeinen Eindruck von Ihrer Präsentation verschaffen und wechseln in die Ansicht *Lesemodus*. Um zur nächsten Folie zu wechseln, klicken Sie an eine beliebige Stelle auf der Folie.

⑦ Wechseln Sie wieder in die Normalansicht und schließen Sie die Präsentation. Beantworten Sie die Speicherrückfrage mit *Speichern*.

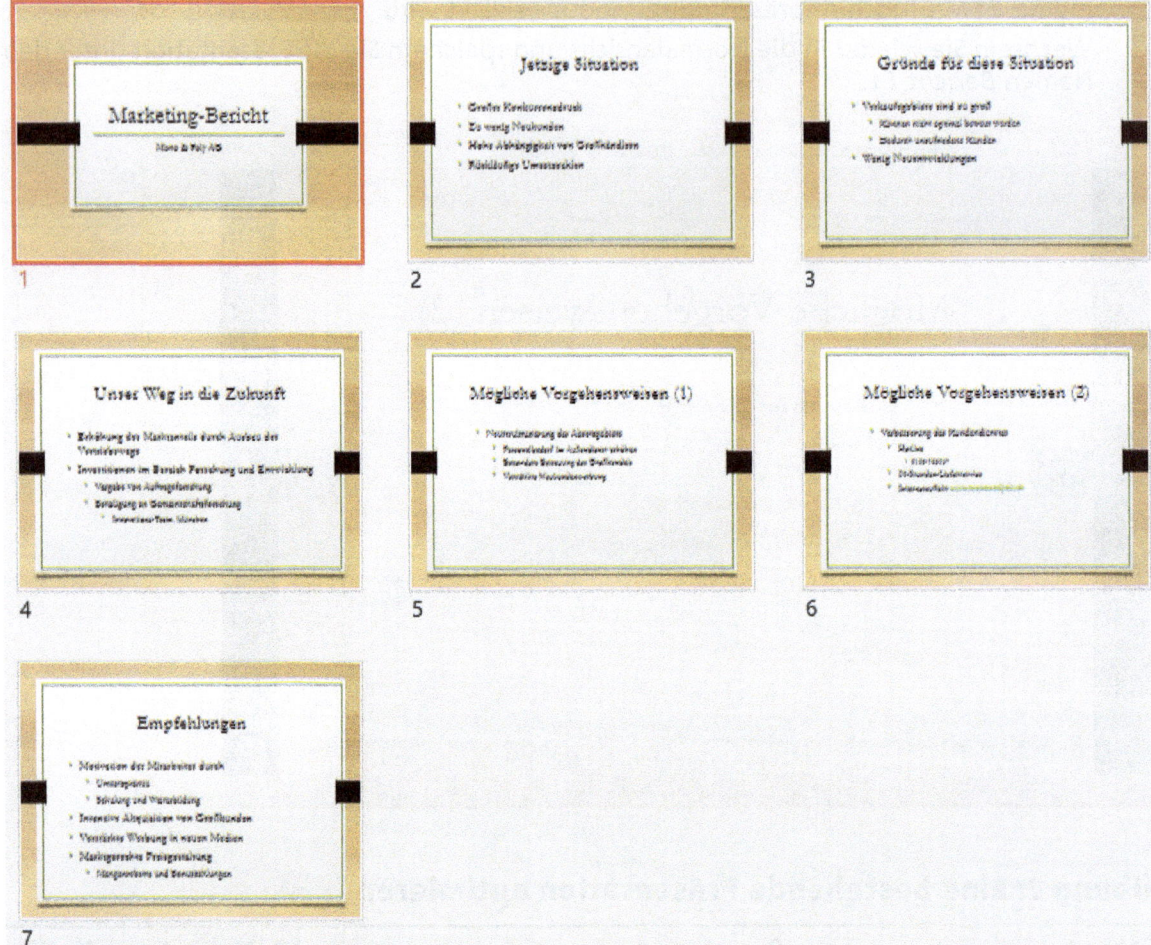

# 8    Objekte erzeugen und gestalten

**In diesem Kapitel erfahren Sie**
- ✔ wie Sie Formen erzeugen
- ✔ wie Sie Größe, Form und Farbe von Objekten ändern
- ✔ wie Sie Objekte exakt positionieren
- ✔ wie Sie Objekte beschriften

**Voraussetzungen**
- ✔ Präsentationen erstellen

## 8.1    Visualisierungen in Präsentationen einsetzen

### Informationen mithilfe von Grafiken vermitteln

Einen Großteil der Informationen, die uns erreichen, nehmen wir über die Augen auf. Aus diesem Grund ist die Vermittlung von Informationen mithilfe grafischer Elemente oft wesentlich effektiver als mithilfe von Texten.

Möchten Sie z. B. Ihrem Publikum bestimmte Zusammenhänge, Beziehungen und Strukturen verständlich machen, können Sie dies viel schneller und einprägsamer durch ein Schaubild erreichen als durch Textpassagen.

Aus diesem Grund enthält PowerPoint bereits viele Vorlagen bzw. Elemente, mit denen Sie ansprechende Schaubilder erstellen und bei Bedarf mit Beschriftungen versehen können.

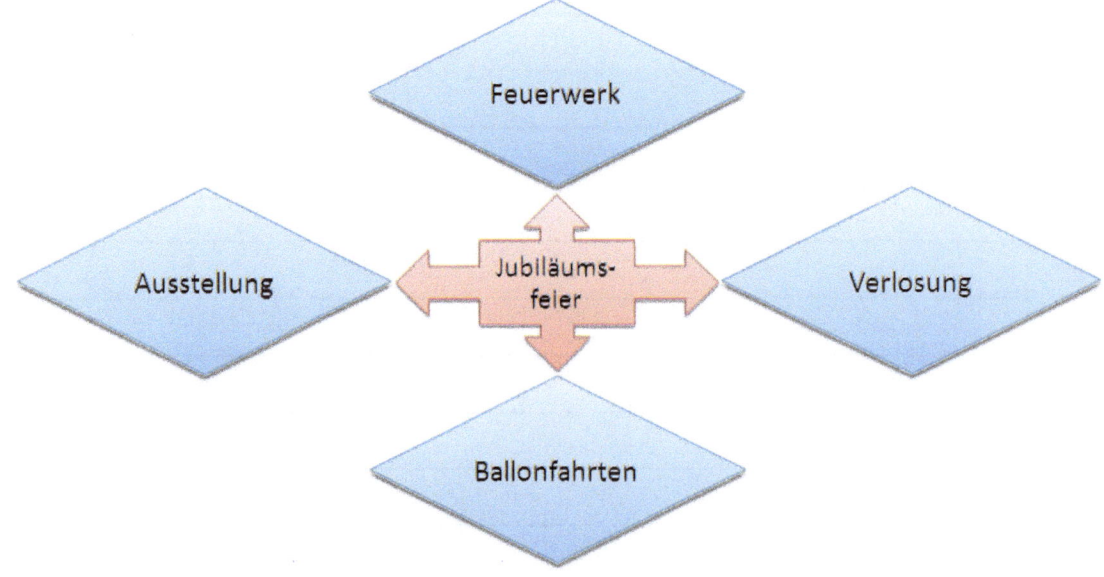

## Formen erzeugen

Mit den sogenannten Formen bietet PowerPoint Ihnen eine große Auswahl an grafischen Objekten an, mit deren Hilfe Sie schnell individuelle Zeichenobjekte erzeugen können. Um eine Form zu erzeugen, gehen Sie folgendermaßen vor:

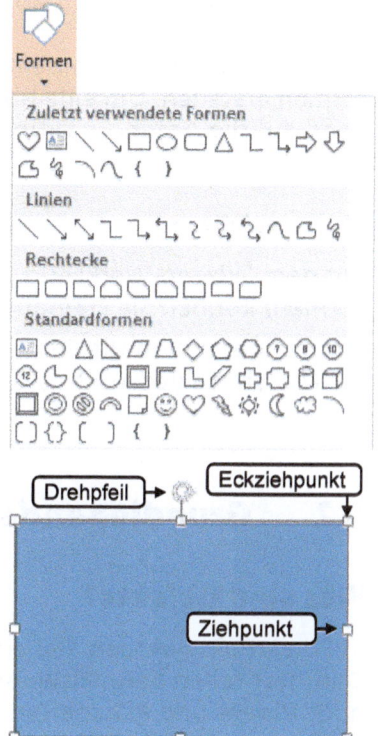

▶ Klicken Sie im Register *EINFÜGEN* in der Gruppe *Illustrationen* auf *Formen* und wählen Sie die gewünschte Form.

Der Mauszeiger verwandelt sich in ein Fadenkreuz ✛.

▶ Erzeugen Sie durch Ziehen mit der Maus auf der Folie die gewählte Form in der gewünschten Größe und an der gewünschten Position.

Nach dem Loslassen der Maustaste erscheint die Form markiert, d. h., es wird ein Markierungsrahmen angezeigt und an den Kanten und Ecken zeigen sich Quadrate (Ziehpunkte bzw. Eckziehpunkte).

Außerdem wird das Register *FORMAT* eingeblendet, das Ihnen verschiedene Funktionen zum Bearbeiten von Objekten zur Verfügung stellt.

Das Aussehen der eingefügten Form hängt davon ab, welches Design der Präsentation zugewiesen wurde.

### Hinweise zum Erstellen von Formen

✔ Möchten Sie statt einer Ellipse einen Kreis oder statt eines Rechtecks ein Quadrat anfertigen, betätigen Sie während des Ziehens ⇧.

✔ Wenn die Form von ihrem Mittelpunkt aus erzeugt werden soll, halten Sie beim Erstellen Strg gedrückt.

✔ Drücken Sie beim Erstellen von Linien oder Pfeillinien ⇧, werden diese automatisch waagerecht, senkrecht oder in Winkelschritten von jeweils 45° eingefügt.

✔ Mehrere gleichartige Formen können Sie nacheinander erzeugen, indem Sie das entsprechende Symbol im Feld *Formen* mit der rechten Maustaste anklicken und *Zeichenmodus sperren* wählen. Um das Werkzeug wieder zu deaktivieren, betätigen Sie Esc.

✔ Sie haben die Möglichkeit, schnell eine Form zu erstellen, wenn Sie das entsprechende Symbol gewählt haben und danach einmal auf die Folie klicken.

### Linienzug/Vieleck bzw. Freihandform zeichnen

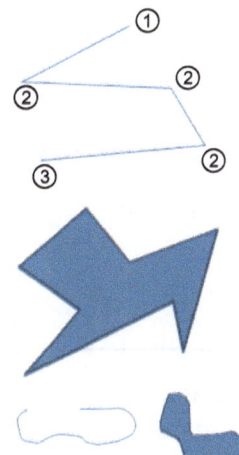

▶ Klicken Sie im Register *EINFÜGEN* in der Gruppe *Illustrationen* auf *Formen* und wählen Sie ⌂.

▶ Klicken Sie mit dem Mauszeiger auf die gewünschte Anfangsposition ①.

▶ Bewegen Sie den Mauszeiger, ohne eine Maustaste zu betätigen, zu der Position, an der ein Richtungswechsel stattfinden soll, und klicken Sie dort ②.

▶ Wiederholen Sie den Vorgang für alle Teilabschnitte des Linienzugs. Beenden Sie den Arbeitsgang durch Doppelklick auf den Endpunkt des Linienzugs ③.

oder Für ein (geschlossenes) Vieleck klicken Sie abschließend auf die Anfangsposition.

Den jeweils letzten Teil des Linienzugs können Sie durch Betätigen von ⬅ löschen, solange die Zeichnung noch nicht abgeschlossen ist.

 Wenn Sie die Maustaste beim Ziehen gedrückt halten, können Sie sogenannte Freihand-formen erstellen. Um eine abgeschlossene Freihandform zu erstellen, klicken Sie abschlie-ßend auf die Anfangsposition.

### Skizze zeichnen

Mit dem Skizzen-Werkzeug ✎ (Register *EINFÜGEN*, Gruppe *Illustrationen*, *Formen*) können Sie Freihandzeichnungen oder Skizzen erzeugen. Der Mauszeiger nimmt die Form eines Stifts ⟋ an und Sie können, solange Sie die Maustaste gedrückt halten, die Linienführung frei bestimmen.

## 8.2     Grundlegende Objektbearbeitung

### Was sind Objekte?

In PowerPoint werden alle erzeugten oder eingefügten Elemente als Objekte bezeichnet. Darunter fallen beispielsweise Formen, Texte, Grafiken, Diagramme, Organigramme oder auch Videos und Platzhalter. Bei der Objektbearbeitung gibt es bestimmte Vorgehens-weisen, die für alle Objekte gleich sind.

### Objekte markieren

Für die Bearbeitung von Objekten ist es erforderlich, die entsprechenden Objekte zuvor zu markieren. Eine bestehende Markierung erkennen Sie an den Ziehpunkten.

| Was möchten Sie markieren? | |
|---|---|
| Ein Objekt | ▶ Klicken Sie mit der Maus auf das gewünschte Objekt. |
| Mehrere Objekte | ▶ Halten Sie ⇧ gedrückt und klicken Sie nacheinander auf die gewünschten Objekte.<br>*oder*<br>▶ Zeigen Sie mit dem Mauszeiger in einen freien Bereich der Folie und ziehen Sie einen sogenannten Markierungsrahmen um die gewünschten Objekte.<br>Alle Objekte, die sich beim Loslassen der Maustaste vollständig innerhalb des Rah-mens befinden, werden markiert. |
| Alle Objekte einer Folie | ▶ Stellen Sie sicher, dass sich der Cursor nicht in einem Platzhalter befindet.<br>▶ Klicken Sie im Register *START* in der Gruppe *Bearbeiten* auf *Mar-kieren* und wählen Sie *Alles markieren*.<br>Alternative: Strg A |

Möchten Sie eine Markierung entfernen, klicken Sie auf eine freie Stelle der Folie oder betätigen Sie Esc. Sind mehrere Objekte markiert, kann die Markierung auch für einzelne Objekte aufgehoben werden. Halten Sie dazu ⇧ gedrückt und klicken Sie auf die ent-sprechenden markierten Objekte.

## Objekte löschen, verschieben, kopieren

| Sie möchten ein Objekt ... | |
| --- | --- |
| löschen | ▶ Markieren Sie das Objekt und betätigen Sie [Entf]. |
| verschieben | ▶ Ziehen Sie das Objekt mit der Maus an die neue Position.<br>Möchten Sie das Objekt exakt horizontal oder vertikal verschieben, halten Sie beim Ziehen [⬆] gedrückt. |
| kopieren | ▶ Halten Sie beim Ziehen des Objekts [Strg] gedrückt. |

Um ein Objekt auf eine andere Folie oder in eine andere Präsentation zu verschieben, eignet sich die Zwischenablage am besten.

### Objekte duplizieren

Über [Strg] [D] lassen sich Kopien (Duplikate) eines markierten Objekts anfertigen und zugleich jeweils in einem bestimmten Winkel und Abstand zueinander einfügen. Winkel und Abstand zwischen den Duplikaten können Sie mit dem **ersten** Duplikat festlegen, indem Sie dieses an die gewünschte Position verschieben. Behalten Sie anschließend die Markierung des ersten Duplikats bei und wiederholen Sie [Strg] [D] so oft, bis die gewünschte Anzahl an Duplikaten erreicht ist.

### Objekte gruppieren

Durch die Gruppierung von Objekten können Sie ein neues zusammengesetztes Objekt schaffen, das wie ein einzelnes Objekt behandelt wird. Beim Bearbeiten einer Objektgruppe (z. B. beim Verschieben) sind deshalb alle darin enthaltenen Objekte von der Aktion betroffen.

▶ Markieren Sie die Objekte, die Sie zu einer Gruppe zusammenfassen möchten.

▶ Klicken Sie im Register *FORMAT* in der Gruppe *Anordnen* auf die Schaltfläche *Gruppieren* und wählen Sie *Gruppieren*.

Die Objektgruppe ist anschließend markiert und weist acht Ziehpunkte auf.

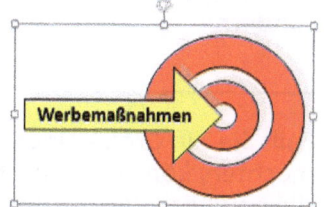

| Sie möchten die Gruppierung ... | |
| --- | --- |
| aufheben | ▶ Markieren Sie die Objektgruppe, klicken Sie im Register *FORMAT* in der Gruppe *Anordnen* auf *Gruppieren* und wählen Sie *Gruppierung aufheben*.<br>Alle Objekte, die der Gruppe angehörten, sind anschließend einzeln markiert. |
| wiederherstellen | ▶ Markieren Sie ein Objekt, das vorher Teil einer Gruppe war.<br>▶ Klicken Sie im Register *FORMAT* in der Gruppe *Anordnen* auf *Gruppieren* und wählen Sie *Gruppierung wiederherstellen*. |

Über das Kontextmenü einer markierten Objektgruppe haben Sie die Möglichkeit, schnell die Befehle zum Gruppieren, Aufheben und Wiederherstellen aufzurufen.

## 8.3    Objektgröße und -form verändern

### Objekt in der Größe ändern

Beim Hinzufügen eines Objekts brauchen Sie nicht darauf zu achten, in welcher Größe das Objekt anfangs eingefügt wird, denn alle Objekte können nachträglich vergrößert oder verkleinert werden.

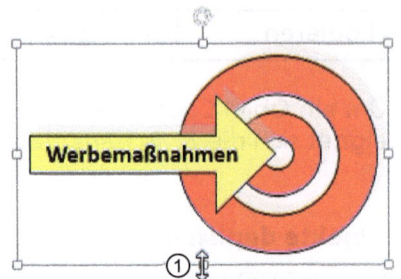

▶ Zeigen Sie mit dem Mauszeiger auf einen Ziehpunkt, bis er die Form eines Doppelpfeils ① annimmt.

Falls Sie Höhe und Breite gleichzeitig verändern möchten, wählen Sie einen Eckziehpunkt.

▶ Ziehen Sie den Ziehpunkt bei gedrückt gehaltener linker Maustaste, bis das Objekt die gewünschte Größe aufweist. Während des Ziehens nimmt der Mauszeiger die Form eines Kreuzes ✛ an.

| Sie möchten ... | |
|---|---|
| die Höhe und Breite proportional verändern | ▶ Halten Sie beim Ziehen eines Eckziehpunkts ⬆ gedrückt. |
| das Objekt gleichmäßig vom Mittelpunkt aus verändern | ▶ Halten Sie Strg beim Ziehen eines Eckziehpunkts bzw. eines der mittleren Ziehpunkte gedrückt, um die Größe des Objekts nach allen Seiten bzw. nur vertikal oder horizontal zu verändern.<br><br>Wenn Sie das Objekt proportional vom Mittelpunkt aus verändern möchten, halten Sie beim Ziehen am Eckziehpunkt die Tastenkombination Strg ⬆ gedrückt. |
| die Länge einer Linie ändern | ▶ Ziehen Sie einen Ziehpunkt an die gewünschte Position.<br><br>Soll die Linie ihre Ausrichtung beibehalten, halten Sie beim Ziehen ⬆ gedrückt. |

Falls Sie die Größe eines markierten Objekts exakt bestimmen möchten, können Sie im Register *FORMAT* in der Gruppe *Größe* die gewünschten Werte direkt eintragen.

 Möchten Sie weitere Veränderungen der Größe vornehmen, stellt Ihnen der Aufgabenbereich im Bereich *GRÖSSE* zusätzliche Einstellungen zur Verfügung.

Den Aufgabenbereich können Sie im Register *FORMAT* in der Gruppe *Größe* über ⬛ einblenden.

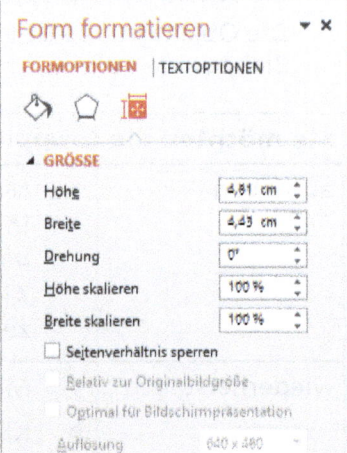

## Mit dem Korrekturziehpunkt die Form eines Objekts ändern

Sie können die Grundform mancher Zeichenobjekte sowie den Bogenwinkel eines Bogens nach der Erstellung variieren bzw. korrigieren. Beispielsweise können Sie die Stärke der Rundung bei einem abgerundeten Rechteck festlegen oder die Größe der Spitze eines Pfeils verändern. Für solche Korrekturen ist der gelbe Korrekturziehpunkt ▫ vorgesehen. Er erscheint, wenn Sie ein entsprechend veränderbares Objekt markieren.

▶ Markieren Sie das Objekt, dessen Form Sie korrigieren möchten.

▶ Ziehen Sie mit dem Mauszeiger den Korrekturziehpunkt, bis das Objekt die gewünschte Form hat.

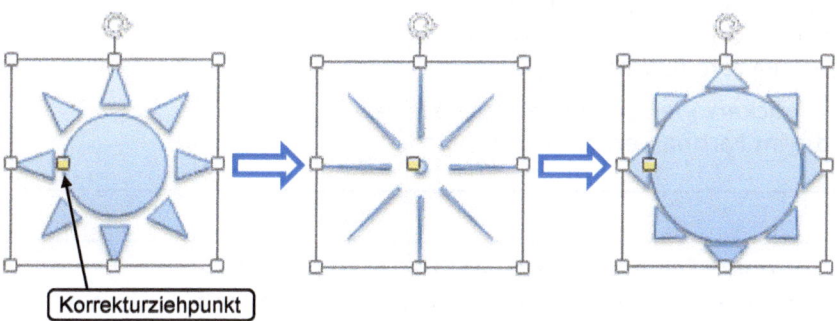

Korrekturziehpunkt

## 8.4 Form- und Fülleffekte zuweisen

### Allgemeine Vorgehensweise bei Füllungen

Standardmäßig werden geschlossene Objekte in PowerPoint, entsprechend dem verwendeten Design, gefüllt eingefügt. Sie können diese Füllungen jedoch auch individuell anpassen oder entfernen. Hierbei haben Sie mehrere Möglichkeiten:

✔ Sie weisen der Form mithilfe der sogenannten Schnellformatvorlage eine von PowerPoint vorgegebene Formatierung zu. Die Formatierung der betreffenden Schnellformatvorlage hängt vom verwendeten Design ab.

✔ Die Form wird mit einer von Ihnen gewählten Füllung versehen.

### Objekte mit der Schnellformatvorlage formatieren

▶ Markieren Sie das Objekt und klicken Sie im Register *FORMAT* in der Gruppe *Formenarten* auf ⊽ ①.

▶ Wählen Sie im geöffneten Feld die gewünschte Vorlage.

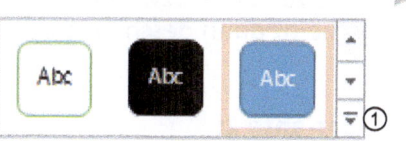

**Objekte mit einer von Ihnen gewählten Füllung gestalten**

**Variante 1:**

▶ Markieren Sie das Objekt und klicken Sie im Register *FORMAT* in der Gruppe *Formenarten* auf *Fülleffekt*.

▶ Nehmen Sie die gewünschten Einstellungen entsprechend der nachfolgenden Tabelle vor.

✔ Beim Zuweisen eines anderen Designs bzw. eines anderen Farben-designs werden sämtliche Füllfarben in der Präsentation entsprechend der jeweiligen Farbpalette automatisch angepasst. Um dies zu gewährleisten, wählen Sie eine Farbe im Bereich *De-signfarben* ①. Andernfalls wählen Sie eine Farbe aus dem Bereich *Standardfarben* ② bzw. *Weitere Füllfarben* ③.

✔ Wenn Sie direkt auf 🖼 klicken, weisen Sie dem markierten Ob-jekt die Füllfarbe zu, die im Farbbalken angezeigt wird.

| Sie möchten ... | | |
|---|---|---|
| die Füllfarbe ändern | ▶ Wählen Sie eine der vorgeschlagenen Farben aus. <br> *oder* Rufen Sie *Weitere Füllfarben* auf, um mehr Farben an-geboten zu bekommen. | |
| eine bereits vor-kommende Farbe verwenden | ▶ Wählen Sie *Pipette*. <br> ▶ Klicken Sie im Folienfenster auf ein Objekt, dessen Farbe Sie verwenden möchten. | |
| ein durchsichtiges Objekt erzeugen | ▶ Wählen Sie *Keine Füllung*. | |
| einen Farbverlauf erzeugen | ▶ Zeigen Sie auf *Farbverlauf* und wählen Sie den gewünschten Farbverlauf aus. | |
| ein Objekt mit Struk-turmuster füllen | ▶ Zeigen Sie auf *Struktur* und wählen Sie die gewünschte Struktur aus. | |

🛈 Auch offenen Objekten können Sie eine Füllung zuweisen. Power-Point verbindet Anfangs- und Endpunkt des Objekts mit einer fiktiven Linie bzw. mit einem rechten Winkel. Das Objekt er-scheint dann geschlossen.

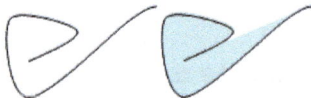

**Variante 2:**

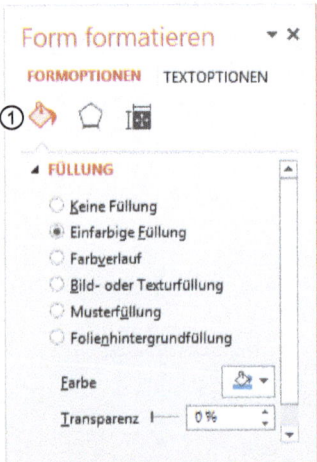

▶ Klicken Sie das Objekt mit der rechten Maustaste an und wählen Sie *Form formatieren*.

▶ Wählen Sie die Kategorie *Füllung und Linie* ①.

▶ Klicken Sie auf die gewünschte Auswahl.

Je nachdem, welche Option Sie gewählt haben, werden weitere Auswahlmöglichkeiten eingeblendet.

## Objekt mit Formeffekten versehen

Um ein beliebiges Objekt plastisch hervorzuheben, gehen Sie folgendermaßen vor:

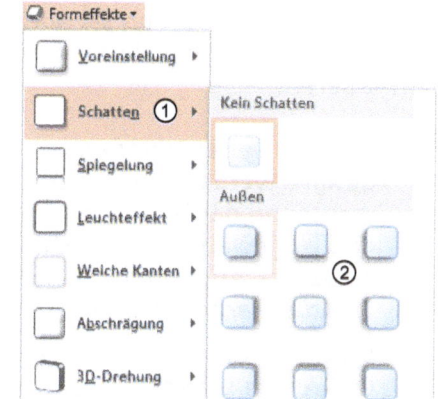

▶ Markieren Sie das Objekt.

▶ Klicken Sie im Register *FORMAT* in der Gruppe *Formenarten* auf *Formeffekte*.

▶ Zeigen Sie auf einen Formeffekt ①, z. B. *Schatten*.

▶ Wählen Sie die gewünschte Effektvariante ②, z. B. *Offset diagonal unten rechts*.

Folgende Formeffekte stehen zur Auswahl:

Sie können auch mehrere Effekte miteinander kombinieren, z. B. Schatten, Abschrägung und 3D-Drehung.

### Effekt entfernen

Ein Effekt lässt sich entfernen, indem Sie das Objekt markieren und aus dem Feld des betreffenden Formeffekts *Kein(e) Formeffekte* aufrufen. Wenn Sie mehrere Effekte nacheinander gewählt haben, müssen Sie die Effekte auch wieder einzeln deaktivieren.

### Formkonturen verändern

Um einen Linienzug oder ein geschlossenes Objekt zu gestalten und beispielsweise optisch mehr in den Vordergrund zu rücken, können Sie seine Linien bearbeiten und diese in ihrer Farbe, Stärke und Art verändern.

▶ Markieren Sie das Objekt, klicken Sie im Register *Format* in der Gruppe *Formenarten* auf *Formkontur*.

▶ Nehmen Sie die gewünschten Einstellungen entsprechend der nachfolgenden Tabelle vor.

| Sie möchten ... | |
|---|---|
| die Linienfarbe verändern | ▶ Wählen Sie eine der vorgeschlagenen Farben aus.<br>*oder* Um mehr Farben angeboten zu bekommen, rufen Sie *Weitere Linienfarben* auf. |
| eine bereits vorkommende Farbe verwenden | ▶ Wählen Sie *Pipette* und klicken Sie im Folienfenster auf ein Objekt, dessen Farbe Sie verwenden möchten. |
| Umrisslinien entfernen | ▶ Wählen Sie *Kein Rahmen*. |
| die Linienstärke und -art ändern | ▶ Zeigen Sie auf *Stärke* bzw. *Striche* und wählen Sie die gewünschte Linienstärke/-art. |
| Pfeile erstellen | ▶ Zeigen Sie auf *Pfeile* und wählen Sie die gewünschte Spitzenform aus. |

Linien und Pfeile können Sie auch über den Aufgabenbereich *Form formatieren* bearbeiten. Klicken Sie dazu die Linie bzw. den Pfeil mit der rechten Maustaste an und wählen Sie *Form formatieren*.

- ✔ Beim Zuweisen eines anderen Designs bzw. eines anderen Farbendesigns werden sämtliche Linienfarben in der Präsentation entsprechend der jeweiligen Farbpalette automatisch angepasst. Um dies zu gewährleisten, wählen Sie eine Farbe im Bereich *Designfarben* ①. Andernfalls wählen Sie eine Farbe aus dem Bereich *Standardfarben* ② bzw. *Weitere Linienfarben* ③.

- ✔ Wenn Sie direkt auf [✎] klicken, weisen Sie dem markierten Objekt die Linienfarbe zu, die im Farbbalken angezeigt wird.

 Wenn Sie bei Linien mehrere Attribute (z. B. Farbe, Stärke, Art) in einem Arbeitsgang ändern möchten, können Sie diese Einstellungen im Aufgabenbereich im Bereich *Linie* vornehmen. Den Aufgabenbereich können Sie über [▣] (Register *Format*, Gruppe *Formenarten*) öffnen.

## 8.5 Objekte drehen und kippen

### Objekte um einen bestimmten Winkel drehen oder kippen

Bei Bedarf können Sie einzelne wie auch mehrere Objekte drehen oder kippen.

Wenn Sie mehrere Objekte drehen oder kippen möchten, empfiehlt es sich, die Objekte zuvor zu gruppieren, da diese andernfalls ihre ursprüngliche Anordnung zueinander ändern können.

- ▶ Markieren Sie das Objekt oder die Objektgruppe, die gedreht bzw. gekippt werden soll, und klicken Sie im Register *FORMAT* in der Gruppe *Anordnen* auf *Drehen*.

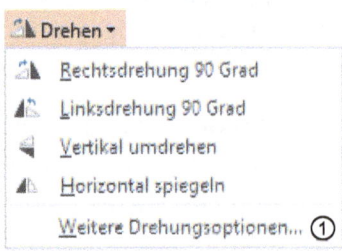

- ▶ Wählen Sie *Rechtsdrehung 90 Grad* bzw. *Linksdrehung 90 Grad*, um die Objekte um 90° nach rechts oder links zu drehen.

  *oder* Sollen die Objekte an der senkrechten oder waagerechten Achse gespiegelt werden, wählen Sie *Vertikal umdrehen* bzw. *Horizontal spiegeln*.

 Möchten Sie eine exakte Gradzahl eingeben, wählen Sie *Weitere Drehungsoptionen* ①.

Sie können Objekte, genau wie Platzhalter (vgl. Abschnitt 5.1), auch durch freies Drehen in einem beliebigen Winkel ausrichten.

## 8.6 Objekte beschriften

### Geschlossene Objekte beschriften

Um eine Folie aussagekräftig und attraktiv zu gestalten, erweist es sich häufig als sinnvoll, Zeichenobjekte mit Text zu kombinieren. Eine Möglichkeit besteht darin, bestehende geschlossene Objekte zu beschriften.

- ▶ Markieren Sie ein geschlossenes Objekt.

▶ Geben Sie den gewünschten Text ein.

Eine neue Zeile können Sie mit ⏎ erzeugen.

Der Text wird zentriert im Objekt eingefügt und automatisch darin verankert, d. h., beim späteren Verschieben wird der Text mit verschoben.

▶ Formatieren Sie den Text nach Ihren Vorstellungen.

▶ Beenden Sie die Texteingabe mit Esc oder klicken Sie auf eine freie Stelle im Aufgabenbereich.

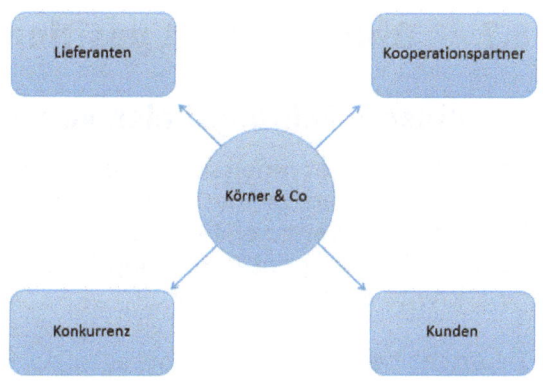

| Wenn der Text über das Objekt hinausragt, können Sie … | |
|---|---|
| das Objekt vergrößern | ▶ Ziehen Sie an einem Ziehpunkt, bis das Objekt die passende Größe hat. |
| das Objekt an den Text anpassen | ▶ Markieren Sie das Objekt.<br>▶ Öffnen Sie den Aufgabenbereich (Register *FORMAT*, Gruppe *Formenarten*, ⬚ ) und wählen Sie *TEXTOPTIONEN* ①.<br>▶ Klicken Sie auf ▣ ② und aktivieren Sie *Größe der Form dem Text anpassen* ③. |
| den Text nicht umbrechen lassen | ▶ Aktivieren Sie *Größe der Form dem Text anpassen* ③.<br>▶ Deaktivieren Sie *Text in Form umbrechen* ④. |

Die Position des Textes innerhalb des Objekts können Sie im Aufgabenbereich mithilfe von *Vertikale Ausrichtung* bzw. *Textrichtung* ⑤ verändern.

## Linien und Freihandobjekte beschriften

Ein Textfeld stellt eine gute Möglichkeit dar, Freihandobjekte oder Linien mit Text zu versehen.

▶ Erstellen Sie auf bzw. neben dem betreffenden Objekt mithilfe von *Textfeld* (Register *EINFÜGEN*, Gruppe *Text*) ein Textfeld und geben Sie den gewünschten Text ein.

▶ Gruppieren Sie das Textfeld und das Zeichenobjekt, falls Sie die beiden Objekte anschließend als Einheit bearbeiten (beispielsweise gemeinsam verschieben) möchten.

## 8.7 Objekte exakt positionieren

### Intelligente Führungslinien verwenden

PowerPoint bietet Ihnen sogenannte intelligente Führungslinien an, um das Positionieren von Objekten zueinander zu erleichtern. Auf der Folie werden die intelligenten Führungslinien als rot gestrichelte Linien angezeigt.

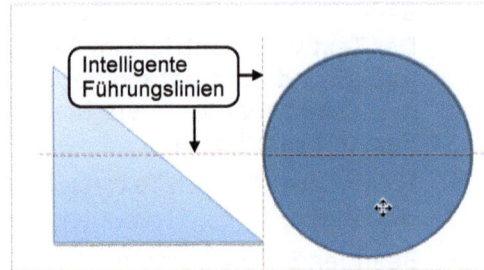

Sie erscheinen dann,

✔ wenn Sie eine Form, ein Bild oder einen Platzhalter bewegen und dabei eine Schlüsselposition (z. B. die Mitte oder eine Kante) erreicht wird;

✔ wenn sich mehrere Formen auf einer Folie befinden und die Ausrichtungspositionen der Objekte zueinander angezeigt werden.

Mithilfe der intelligenten Führungslinien können Sie beispielsweise schnell mehrere Objekte auf der gleichen Höhe positionieren.

Standardmäßig sind die intelligenten Führungslinien aktiviert. Um sie auszuschalten, klicken Sie im Register *ANSICHT*, Gruppe *Anzeigen*, auf 🗗 und deaktivieren Sie die Option ①.

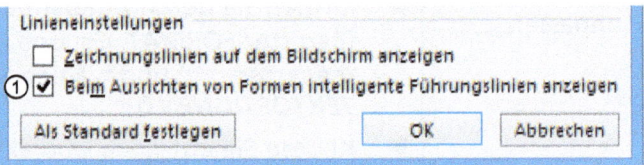

Wenn Sie beim Verschieben eines Objekts mit der Maus ⌐Alt⌐ gedrückt halten, lässt sich das Objekt unabhängig vom Raster frei positionieren.

## 8.8 Objektreihenfolge und -sichtbarkeit bestimmen

### Grafiken in den Vordergrund stellen und aus- bzw. einblenden

Die Objekte in einer Präsentation lassen sich übereinanderlegen. Dabei werden die zuletzt eingefügten Objekte jeweils im Vordergrund angezeigt. Um die Anordnung zu ändern, gehen Sie folgendermaßen vor:

▶ Klicken Sie im Register *FORMAT* in der Gruppe *Anordnen* auf *Auswahlbereich*. Der Aufgabenbereich wird eingeblendet.

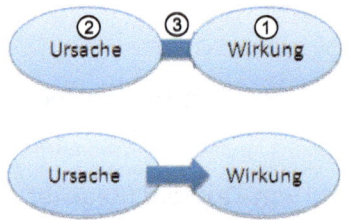

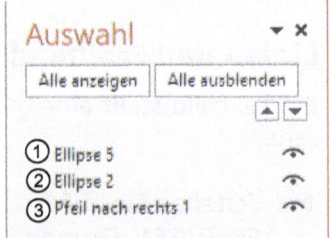

Im Aufgabenbereich werden alle auf der aktuellen Folie eingefügten Objekte aufgelistet. Das im Vordergrund befindliche Objekt wird an erster Stelle aufgeführt, die nächste Ebene dahinter an zweiter Stelle usw.

**Anordnung ändern**

▶ Markieren Sie im Aufgabenbereich oder auf der Folie das Objekt, dessen Anordnung Sie ändern möchten.

▶ Klicken Sie im Aufgabenbereich auf 🔺, um das markierte Objekt weiter in den Vordergrund zu legen.

▶ Um das markierte Objekt in den Hintergrund zu legen, klicken Sie auf 🔻.

**Weitere Möglichkeiten, die Reihenfolge von Objekten zu ändern**

✔ Über *Eine Ebene nach vorne* bzw. *Eine Ebene nach hinten* im Register *FORMAT* in der Gruppe *Anordnen* können Sie ebenfalls die Reihenfolge der zuvor markierten Objekte ändern und einzelne Objekte weiter in den Vorder- oder Hintergrund rücken.

✔ Über das Kontextmenü des Zeichnungsobjekts (Objekt mit der rechten Maustaste anklicken) und Anklicken von *In den Vordergrund* bzw. *In den Hintergrund* können Sie die Objektreihenfolge ebenfalls ändern.

**Objekte aus- und wieder einblenden**

▶ Markieren Sie das Objekt, das Sie ausblenden möchten, und klicken Sie im Aufgabenbereich auf das zugehörige 👁.

  *oder* Wenn Sie alle Objekte auf der aktuellen Folie aus- bzw. wieder einblenden möchten, klicken Sie auf die Schaltfläche *Alle ausblenden* bzw. *Alle anzeigen*.

Durch Anklicken von ▬ lassen Sie eine ausgeblendete Grafik wieder anzeigen.

## 8.9   Objekte ausrichten und verteilen

### Mehrere Objekte gleichzeitig in einer Reihe ausrichten

▶ Um in einem Arbeitsschritt mehrere Objekte in einer Reihe auszurichten, markieren Sie die betreffenden Objekte.

▶ Klicken Sie im Register *FORMAT* in der Gruppe *Anordnen* auf *Ausrichten*.

▶ Wählen Sie im geöffneten Feld die gewünschte Ausrichtung.

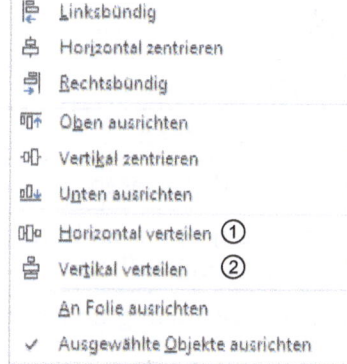

Mithilfe der neben den Einträgen abgebildeten Symbole können Sie leichter erkennen, welche Wirkung der jeweilige Befehl auf die Objektanordnung hat.

### Mehrere Objekte im gleichen Abstand zueinander positionieren

Um markierte Objekte automatisch im gleichen Abstand zueinander auszurichten, gehen Sie folgendermaßen vor:

▶ Klicken Sie im Register *FORMAT* in der Gruppe *Anordnen* auf *Ausrichten*.

▶ Wählen Sie je nach Bedarf *Horizontal verteilen* ① bzw. *Vertikal verteilen* ②.

Je nachdem, ob Sie vertikales oder horizontales Verteilen wählen, werden die Objekte so verschoben, dass sie nach oben und unten bzw. links und rechts den gleichen Abstand zueinander aufweisen.

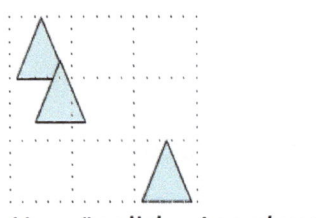

*Ursprüngliche Anordnung*

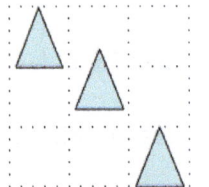
*Horizontal verteilen*

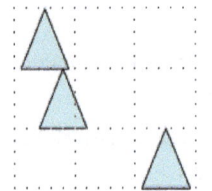
*Vertikal verteilen*

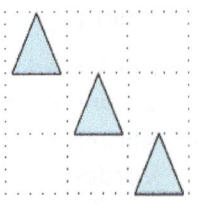
*Horizontal und vertikal verteilen*

## Objekte relativ zur Folie ausrichten bzw. verteilen

Bei der Ausrichtung und Verteilung der Objekte können Sie die Folienränder als Bezugspunkte einbeziehen. In diesem Fall erfolgt das Ausrichten nicht an einem der Objektränder oder -mittelpunkte, sondern am entsprechenden Folienrand bzw. am Folienmittelpunkt.

Beim Verteilen werden die Objekte nicht nur in gleichem Abstand zueinander, sondern auch zum Folienrand gesetzt.

▶ Um die markierten Objekte relativ zur Folie auszurichten, klicken Sie im Register *FORMAT* in der Gruppe *Anordnen* auf *Ausrichten* und aktivieren Sie *An Folie ausrichten*.

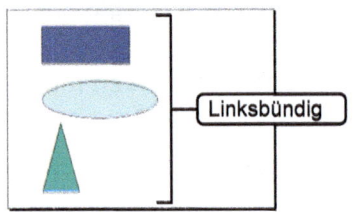
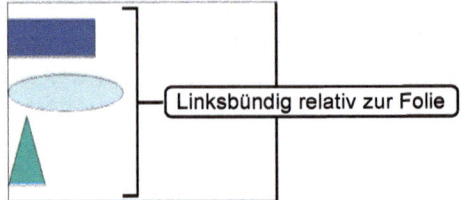

## 8.10    Schnellübersicht

| Sie möchten ... | |
|---|---|
| eine Form einfügen | Register *EINFÜGEN*, Gruppe *Illustrationen*, *Formen* |
| Objekte markieren | Objekte anklicken oder Markierungsrahmen aufziehen |
| Objekte löschen | Objekte markieren, [Entf] |
| Objekte duplizieren | [Strg] [D] |
| Objekte gruppieren bzw. eine Gruppierung aufheben | Objekte markieren, Register *FORMAT*, Gruppe *Anordnen*, *Gruppieren* |
| die Objektfüllung bearbeiten | Register *FORMAT*, Gruppe *Formenarten*, *Fülleffekt* |
| Objekte mit einem Formeffekt versehen | Register *FORMAT*, Gruppe *Formenarten*, *Formeffekte* |
| Linien bearbeiten | Register *FORMAT*, Gruppe *Formenarten*, *Formkontur* |
| Objekte drehen oder kippen | Register *FORMAT*, Gruppe *Anordnen*, *Drehen* *oder* Drehpfeil in die gewünschte Richtung ziehen |
| Objekte beschriften | Objekt markieren, Beschriftung eingeben |
| Objekte in den Vordergrund bringen | Register *FORMAT*, Gruppe *Anordnen*, *Auswahlbereich* |
| Objekte auf der Folie ausrichten | Register *FORMAT*, Gruppe *Anordnen*, *Ausrichten* |

## 8.11 Übung

### Zusammenhänge illustrieren

| Level | | Zeit | ca. 10 min |
|---|---|---|---|
| **Übungsinhalte** | ✔ Formen einfügen<br>✔ Textfelder einfügen<br>✔ Objekte platzieren und ausrichten | | |
| **Ergebnisdatei** | Zusammenhang-E1 | | |

Der Zusammenhang zwischen *Leistungssteigerung* und *Anerkennung* soll mit einer einfachen Grafik anschaulich dargestellt werden.

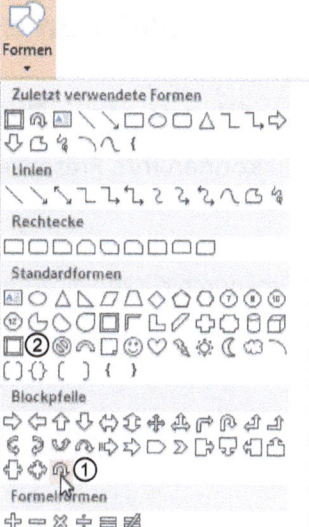

① Erzeugen Sie eine neue leere Präsentation und weisen Sie der vorhandenen Folie das Folienlayout *Leer* zu.

② Fügen Sie das Zeichenobjekt *Gebogener Pfeil* ⟳ ① ein.

③ Duplizieren Sie den Pfeil auf derselben Folie.

④ Platzieren Sie die Kopie unterhalb des Originals.

⑤ Kippen Sie den Pfeil mithilfe von *Drehen* einmal vertikal und anschließend horizontal, damit die Pfeilspitze nach oben zeigt.

⑥ Fügen Sie zwischen den beiden Pfeilen zwei Textfelder ein.

⑦ Beschriften und positionieren Sie die Textfelder wie unten abgebildet. Verwenden Sie zum Positionieren der Objekte *Ausrichten*.

⑧ Fügen Sie das Zeichenobjekt *Rahmen* ☐ ② ein und ziehen Sie es so groß, dass es sich über die ganze Folie erstreckt.

⑨ Positionieren Sie das Objekt im Hintergrund und weisen Sie dem Rahmen einen Formeffekt *Schatten, Innen* zu.

⑩ Weisen Sie den Pfeilen und dem Rahmen jeweils eine andere Farbe zu und nutzen Sie dafür die Vorlagen der Formenarten.

⑪ Gruppieren Sie die Pfeile und Textfelder, sodass sie wie **ein** Objekt behandelt werden.

⑫ Richten Sie die Objektgruppe relativ zum Rahmen horizontal und vertikal zentriert aus.

⑬ Speichern Sie die Datei unter dem Namen *Zusammenhang-E1*.

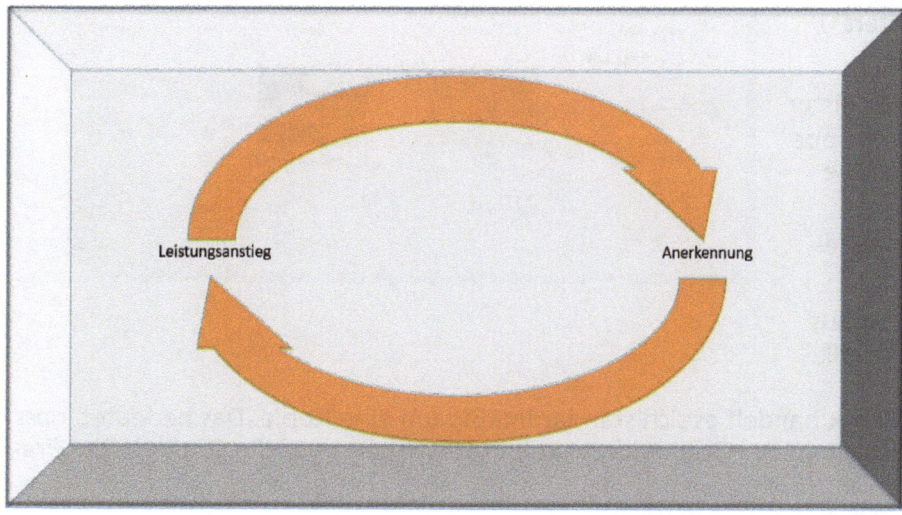

# 9 Grafiken und Tabellen

### In diesem Kapitel erfahren Sie

✔ wie Sie Grafiken einfügen und bearbeiten

✔ wie Sie Tabellen erstellen und bearbeiten

### Voraussetzungen

✔ Mit verschiedenen Folienarten arbeiten

## 9.1 Grafiken einfügen

### Grafik aus einer Datei einfügen

Sie können Ihre Präsentation durch das Einfügen eigener Grafiken aufwerten und anschaulicher machen.

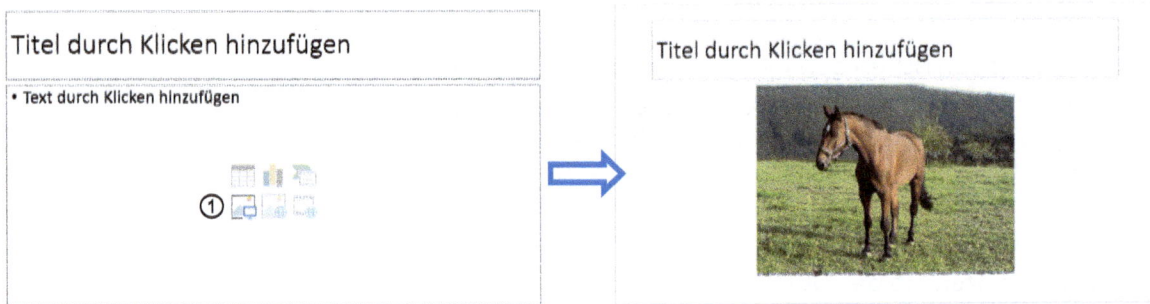

▶ Erzeugen Sie eine Folie, die den Platzhalter *Inhalt* enthält, z. B. mit dem Folienlayout *Titel und Inhalt*.

▶ Klicken Sie auf 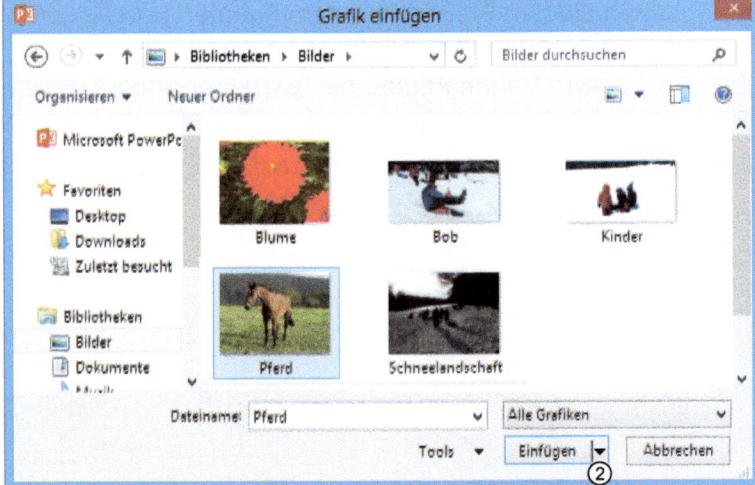 innerhalb des Platzhalters ①.

*oder*

▶ Betätigen Sie im Register *EINFÜGEN* in der Gruppe *Bilder* die Schaltfläche *Bilder*.

▶ Wechseln Sie zum Speicherort der Grafik.

▶ Klicken Sie doppelt auf die gewünschte Grafik.

Bei der eingefügten Grafik handelt es sich standardmäßig um eine Kopie. Das bedeutet, dass nachträgliche Änderungen in der Originaldatei keine Auswirkung auf die Grafik in der Präsentation haben.

Möchten Sie, dass nachträgliche Änderungen an der Originaldatei auch bei der eingefügten Grafik wirksam werden, fügen Sie die Datei verknüpft ein. Das heißt, PowerPoint fügt die Grafik mit einem Verweis auf die Originaldatei ein. Klicken Sie dazu auf den Pfeil von *Einfügen* ② und wählen Sie *Mit Datei verknüpfen*.

## Grafiken von Websites einfügen

Möchten Sie eine Grafik aus dem Internet in Ihre Präsentation einfügen, können Sie dies direkt aus PowerPoint heraus erledigen, ohne hierfür Ihren Internetbrowser öffnen zu müssen. Dabei können Sie standardmäßig auf Grafiken von Office.com und anderen Anbietern sowie auf die Bildersuche der Suchmaschine Bing zugreifen.

Beachten Sie bei der Verwendung von Grafiken und anderen Medien aus dem Internet stets die gesetzlichen Vorgaben sowie die Lizenzbestimmungen der Website, von der die Grafik stammt.

▶ Klicken Sie im Register *EINFÜGEN*, Gruppe *Bilder*, auf *Onlinegrafiken*.

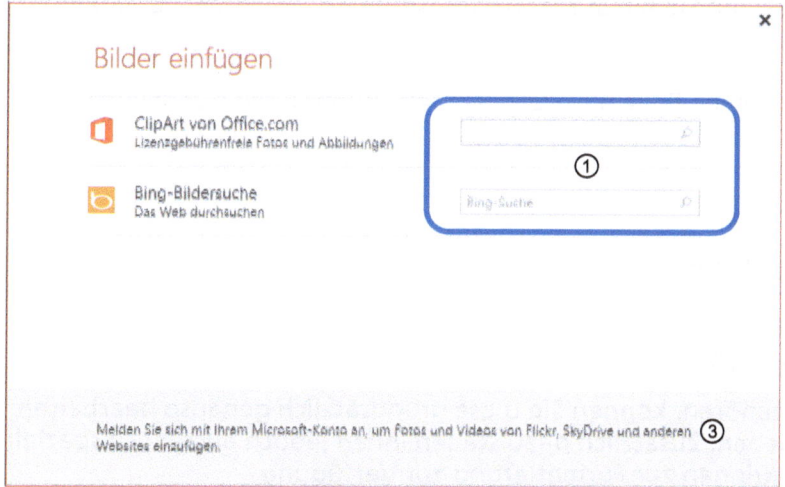

▶ Geben Sie in das Suchfeld ① der gewünschten Website einen Suchbegriff für das Motiv ein, z. B. *Urlaub*, und betätigen Sie ⏎.

▶ Markieren Sie in der Ergebnisliste die gewünschte Grafik durch Anklicken.

Im Bereich ② werden eine Beschreibung, die Größe in Pixeln sowie gegebenenfalls die Bildagentur, von der die Grafik stammt, angezeigt.

▶ Klicken Sie auf *Einfügen*, um die Grafik in die Präsentation zu übernehmen.

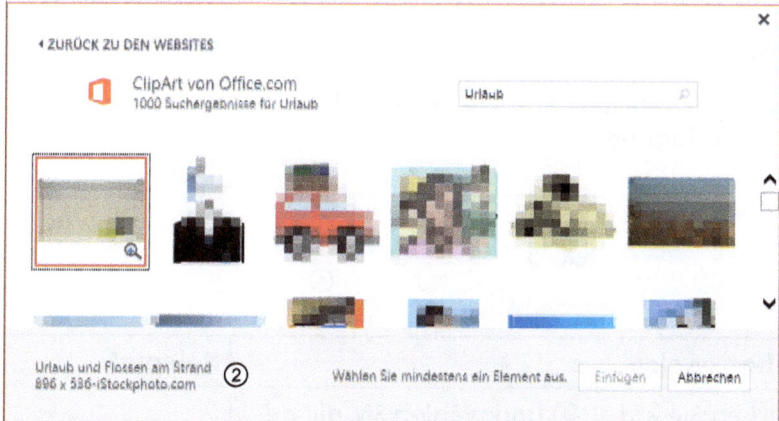

Über den Link *Melden Sie sich mit Ihrem Microsoft-Konto an, um Fotos und Videos von Flickr, SkyDrive und anderen Websites einzufügen* ③ können Sie sich mit Ihrem Microsoft-Konto anmelden und anschließend auf Grafiken zugreifen, die Sie auf SkyDrive oder auf der Website *www.flickr.com* gespeichert haben.

## ⭐ Screenshots aufnehmen und einfügen

Sie können auch Bildschirmfotos anfertigen und als Grafik auf der Folie einfügen. Um diese sogenannten Screenshots zu erstellen, gehen Sie folgendermaßen vor:

▶ Öffnen Sie die abzubildende Datei bzw. Anwendung und sorgen Sie dafür, dass das Programmfenster nicht in der Taskleiste minimiert ist.

▶ Wechseln Sie nun nach PowerPoint und erstellen Sie eine neue Folie.

▶ Klicken Sie im Register *EINFÜGEN* in der Gruppe *Bilder* auf *Screenshot*.

▶ Wählen Sie das gewünschte Programmfenster aus der Liste, um eine Abbildung des gesamten Programmfensters auf Ihrer Folie einzufügen.

    *oder* Klicken Sie auf *Bildschirmausschnitt* ①, wechseln Sie zum gewünschten Programmfenster und ziehen Sie einen Markierungsrahmen um den abzubildenden Teil.

Der Screenshot wird auf der aktuellen Folie als Grafik eingefügt und kann nun wie jede andere Grafik bearbeitet werden.


## 9.2 Grafiken bearbeiten

### Eingefügte Grafiken bearbeiten

Da Grafiken zu den Objekten gehören, können Sie diese grundsätzlich genauso bearbeiten wie bereits in Kapitel 7 beschrieben. Zusätzlich dazu stehen Ihnen jedoch auch noch speziell auf Grafiken abgestimmte Funktionen zur Formatierung zur Verfügung.

▶ Markieren Sie die Grafik, die Sie bearbeiten wollen.

    Das Register *FORMAT* wird eingeblendet.

### Bildformatvorlagen nutzen

In der Gruppe *Bildformatvorlagen* des Registers *FORMAT* stehen Ihnen verschiedene Gestaltungsvorlagen für Ihre Grafik zur Verfügung.

| Sie möchten ... | Vorgehensweise | Beispiel |
|---|---|---|
| fertige Bildformatvorlagen verwenden | ▶ Klicken Sie auf 🔽 ① und wählen Sie die gewünschte Bildformatvorlage. | |

| Sie möchten ... | Vorgehensweise | Beispiel |
|---|---|---|
| einen Rahmen um die Grafik einfügen | ▶ Klicken Sie auf *Bildrahmen* ②.<br>▶ Wählen Sie eine Farbe für den Rahmen aus und bestimmen Sie über *Stärke* und *Striche* die Linienstärke und -art. | |
| Bildeffekte einfügen | ▶ Klicken Sie auf *Bildeffekte* ③.<br>▶ Zeigen Sie auf einen Effekt (z. B. *Weiche Kanten*) und wählen Sie ein Format. | |

Über *Bildlayout* ④ können Sie das Bild in professionellen Layout-varianten mit Text verbinden. Diese speziellen Layoutformen werden **SmartArt** genannt. In Kapitel 9 wird die Bearbeitung der SmartArts ausführlich beschrieben.

## Grafiken individuell anpassen

PowerPoint bietet Ihnen die Möglichkeit, Grafiken auf vielerlei Weise mit wenigen Klicks optisch anzupassen, z. B. um die Farbgebung zu verändern oder um einen künstlerischen Effekt hinzuzufügen.

*Originalgrafik*          *Grafik neu eingefärbt*          *Künstlerischer Effekt*

Um eine Grafik nach Ihren Wünschen zu verändern, gehen Sie folgendermaßen vor:

▶ Klicken Sie doppelt auf die Grafik, die Sie anpassen möchten.
  Das Register *FORMAT* wird eingeblendet.

▶ Nehmen Sie die Änderungen in der Gruppe *Anpassen* nach Ihren Wünschen vor (vgl. Abbildung):

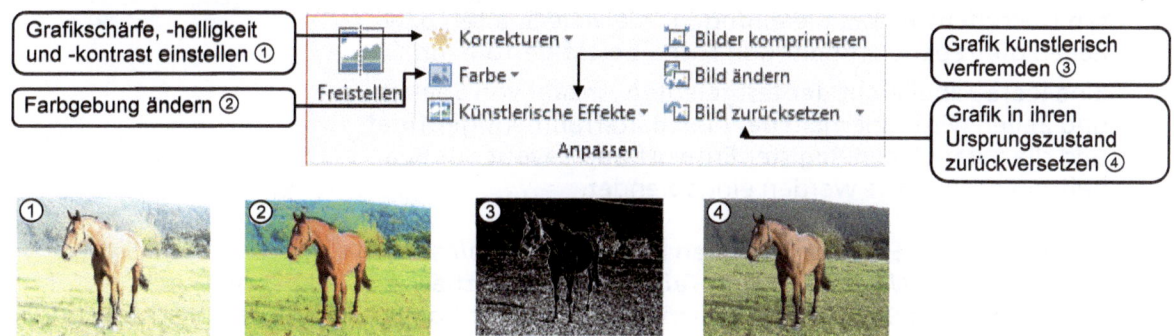

Die Formatierungen in den Feldern sind immer mit einer Live-Vorschau verbunden. Wenn Sie also sehen möchten, wie sich ein bestimmter Befehl auf Ihre Grafik auswirkt, zeigen Sie einfach mit der Maus auf den entsprechenden Bereich im betreffenden Feld und beobachten Sie, wie sich die Grafik auf der Folie verändert.

## ⭐ Grafiken komprimieren

Durch das Einfügen von Grafiken werden PowerPoint-Präsentationen oft sehr groß. Sie haben die Möglichkeit, Grafiken in der Präsentation zu komprimieren und so Speicherplatz zu sparen.

▶ Markieren Sie eine Grafik und klicken Sie im Register *FORMAT* in der Gruppe *Anpassen* auf *Bilder komprimieren*.

▶ Um nur bestimmte Grafiken zu komprimieren, markieren Sie eine oder mehrere Grafiken und klicken Sie im Register *FORMAT* in der Gruppe *Anpassen* auf *Bilder komprimieren*.

▶ Aktivieren Sie im eingeblendeten Dialogfenster das Kontrollfeld ①.

▶ Schalten Sie das Kontrollfeld ② ein, wenn zugeschnittene Bildbereiche beim Speichern entfernt werden sollen.

▶ Wählen Sie im Bereich ③, für welches Medium die Präsentation verwendet wird, um so die Stärke der Komprimierung festzulegen.

▶ Bestätigen Sie mit *OK*.

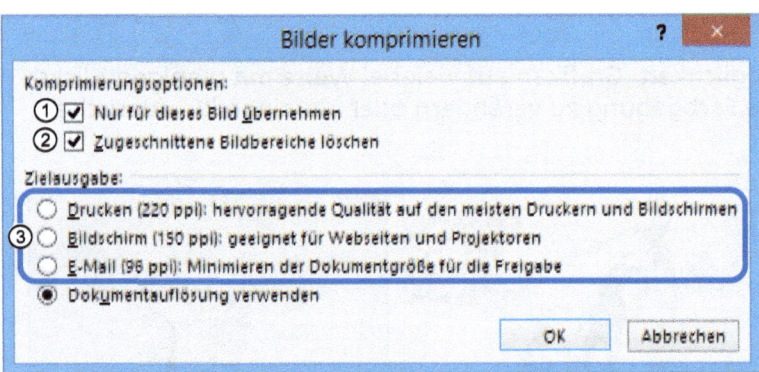

## 9.3     Tabellen erstellen und bearbeiten

### Tabelle erstellen

▶ Erzeugen Sie eine Folie, die den Platzhalter Inhalt enthält, z. B. mit dem Folienlayout Titel und Inhalt.

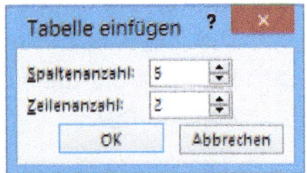

▶ Klicken Sie auf das Symbol ⊞ innerhalb des Platzhalters Inhalt, bestimmen Sie über die Eingabefelder im eingeblendeten Dialogfenster Tabelle einfügen, wie viele Spalten bzw. Zeilen die Tabelle enthalten soll, und bestätigen Sie mit Ok.

Eine leere Tabelle mit der festgelegten Anzahl von Spalten und Zeilen wird innerhalb des Platzhalterrahmens geöffnet, und die zusätzlichen Register Entwurf und Layout zur Bearbeitung der Tabelle werden eingeblendet.

🛈 Eine Tabelle können Sie auch ohne den Platzhalter *Inhalt* schnell erstellen, indem Sie im Register *EINFÜGEN* in der Gruppe *Tabellen* die Schaltfläche ① anklicken. Durch Ziehen mit der Maus über das eingeblendete Gitternetz können Sie die gewünschte Anzahl von Zeilen und Spalten festlegen.

Tabelle
▾ ①

### Inhalte in Tabellen eingeben

▶ Klicken Sie in die Zelle, die Sie bearbeiten möchten, und geben Sie den gewünschten Inhalt ein.

▶ Um innerhalb der Tabelle zu navigieren, können Sie mit ⟮⇆⟯ zur nächsten Zelle bzw. mit ⟮⇧⟯ ⟮⇆⟯ zur vorherigen Zelle wechseln.

▶ Um am Ende der Tabelle eine neue Zeile einzufügen, betätigen Sie in der äußeren rechten Zelle der letzten Tabellenzeile ⟮⇆⟯.

▶ Möchten Sie die Bearbeitung abschließen, klicken Sie auf einen Bereich außerhalb des Tabellen-Platzhalters.

*oder* Betätigen Sie zweimal ⟮Esc⟯.

*Folie mit Tabelle*

Wenn Sie erneut in die Tabelle klicken, wird diese wieder aktiviert, und Sie können nachträglich Änderungen vornehmen.

## Tabelle bearbeiten

Die zusätzlichen Register *LAYOUT* und *ENTWURF* bieten Ihnen viele Möglichkeiten, das Erscheinungsbild der Tabelle individuell zu ändern.

▶ Markieren Sie den Bereich der Tabelle, den Sie bearbeiten möchten, indem Sie die Maus über die entsprechenden Zellen ziehen.

*oder* Setzen Sie den Cursor in die entsprechende Zeile bzw. Spalte, klicken Sie im Register *LAYOUT* in der Gruppe *Tabelle* auf *Auswählen*, und wählen Sie den gewünschten Listeneintrag.

| Sie möchten ... | |
|---|---|
| eine Zeile einfügen | Register *LAYOUT*, Gruppe *Zeilen und Spalten*, *Darunter einfügen* bzw. *Darüber einfügen* |
| eine Spalte einfügen | Register *LAYOUT*, Gruppe *Zeilen und Spalten*, *Links einfügen* bzw. *Rechts einfügen* |
| eine Zeile bzw. Spalte löschen | Register *LAYOUT*, Gruppe *Zeilen und Spalten*, *Löschen* |
| Zellen miteinander verbinden oder teilen | Register *LAYOUT*, Gruppe *Zusammenführen*, *Zellen verbinden* bzw. *Zellen teilen* |
| die Zeilenhöhe bzw. Spaltenbreite ändern | Register *LAYOUT*, Gruppe *Zellengröße*, Eingabefeld *Tabellenzeilenhöhe* bzw. *Tabellenspaltenbreite* |
| die Ausrichtung des Textes ändern | Register *LAYOUT*, Gruppe *Ausrichtung*, entsprechende Schaltfläche |
| den Zellhintergrund festlegen | Register *ENTWURF* (Tabellentools), Gruppe *Tabellenformatvorlagen*, *Schattierung* (🎨▾) |
| Tabelleneffekte zuweisen | Register *ENTWURF* (Tabellentools), Gruppe *Tabellenformatvorlagen*, *Tabelleneffekte* (🔵▾) |

**Zeilenhöhe bzw. Spaltenbreite schnell mit der Maus ändern**

▶ Klicken Sie mit der Maus auf die Zeilen- bzw.
Spaltentrennlinie ①.
Der Mauszeiger ändert seine Form: ⁘

▶ Ziehen Sie die Trennlinie in die gewünschte Richtung.

## 9.4     Schnellübersicht

| Sie möchten ... | |
|---|---|
| eine Grafik aus einer Datei einfügen | Platzhalter *Inhalt*, [Symbol] oder Register *EINFÜGEN*, Gruppe *Bilder*, Schaltfläche *Bilder* |
| Grafiken bearbeiten | Grafik markieren, im Register *FORMAT* auf die gewünschte Schaltfläche klicken |
| fertige Bildformatvorlagen verwenden | Register *FORMAT*, Gruppe *Bildformatvorlagen* |
| einen Rahmen um die Grafik einfügen | Register *FORMAT*, Gruppe *Bildformatvorlagen*, *Bildrahmen* |
| Bildeffekte einfügen | Register *FORMAT*, Gruppe *Bildformatvorlagen*, *Bildeffekte* |
| eine Grafik komprimieren | Register *FORMAT*, Gruppe *Anpassen*, *Bilder komprimieren* |
| eine Tabelle erstellen | [Symbol] (Platzhalter *Inhalt*) oder Register *EINFÜGEN*, Gruppe *Tabellen*, *Tabelle* |

## 9.5 Übung

### Grafiken einfügen und bearbeiten

| Level | | | | Zeit | ca. 10 min |
|---|---|---|---|---|---|
| **Übungsinhalte** | ✔ Grafiken einfügen<br>✔ Grafiken bearbeiten | | | | |
| **Notwendige Kenntnisse** | ✔ Objektbearbeitung | | | | |
| **Übungsdateien** | *Ferienhaus, Schneelandschaft.jpg, Kinder.jpg, Bob.jpg, Wand.jpg, Traudel.jpg* | | | | |
| **Ergebnisdatei** | *Ferienhaus-E* | | | | |

① Öffnen Sie die Übungsdatei *Ferienhaus* und fügen Sie am Ende eine neue Folie ein.
In deren Inhaltsplatzhalter sollen die Grafiken *Schneelandschaft.jpg*, *Kinder.jpg* und *Bob.jpg* aus dem Übungsordner eingefügt werden.

② Ordnen Sie die Bilder wie auf der Abbildung *Folie 4* zu sehen an und weisen Sie den Bildern einen Rahmen zu.

③ Korrigieren Sie die Helligkeit der Bilder, sodass die Motive besser zu erkennen sind.

④ Geben Sie in den Titelplatzhalter die Überschrift *Im Winter Schneegarantie* ein.

⑤ Fügen Sie die Grafik *Wand.jpg* aus dem Übungsordner wie auf der Abbildung ein.

⑥ Weisen Sie der Grafik den künstlerischen Effekt *Bleistiftskizze* zu.

⑦ Vergeben Sie die Überschrift *Kommen Sie uns besuchen!*

⑧ Erstellen Sie eine neue Folie und fügen Sie die Grafik *Traudel.jpg* aus dem Übungsordner in den Inhaltsplatzhalter ein.

⑨ Stellen Sie das Pferd auf der Grafik frei, sodass außer dem Pferd nichts anderes mehr zu sehen ist.

⑩ Stellen Sie die Farbsättigung *400%* und den Farbton *6500K* ein, um das Bild ein wenig zu verfremden.

⑪ Kopieren Sie das Pferd wie auf der Abbildung zu sehen in die Folie 5.

⑫ Löschen Sie Folie 6 wieder.

⑬ Formatieren Sie die Texte der Überschriften mit beliebigen Effekten, z. B. Schatten.

⑭ Speichern Sie die Präsentation unter dem Namen *Ferienhaus-E2*.

Folie 4 und …

… Folie 5 der Ergebnisdatei „Ferienhaus-E"

# 10 SmartArt-Grafiken erstellen und gestalten

**In diesem Kapitel erfahren Sie**
- ✔ wie Sie SmartArt-Grafiken erzeugen
- ✔ wie Sie die Texte in SmartArt-Grafiken bearbeiten
- ✔ wie Sie SmartArt-Grafiken verändern und gestalten können
- ✔ wie Sie eigene Bilder in SmartArt-Grafiken einbetten können

**Voraussetzungen**
- ✔ Mit Objekten arbeiten

## 10.1 SmartArt-Grafiken verwenden

### Wozu dienen SmartArt-Grafiken?

Mit den sogenannten SmartArt-Grafiken haben Sie die Möglichkeit, Informationen auf professionelle Weise grafisch darzustellen.

PowerPoint stellt Ihnen viele verschiedene vordefinierte SmartArt-Typen zur Verfügung, aus denen Sie die unterschiedlichsten Grafik-Layouts zur Veranschaulichung Ihrer Informationen auswählen können. Dazu gehören z. B. Typen für Organigramme, Prozesse und Beziehungen.

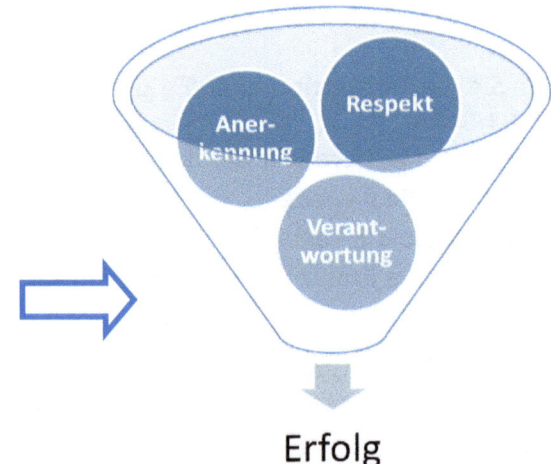

*Informationen in reiner Textform ...*          *... und als SmartArt-Grafik visualisiert*

Welches SmartArt-Layout für Ihre Präsentation geeignet ist, hängt zum einen davon ab, was Sie mit der Grafik aussagen möchten, und zum anderen davon, wie viel Text die Grafik enthalten soll. Manche SmartArt-Layouts enthalten eine festgelegte Anzahl an Formen ① und sind daher für größere Textpassagen nicht geeignet, während andere wiederum sehr viele Formen zulassen.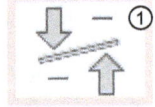

# Welche SmartArt-Grafiken können Sie in PowerPoint erstellen?

Bevor Sie eine Smart-Art-Grafik einfügen, sollten Sie sich überlegen, welcher Layout-Typ für die Visualisierung Ihrer Information am besten geeignet ist.

| Typ | Erläuterung |
|---|---|
| *Liste* | Der SmartArt-Typ *Liste* bietet verschiedene Grafiken zur Visualisierung von thematischen Blöcken, Aufzählungen oder Schrittfolgen. |
| *Prozess* | SmartArt-Grafiken des Typs *Prozess* sind besonders gut geeignet zur Darstellung von Prozessabläufen und Schrittfolgen. Um den Ablaufcharakter grafisch hervorzuheben, sind viele SmartArt-Grafiken dieses Typs mit Pfeilen versehen. |
| *Zyklus* | Der SmartArt-Typ *Zyklus* dient der Darstellung von fortlaufenden Prozessen. Da hier Kreisläufe beschrieben werden, sind die meisten SmartArt-Grafiken dieses Typs kreisförmig. |
| *Hierarchie* | SmartArt-Grafiken des Typs *Hierarchie* dienen der Visualisierung von hierarchischen Beziehungen mithilfe einer Baumstruktur. Diese Darstellungsform eignet sich besonders gut, um Unternehmenshierarchien abzubilden. Eine optimale Grafik zur Visualisierung von Unternehmensstrukturen bietet das Layout mit der Bezeichnung *Organigramm*. |
| *Beziehung* | Der SmartArt-Typ *Beziehung* kann verwendet werden, um die unterschiedlichen Beziehungen zwischen zwei oder mehr Sachverhalten grafisch darzustellen. Möchten Sie z. B. darstellen, wie verschiedene Inhalte sich überschneiden, stellt PowerPoint Ihnen hier auch Layouts zur Verfügung, die Schnittmengen abbilden (sogenannte Venn-Diagramme). |
| *Matrix* | SmartArt-Grafiken des Typs *Matrix* dienen dazu, darzustellen, wie sich verschiedene Sachverhalte innerhalb eines Gesamtkonzepts verhalten. Mit diesem Layout-Typ lassen sich maximal 4 verschiedene Sachverhalte darstellen. |
| *Pyramide* | Mithilfe des SmartArt-Typs *Pyramide* können Sie verschiedene Sachverhalte proportional oder hierarchisch zueinander darstellen. Die Beziehung wird bei diesem Typ vertikal, also von unten nach oben oder umgekehrt angezeigt. |
| *Grafik* | Der SmartArt-Typ *Grafik* bietet Ihnen die Möglichkeit, schnell eigene Bilder in die SmartArt-Abbildung zu integrieren. Dabei besitzt jedes Element der SmartArt einen Platzhalter für Grafiken, über den Sie wie gewohnt Ihre Grafik einfügen können. |
| *Office.com* | Bei bestehender Internetverbindung können Sie weitere SmartArt-Grafiken herunterladen und verwenden. |

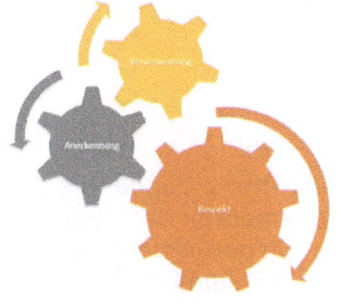

*Layout-Typ Prozess*
*(Zahnrad)*

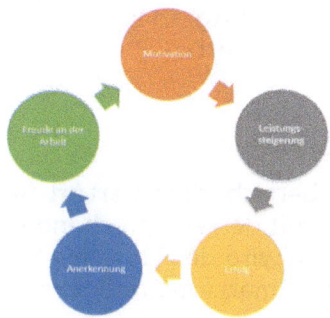

*Layout-Typ Zyklus*
*(Einfacher Kreis)*

*Layout-Typ Matrix*
*(Einfache Matrix)*

## 10.2   SmartArt-Grafiken erzeugen

### Unternehmenshierarchie mithilfe eines Organigramms visualisieren

Die Erstellung und Bearbeitung von SmartArts funktioniert immer auf die gleiche Weise. Im Folgenden wird am Beispiel eines Organigramms beschrieben, wie eine SmartArt-Grafik erstellt wird:

▶ Erzeugen Sie eine Folie, die den Platzhalter *Inhalt* enthält, z. B. mit dem Folienlayout *Titel und Inhalt*.

▶ Klicken Sie auf [icon] innerhalb des Platzhalters.

   *oder*  Klicken Sie im Register *EINFÜGEN* in der Gruppe *Illustrationen* auf *SmartArt*.

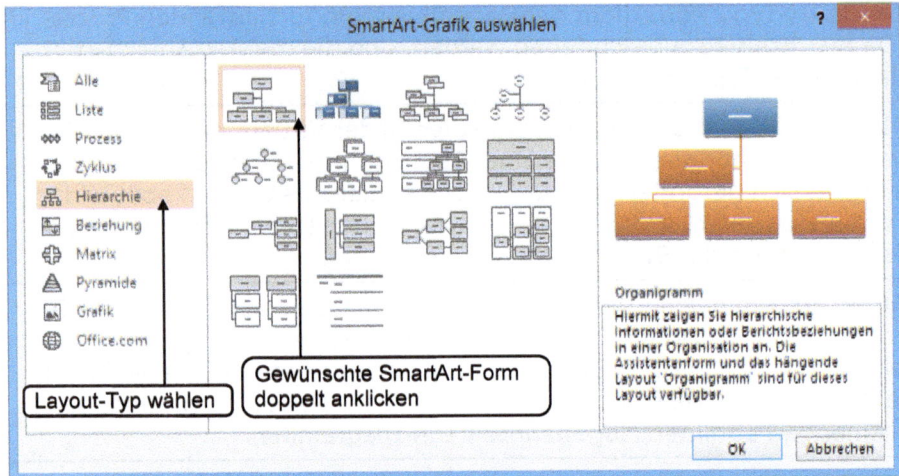

✔ Auf der Folie wird eine leere SmartArt-Grafik eingefügt.

✔ Die SMARTART-TOOLS mit den Registern *ENTWURF* und *FORMAT* werden eingeblendet.

### Text in eine SmartArt-Grafik eingeben

Die schnellste Art, eine SmartArt-Grafik zu beschriften, ist die direkte Eingabe in die Formen:

▶ Klicken Sie in die Form, die Sie beschriften möchten, und geben Sie Ihren Text ein.

Wenn der eingegebene Text nicht in die vorgesehene Form passt, wird der Schriftgrad so verringert, dass der komplette Text angezeigt werden kann ①. Um ein einheitliches Bild zu gewährleisten, wird dabei automatisch der Schriftgrad in **allen** Formen des Organigramms verändert.

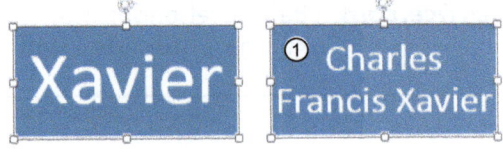

### Text über den Textbereich hinzufügen

Sie können auch mithilfe des Textbereichs die SmartArt-Grafik beschriften. Die darin enthaltenen Gliederungsebenen sind mit den entsprechenden Grafikelementen der jeweiligen SmartArt-Grafik verknüpft. Dadurch wird der Text, den Sie in eine Gliederungsebene im Textbereich eingeben, sofort in der SmartArt-Grafik in das zugehörige Element eingefügt.

▶ Um den Textbereich ① einzublenden, klicken Sie auf die SmartArt-Grafik und anschließend auf ◄ am linken Rand des eingeblendeten Rahmens.

*oder* Klicken Sie im Register *ENTWURF* in der Gruppe *Grafik erstellen* auf *Textbereich*.

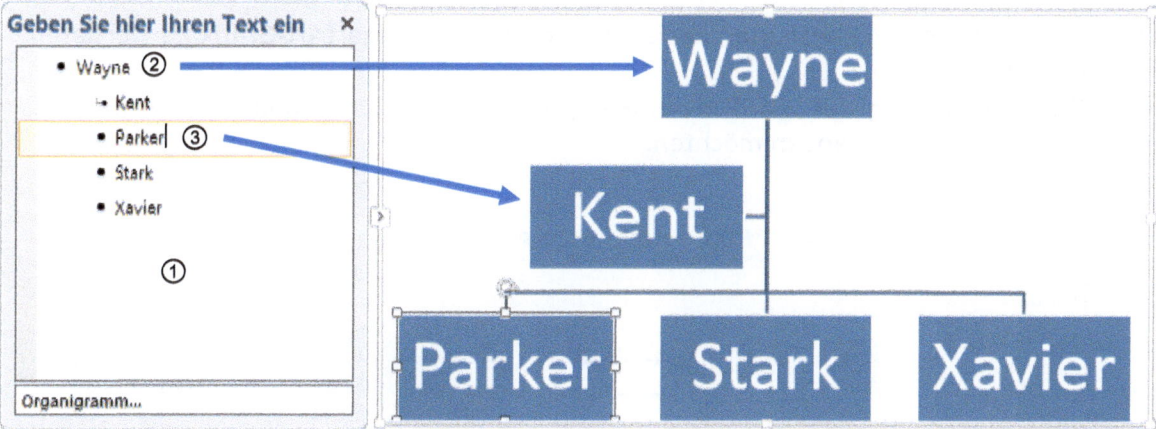

Sie haben u. a. folgende Möglichkeiten zur Texteingabe im Textbereich:

| Sie möchten ... | |
|---|---|
| Text in die erste Ebene eingeben | ▶ Klicken Sie in die vorgegebene Zeile des ersten Gliede-rungspunktes ② und geben Sie den gewünschten Text ein. |
| Text für einen Unterpunkt eingeben | ▶ Klicken Sie in die vorgegebene Zeile des Unterpunktes ③ und geben Sie den entsprechenden Text ein. |
| einen neuen Unterpunkt erzeugen | ▶ Klicken Sie ans Ende der Zeile des untergeordneten Glie-derungspunktes, **unter** dem Sie einen neuen Unterpunkt erzeugen möchten, und betätigen Sie ⏎. |
| eine Gliederungsebene tieferstufen bzw. höher-stufen | ▶ Klicken Sie mit der rechten Maustaste in die Zeile des Glie-derungspunktes, den Sie ändern möchten, und wählen Sie *Tiefer stufen* bzw. *Höher stufen*. |

▶ Um die Bearbeitung des Organigramms abzuschließen, klicken Sie auf eine freie Fläche
außerhalb des Platzhalterrahmens.

Sie können auch Texte aus anderen Anwendungen oder Präsentationen in die Zwischenablage kopieren und anschließend in den Textbereich einfügen.

### SmartArt Grafik erneut bearbeiten

▶ Klicken Sie auf die SmartArt-Grafik.

Der SmartArt-Rahmen wird eingeblendet und Sie können das SmartArt-Objekt bearbeiten.
Mithilfe des Rahmens können Sie das Objekt wie gewohnt auf der Folie positionieren, löschen oder verkleinern bzw. vergrößern.

## Folientext in eine SmartArt-Grafik konvertieren

Haben Sie bereits Text auf einer Folie eingegeben, können Sie diesen nachträglich in eine SmartArt-Grafik umwandeln:

▶ Markieren Sie den Platzhalter, dessen Inhalt Sie in eine SmartArt-Grafik konvertieren möchten.

▶ Klicken Sie im Register *START* in der Gruppe *Absatz* auf 🔲▾ und klicken Sie auf das Layout, das Sie anwenden möchten.

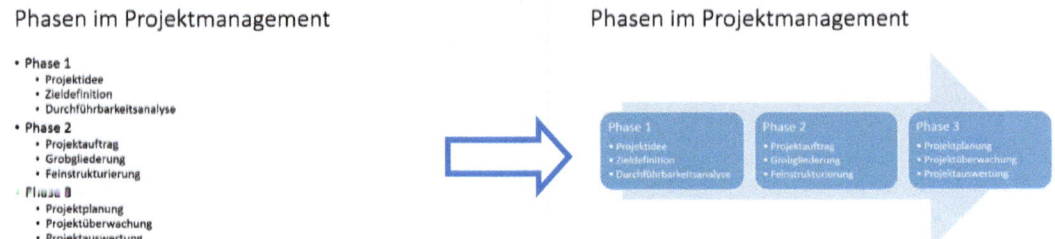

Über *Weitere SmartArt-Grafiken* können Sie zusätzliche Layouts einblenden.

 Wenn Sie erst überprüfen möchten, wie der Folientext als SmartArt-Grafik aussehen wird, zeigen Sie mit der Maus auf das entsprechende Layout. Im Folienfenster erscheint die Live-Vorschau.

## ⭐ 10.3 Eigene Grafiken in SmartArts verwenden

### SmartArt-Grafiken durch eigene Bilder individualisieren

Mit dem SmartArt-Typ *Grafik* bietet Ihnen PowerPoint viele SmartArt-Layouts zur Auswahl, in die Sie mit wenigen Schritten Ihre eigenen Bilder integrieren können.

▶ Erzeugen Sie eine Folie, die den Platzhalter *Inhalt* enthält, z. B. mit dem Folienlayout *Titel und Inhalt*.

▶ Klicken Sie auf 🖼 innerhalb des Platzhalters.

  *oder* Klicken Sie im Register *EINFÜGEN* in der Gruppe *Illustrationen* auf *SmartArt*.

▶ Wählen Sie den Layout-Typ *Grafik*.

▶ Klicken Sie doppelt auf die gewünschte SmartArt-Form (z. B. *Bild mit Akzenten*).

▶ Klicken Sie in den entsprechenden Formen auf 🖼 ①.

▶ Wählen Sie im eingeblendeten Dialogfenster aus, ob Sie eine lokale Datei verwenden oder online nach Bildern suchen möchten, und wählen Sie die entsprechende Grafik aus.

▶ Geben Sie in die Textplatzhalter Ihren Text ein.

▶ Fügen Sie auf diese Weise alle gewünschten Bilder und Texte ein.

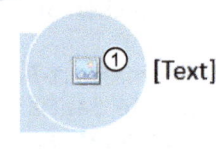

 Haben Sie bereits eine Grafik auf einer Folie eingefügt, können Sie diese nachträglich in eine SmartArt-Grafik umwandeln, indem Sie die Grafik markieren und im Register *FORMAT* in der Gruppe *Bildformatvorlagen* auf *Bildlayout* klicken.

## 10.4   SmartArt-Elemente markieren und bearbeiten

### Formen und Verbindungslinien einer SmartArt-Grafik markieren

▶ Zeigen Sie auf die Form oder auf eine Verbindungslinie.

Der Mauszeiger verwandelt sich .

▶ Klicken Sie auf das gewünschte Element.

▶ Wenn Sie mehrere Elemente markieren möchten, halten Sie ⇧ gedrückt und klicken Sie diese nacheinander an.

Das markierte Element wird mit einem Rahmen ① angezeigt.

Formen und Grafiken lassen sich auch über den Textbereich markieren, indem Sie in den
betreffenden Gliederungspunkt bzw. auf die angezeigte Grafik klicken.

### Text markieren

▶ Klicken Sie in eine Form und ziehen Sie mit gedrückter Maustaste über die zu markierenden Textbereiche.

*oder*  Klicken Sie in den Textbereich und ziehen Sie mit gedrückter Maustaste über die
zu markierenden Textteile bzw. Absätze.

Der markierte Textplatzhalter wird innerhalb der Form mit einem Rahmen ② dargestellt. Der markierte Textbereich wird farbig markiert.

Möchten Sie den Text in mehreren Formen ändern, reicht es aus, die betreffenden Rahmen
zu markieren.

## 10.5   Struktur von SmartArt-Grafiken bearbeiten

### Aufbau der SmartArt-Grafik ändern

PowerPoint bietet Ihnen viele Möglichkeiten, SmartArt-Grafiken nach Ihren Anforderungen
anzupassen. So können Sie z. B. Formen hinzufügen, verschieben oder das komplette Layout nachträglich ändern. Die Anzahl der Bearbeitungsoptionen hängt dabei von dem gewählten SmartArt-Layout ab.

### Form hinzufügen

Abhängig davon, welches SmartArt-Layout Sie gewählt haben, stehen Ihnen unterschiedliche Formtypen zur Verfügung. Die Formtypen unterscheiden sich durch die Position, die
ihnen innerhalb der Form zugewiesen ist.

▶ Um eine neue Form hinzuzufügen, markieren Sie zunächst
die Form, auf die sich die neue Form beziehen soll.

▶ Klicken Sie im Register *ENTWURF (SMARTART-TOOLS)* in der
Gruppe *Grafik erstellen* auf den Pfeil von *Form hinzufügen*
① und wählen Sie in der geöffneten Liste die gewünschte
Anordnung aus (vgl. nachfolgende Tabelle).

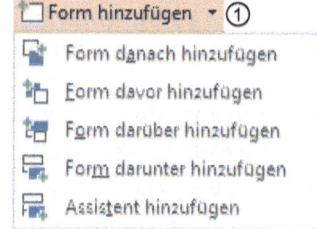

Je nach gewähltem SmartArt-Layout kann es sein, dass in der Liste nicht alle Formtypen zur Verfügung stehen bzw. dass *Form hinzufügen* inaktiv ist. In diesem Fall sollten Sie ein anderes SmartArt-Layout wählen, um Ihre Inhalte eingeben zu können.

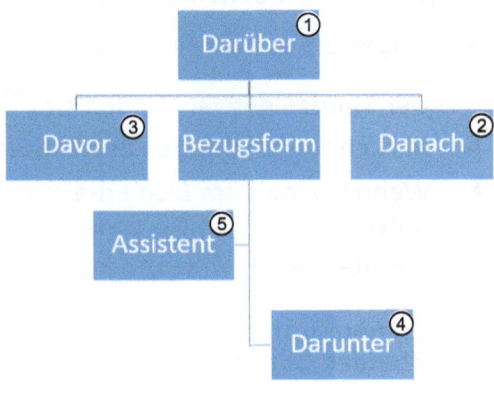

| | |
|---|---|
| ***Form darüber hinzufügen*** | Stellt eine übergeordnete Form dar ① |
| ***Form danach hinzufügen*** | Ist eine Form auf gleicher Ebene ② |
| ***Form davor hinzufügen*** | Ist eine Form auf gleicher Ebene ③ |
| ***Form darunter hinzufügen*** | Stellt eine untergeordnete Form dar ④ |
| ***Assistent hinzufügen*** | Fungiert als eine zugeordnete Form ⑤ |

## Form löschen

▶ Markieren Sie die Form und betätigen Sie [Entf].

## Position einer Form verändern

▶ Klicken Sie auf die Form, deren Position Sie verändern möchten, z. B. auf die Form *3c*.

▶ Um die betreffende Form höher- bzw. tieferzustufen, klicken Sie im Register *ENTWURF* (*SMARTART-TOOLS*) in der Gruppe *Grafik erstellen* auf *Höher stufen* bzw. *Tiefer stufen*.

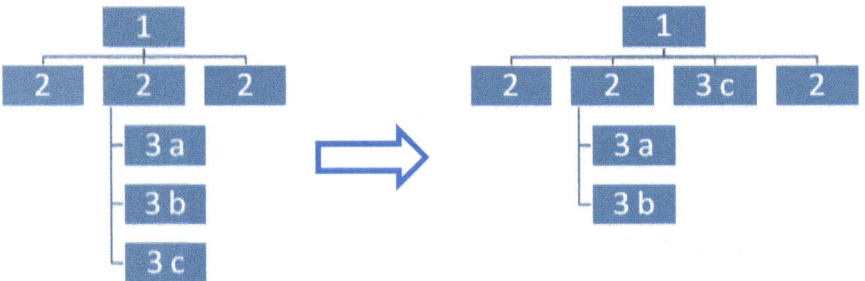

 Wenn Sie die Position einer Form verändern, die in ihrer Ebene nicht die letzte Form ist, wird die Position der nachfolgenden Form ebenfalls geändert. Bei der Höherstufung des Elements *3b* wird das Element *3c* beispielsweise untergeordnet und mit verschoben.

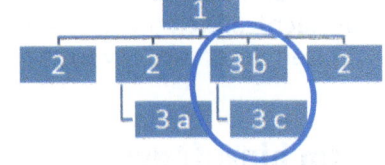

## Anordnung von Unterpunkten ändern

Abhängig vom gewählten Layout können Sie die Formen, die einer markierten Form untergeordnet sind, auf unterschiedliche Weise anordnen. So lassen sich diese Formen bei dem Layout *Organigramm* beispielsweise als baumartige Verzweigung oder als lineare Abfolge im Organigramm darstellen.

▶ Klicken Sie auf die Form, deren untergeordneten Formen ein neues Layout zugewiesen werden soll.

▶ Klicken Sie im Register *ENTWURF* (*SMARTART-TOOLS*) in der Gruppe *Grafik erstellen* auf *Layout* und wählen Sie das gewünschte Layout.

Die betreffenden Formen werden automatisch entsprechend angeordnet.

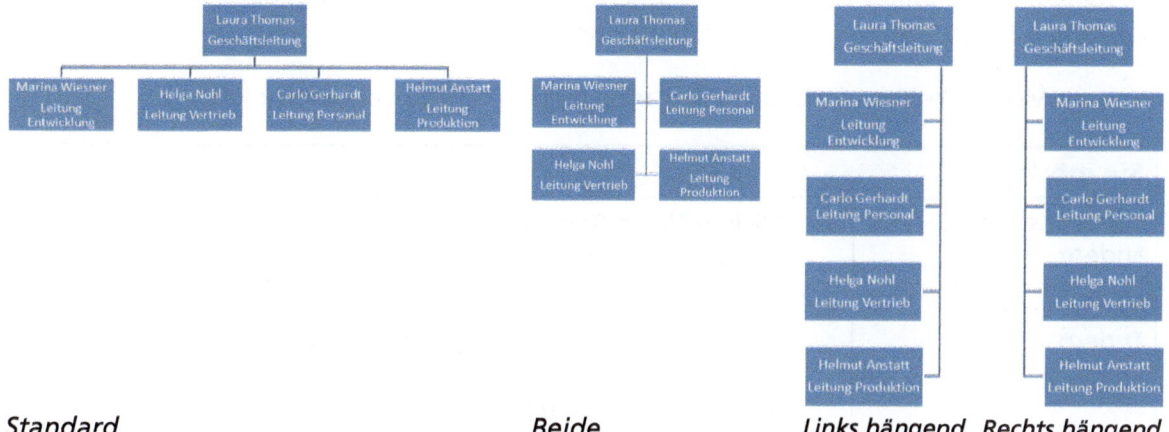

*Standard*                                    *Beide*                    *Links hängend*  *Rechts hängend*

Bei einigen SmartArt-Layouts steht die Schaltfläche *Layout* nicht zur Verfügung.

## 10.6 Elemente von SmartArt-Grafiken formatieren

### Einzelne Elemente bearbeiten

SmartArt-Elemente können in gleicher Weise über die Register *FORMAT* und *ENTWURF* bearbeitet werden wie Zeichenobjekte bzw. Textfelder. Darüber hinaus stehen Ihnen spezielle auf SmartArt-Grafiken abgestimmte Befehle zur Verfügung.

Zusätzliche Zeichenobjekte bzw. Textfelder können Sie in einer SmartArt-Grafik mithilfe des Registers *EINFÜGEN* erzeugen.

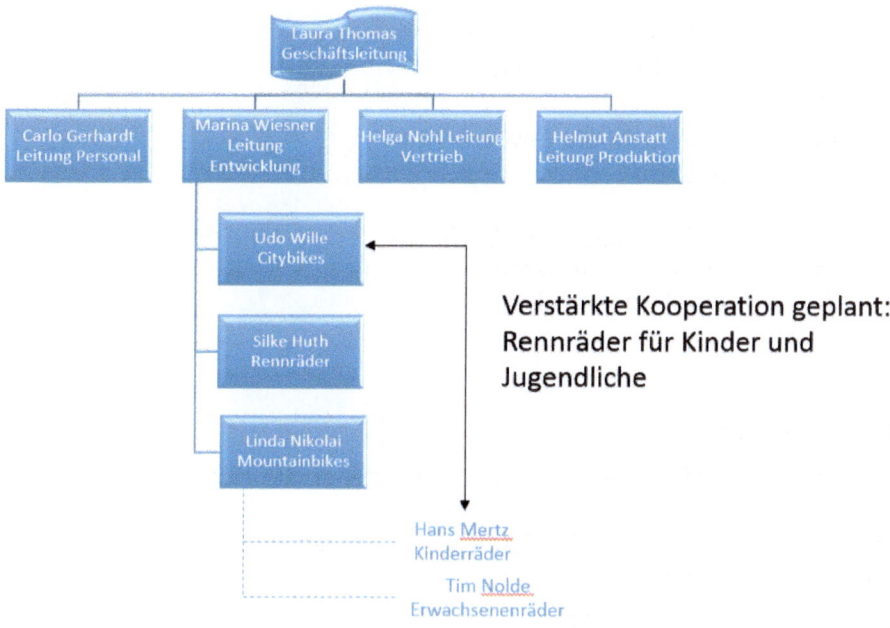

**Die Größe einer einzelnen Form ändern**

Sie haben verschiedene Möglichkeiten, die Größe einer Form zu verändern, z. B. können Sie die Form mit den Ziehpunkten vergrößern oder verkleinern.

Weitere Möglichkeiten, die Größe einer markierten Form zu verändern:

| Sie möchten ... | | |
|---|---|---|
| die Größe schrittweise ändern | ▶ Klicken Sie im Register *FORMAT* in der Gruppe *Formen* auf *Größer* bzw. *Kleiner*. | |
| die Größe exakt ändern | ▶ Tragen Sie im Register *FORMAT* in der Gruppe *Größe* ① die gewünschten Werte ein.<br><br>*oder* Blenden Sie über ② den Aufgabenbereich *Form formatieren* ein und nehmen Sie im Register *Größe und Eigenschaften* die gewünschten Einstellungen vor. | 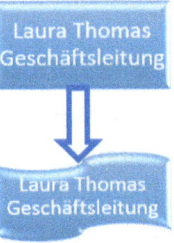 |

**Einer einzelnen SmartArt-Form eine andere Form zuweisen**

Sie können bei vielen SmartArt-Layouts einzelnen Formen eine andere Form zuweisen.

▶ Markieren Sie die Form, deren Aussehen Sie ändern möchten.

▶ Klicken Sie im Register *FORMAT* in der Gruppe *Formen* auf *Form ändern* und wählen Sie im Feld die gewünschte Form aus.

## Formatvorlage zuweisen

PowerPoint bietet Ihnen verschiedene vorgefertigte Formatvorlagen, mit deren Hilfe Sie das Gesamterscheinungsbild Ihrer SmartArt-Grafik schnell ändern können.

▶ Markieren Sie die SmartArt-Grafik und klicken Sie im Register *ENTWURF* (*SMARTART-TOOLS*) in der Gruppe *Smart-Art-Formatvorlagen* auf ▾.

▶ Wählen Sie in der eingeblendeten Liste die gewünschte Formatvorlage durch Mausklick aus.

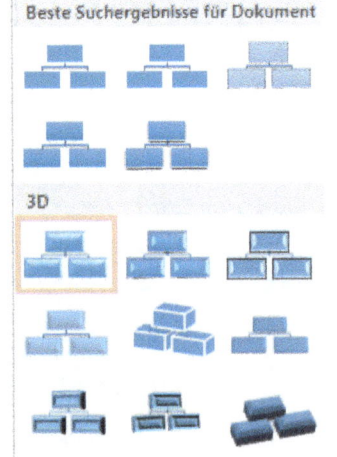

Die gewählte Formatvorlage wird auf die SmartArt-Grafik angewendet. Sie haben selbstverständlich auch jederzeit die Möglichkeit, die SmartArt-Grafik individuell über die Register *FORMAT* bzw. *ENTWURF* anzupassen.

**Andere Farbgestaltung festlegen**

Möchten Sie die Farbgestaltung Ihrer SmartArt-Grafik ändern, gehen Sie folgendermaßen vor:

▶ Klicken Sie im Register *ENTWURF* (*SMARTART-TOOLS*) in der Gruppe *SmartArt-Formatvorlagen* auf *Farben ändern*.

▶ Wählen Sie die gewünschte Farbkombination aus.

## Andere SmartArt-Grafik zuweisen

Sie können Ihrer SmartArt-Grafik auch ein komplett anderes Layout zuweisen:

▶ Markieren Sie die SmartArt-Grafik und klicken Sie im Register *ENTWURF* (*SMARTART-TOOLS*) in der Gruppe *Layouts* auf ⩯.

▶ Wählen Sie im eingeblendeten Fenster die gewünschte SmartArt-Grafik aus und bearbeiten Sie diese gegebenenfalls nach Ihren Vorstellungen.

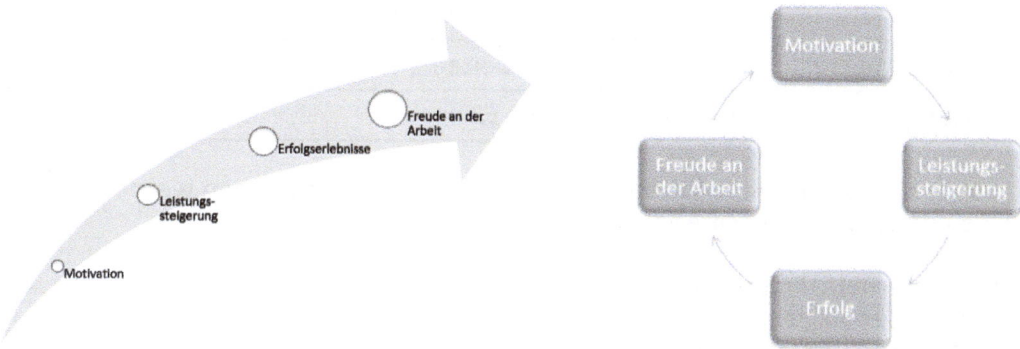

## 10.7  Schnellübersicht

| Sie möchten ... | |
|---|---|
| ein Organigramm erzeugen | (Platzhalter *Inhalt*), SmartArt-Layout *Hierarchie*, SmartArt *Organigramm* oder Register *EINFÜGEN*, Gruppe *Illustrationen*, SmartArt |
| die Bearbeitung des Organigramms beenden | Auf freie Fläche außerhalb des Platzhalters klicken |
| eine Form markieren | Auf den Rand der Form klicken |
| mehrere Formen und Verbindungslinien markieren | ⇧ halten und Formen nacheinander anklicken |
| Formen löschen | Formen markieren, Entf |
| eine Form höher- oder tieferstufen | Form markieren, Register *ENTWURF* (*SMARTART-TOOLS*), *Höher stufen* bzw. *Tiefer stufen* |
| das Layout eines Organigramms ändern | Auf die Form klicken, deren untergeordnete Formen ein neues Layout erhalten sollen, Gruppe *Grafik erstellen*, *Layout* |
| Organigrammelemente bearbeiten | Elemente markieren, Register *FORMAT* |
| eine vorgefertigte Formatvorlage zuweisen | Register *ENTWURF* (*SMARTART-TOOLS*), Gruppe *SmartArt-Formatvorlagen*, ⩯ |
| Text markieren | Form markieren oder in der markierten Form mit gedrückter Maustaste über gewünschte Textteile ziehen |
| eine Form hinzufügen | Auf die Form klicken, auf die sich die neue Form beziehen soll, Register *ENTWURF* (*SMARTART-TOOLS*), Gruppe *Grafik erstellen*, *Form hinzufügen* |
| eine andere SmartArt-Grafik erzeugen | (Platzhalter *Inhalt*) oder Register *EINFÜGEN*, Gruppe *Illustrationen*, SmartArt |

## 10.8 Übungen

### Übung 1: Firmenstruktur mithilfe eines Organigramms illustrieren

| Level | | Zeit | ca. 15 min |
|---|---|---|---|
| **Übungsinhalte** | ✔ Organigramm erstellen <br> ✔ Organigramm bearbeiten | | |
| **Notwendige Kenntnisse** | ✔ Mit Objekten arbeiten | | |
| **Ergebnisdateien** | *Struktur-E1, Struktur-E2* | | |

Bei einer Sitzung sollen strukturelle Veränderungen einer Firma besprochen werden. Hierfür bereiten Sie entsprechendes Material vor.

① Erstellen Sie eine neue Präsentation und weisen Sie der vorhandenen Folie das Folienlayout *Titel und Inhalt* zu.

② Geben Sie den Folientitel *Firmenstruktur Kühn & Co.* ein.

③ Erstellen Sie das abgebildete Organigramm und geben Sie die Namen und Titel ein.

④ Wählen Sie als SmartArt-Formatvorlage *Weiße Kontur* und mithilfe des Symbols *Farben ändern* als Farbe den Stil *Farbig - Akzentfarben*.

⑤ Formatieren Sie die Schrift der obersten Form im Schriftstil *Fett*.

⑥ Speichern Sie die Datei unter dem Namen *Struktur-E1*.

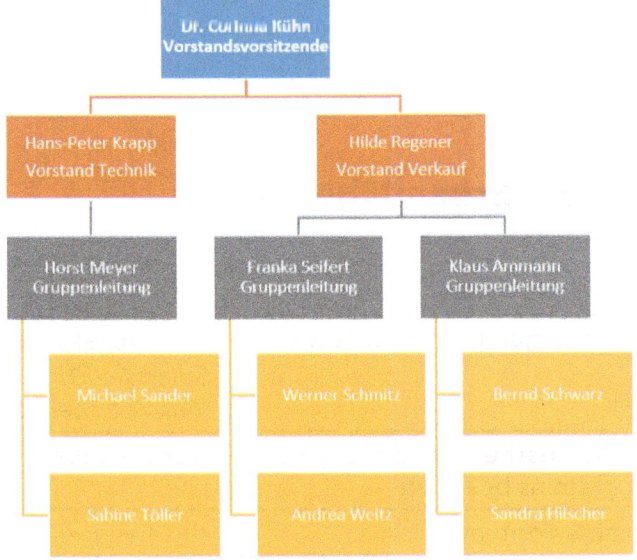

*Firmenstruktur der Ergebnisdatei „Struktur-E1"*

Überarbeiten Sie dieses Ausgangsorganigramm wie in den folgenden Schritten beschrieben:

⑦ Klaus Ammann und Franka Seifert werden befördert und stehen in der Hierarchie nun eine Stufe höher. Ändern Sie dementsprechend die Position und die Formatierung der Formen.

⑧ Hilde Regener und Horst Meyer verlassen das Unternehmen; die Mitarbeiter Sander und Töller werden Hans-Peter Krapp direkt unterstellt.

⑨ Weisen Sie der Grafik das Layout *Horizontale Hierarchie* zu.

⑩ Speichern Sie die Datei unter dem Namen *Struktur-E2*.

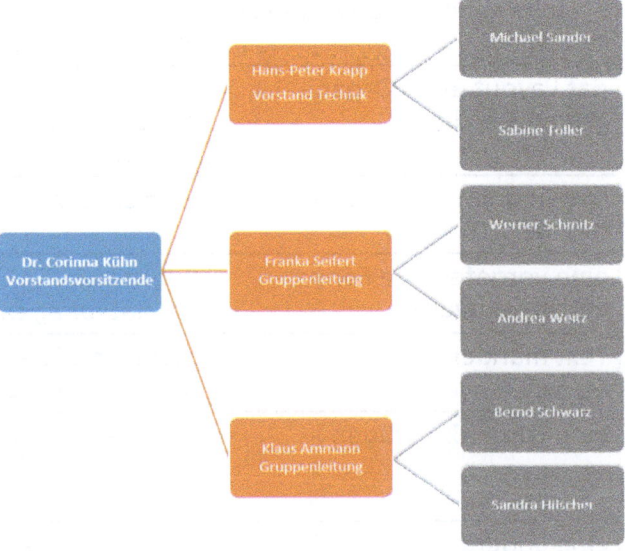

## Übung 2: Schaubild mit eigenen Bildern erstellen

| Level | ⌂ | | Zeit | ca. 5 min |
|---|---|---|---|---|
| **Übungsinhalte** | ✔ SmartArt-Grafik erstellen<br>✔ Bilder in einer SmartArt-Grafik einfügen<br>✔ SmartArt-Grafik bearbeiten | | | |
| **Notwendige Kenntnisse** | ✔ Mit Objekten arbeiten | | | |
| **Übungsdateien** | *pc.bmp, monitor.bmp, maus.bmp, tastatur.bmp* | | | |
| **Ergebnisdatei** | *Hardware-E1* | | | |

Sie möchten in einer Computerschulung kurz erläutern, was das Wort *Hardware* bedeutet. Ihnen stehen vier Bilder zur Verfügung, mit denen Sie eine anschauliche Folie erstellen wollen.

① Erzeugen Sie eine neue Präsentation und weisen Sie der vorhandenen Folie das Folienlayout *Titel und Inhalt* sowie ein Design, z. B. *Netz,* zu.

② Geben Sie den Folientitel *Was ist Hardware?* ein.

③ Fügen Sie eine SmartArt-Grafik aus der Kategorie *Grafik* ein (im Beispiel das Layout *Bild mit Akzent*).

④ Fügen Sie die Bilder *pc.bmp, monitor.bmp, maus.bmp* und *tastatur.bmp* aus dem Übungsordner ein und beschriften Sie die Bilder analog zur unten stehenden Abbildung.

⑤ Weisen Sie der SmartArt-Grafik eine andere SmartArt-Formatvorlage zu und gestalten Sie die Folie nach Ihren Wünschen.

⑥ Speichern Sie die Präsentation unter dem Namen *Hardware-E1*.

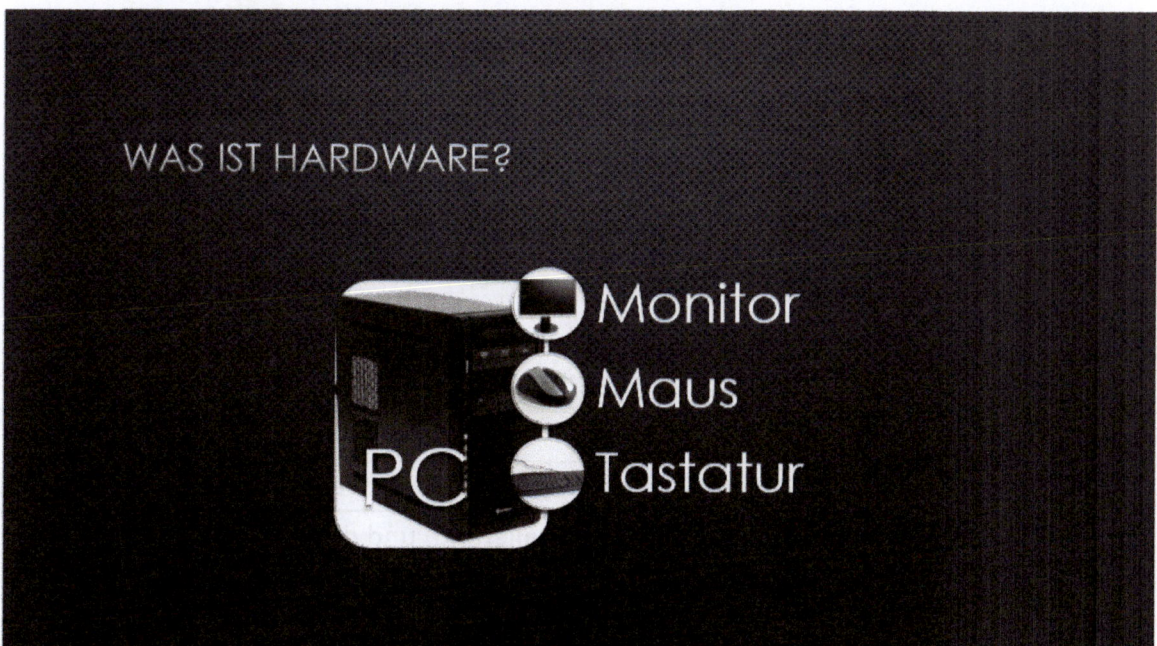

*Beispiel einer SmartArt-Grafik mit eigenen Bildern*

# 11   Diagramme erstellen und gestalten

**In diesem Kapitel erfahren Sie**
- ✔ wie Sie Diagramme erstellen und nutzen
- ✔ wie die Daten eingegeben und bearbeitet werden können
- ✔ wie Sie Diagrammelemente bearbeiten und beschriften

**Voraussetzungen**
- ✔ Mit Objekten arbeiten

## 11.1   Grundlagen zu Diagrammen

### Wozu dienen Diagramme?

Während Sie zur Visualisierung von Textinformationen und Ideen die SmartArts nutzen können, stehen Ihnen zur grafischen Darstellung **numerischer** Werte Diagramme zur Verfügung. Komplizierte Zusammenhänge oder Entwicklungstrends lassen sich dadurch schneller und besser verdeutlichen als mit reinen Zahlenaufstellungen.

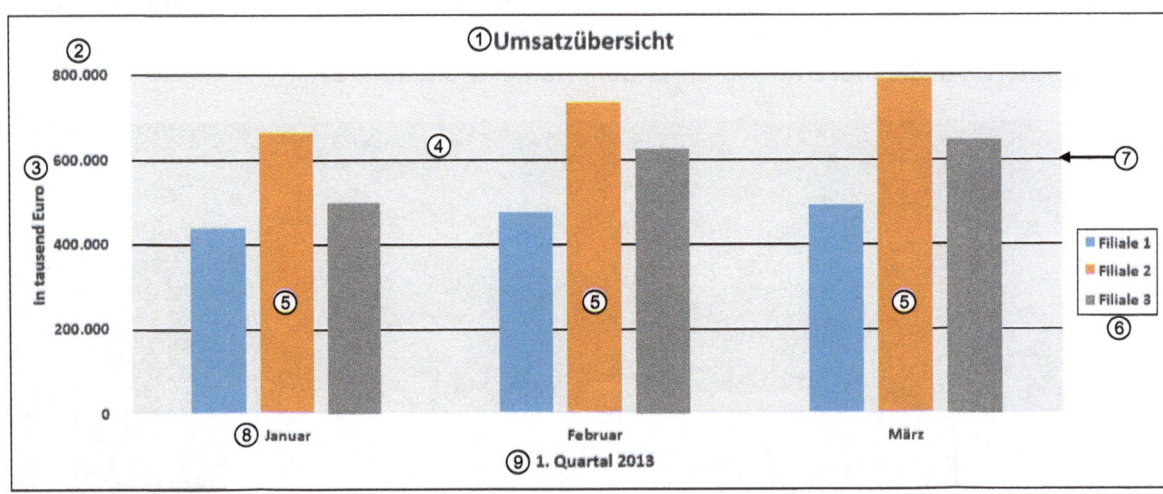

| Diagrammelemente | Erläuterung |
|---|---|
| ① Diagrammtitel | Der Diagrammtitel kann individuell eingegeben werden. |
| ② Beschriftung der y-Achse (Wertachse) | Die Einteilung (Skalierung) und die Beschriftung der y-Achse, der sogenannten Wertachse, werden automatisch aus den jeweiligen Tabellenwerten erstellt. |
| ③ Titel der y-Achse | Für die y-Achse können Sie bei Bedarf zusätzlich einen beschreibenden Titel eingeben. |
| ④ Zeichnungsfläche | In diesem Bereich befindet sich das eigentliche Diagramm. |
| ⑤ Datenreihen | Zusammengehörige Daten werden im Diagramm in einer Datenreihe abgebildet. Alle Elemente einer Datenreihe (Datenpunkte) werden mit der gleichen Farbe dargestellt. |

| Diagrammelemente | Erläuterung |
|---|---|
| ⑥ Legende | In der Legende wird angezeigt, welche Farben welchen Datenreihen zugeordnet sind. |
| ⑦ Gitternetzlinien | Mithilfe von (horizontalen) Gitternetzlinien lässt sich die Größe einzelner Datenreihen leichter ablesen. Daneben können Sie auch vertikale Gitternetzlinien anzeigen, um die Zuordnung der Werte zu den Kategorien zu erleichtern. |
| ⑧ Beschriftung der x-Achse (Kategorieachse) | Die Unterteilung und die Beschriftung der x-Achse, der sogenannten Kategorieachse, werden automatisch aus den Zeilen- oder Spaltenbeschriftungen der Tabelle erzeugt. |
| ⑨ Titel der x-Achse | Wie für die y-Achse können Sie bei Bedarf auch für die x-Achse einen zusätzlichen beschreibenden Titel eingeben. |

## Auswahl wichtiger Diagrammtypen

Sie können in PowerPoint eine Vielzahl verschiedener Diagrammtypen nutzen, um aus Ihren Daten aussagekräftige Diagramme zu erstellen. Im Folgenden erhalten Sie einen Überblick über wichtige Diagrammtypen und deren typische Einsatzgebiete.

### Säulendiagramme

- ✔ Säulendiagramme eignen sich besonders, um einzelne Werte (z. B. verschiedene Umsätze) miteinander zu vergleichen.
- ✔ Daneben lassen sich Schwankungen oder Trendverläufe gut in Säulendiagrammen darstellen.
- ✔ Säulendiagramme stellen die Datenreihen parallel zur y-Achse (Wertachse) dar.

### Balkendiagramme

- ✔ Balkendiagramme dienen dazu, einzelne Werte schnell miteinander zu vergleichen (z. B. die Anzahl von Kundenterminen).
- ✔ In Balkendiagrammen repräsentiert die x-Achse die Wertachse und die y-Achse die Kategorieachse. Die Datenreihen werden folglich parallel zur x-Achse angezeigt.

### Gestapelte Säulen-/Balkendiagramme

- ✔ Die Werte der einzelnen Datenreihen werden gestapelt dargestellt, wobei alle Säulen/Balken gleich hoch/lang sind (100 Prozent) - unabhängig von den jeweiligen „realen" Summen der Einzelwerte.
- ✔ So lässt sich der prozentuale Anteil der Einzelwerte (z. B. der über Fax eingegangenen Bestellungen) am Gesamtergebnis einer Kategorie (z. B. aller Bestellungen im ersten Quartal) darstellen.

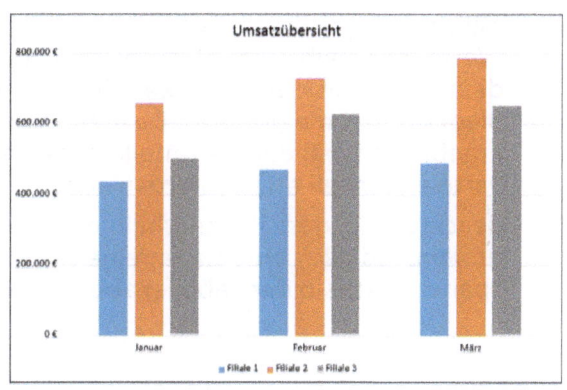

*Gruppierte Säulen*

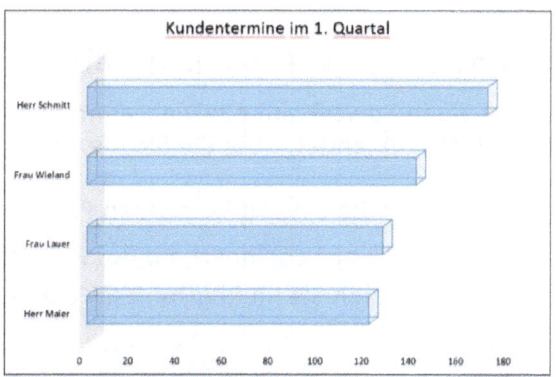

*Gruppierte 3D-Balken*

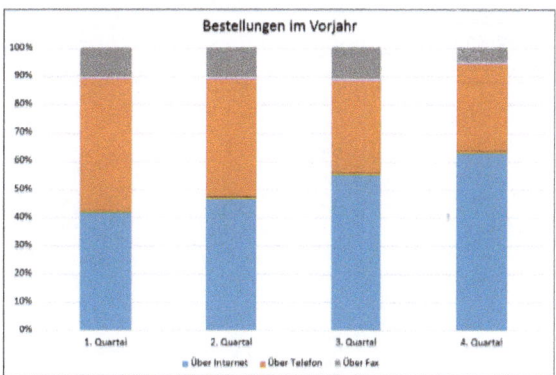

*Gestapelte Säulen (100%)*

### Liniendiagramme

- ✔ Mit Liniendiagrammen können Sie gut Trends über einen bestimmten Zeitraum veranschaulichen.

- ✔ Die Datenreihen werden als Linien angezeigt, auf denen sich die einzelnen Datenpunkte befinden. Abhängig vom gewählten Diagrammuntertyp werden die Datenpunkte im Diagramm angezeigt oder nicht.

- ✔ Mit Liniendiagrammen lassen sich (im Gegensatz zu Säulen-/Balkendiagrammen) auch viele Einzelwerte darstellen.

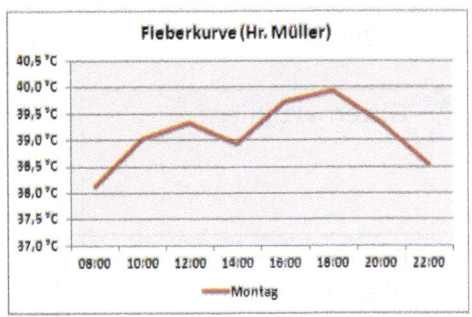

*Linie*

### Kreisdiagramme

- ✔ Mit Kreisdiagrammen lässt sich die Verteilung der Werte innerhalb einer bestimmten Kategorie verdeutlichen. Ein klassisches Beispiel für ein Kreisdiagramm ist die grafische Darstellung von Wahlergebnissen, bei der die Anteile der einzelnen Parteien schnell erfasst werden können.

- ✔ Beachten Sie, dass Sie innerhalb eines Kreisdiagramms lediglich **eine** Datenreihe (eine Zeile bzw. Spalte innerhalb der Tabelle) abbilden können.

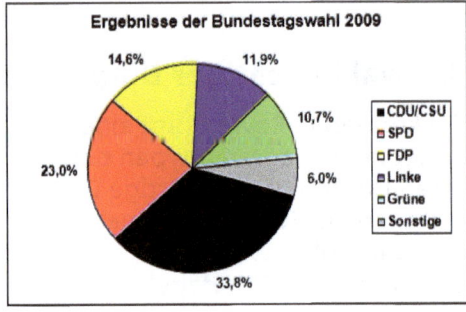

*Kreis*

## 11.2   Diagramme in PowerPoint erstellen

### Eigene Daten auf Folien visualisieren

Wenn Sie in PowerPoint ein Diagramm erstellen, wird automatisch die zugehörige Datentabelle eingeblendet, über die Sie die Daten für das Diagramm eingeben können.

- ▶ Erzeugen Sie eine Folie, die den Platzhalter *Inhalt* enthält.

- ▶ Klicken Sie auf 📊 innerhalb des Platzhalters.
  oder  Klicken Sie im Register *EINFÜGEN*, Gruppe *Illustrationen,* auf *Diagramm*.

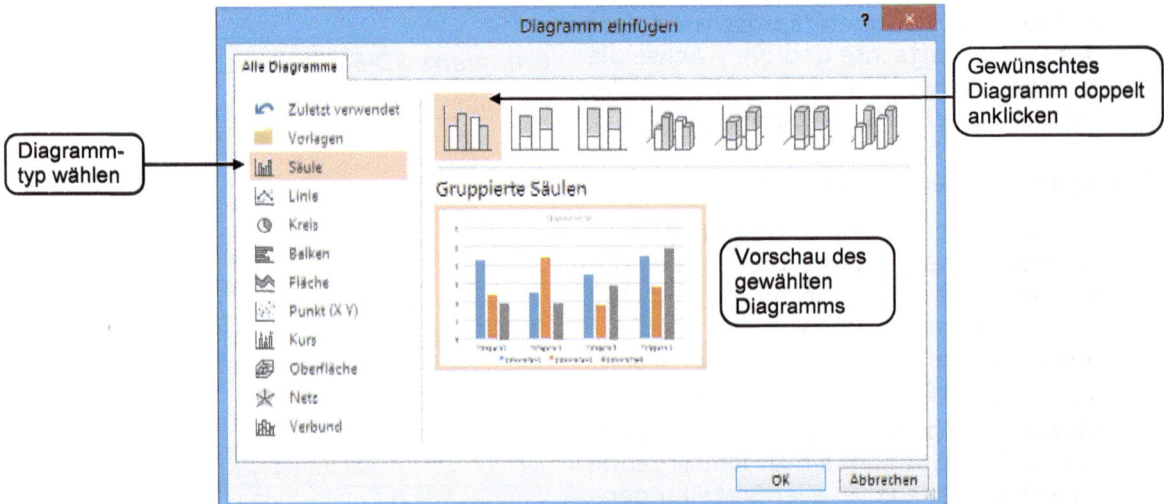

✔ Auf der Folie wird ein Diagramm eingefügt.

✔ Die zugehörige Datentabelle enthält Beispieldaten, die mit dem Diagramm verknüpft sind. Änderungen in der Tabelle werden im Diagramm sofort wirksam.

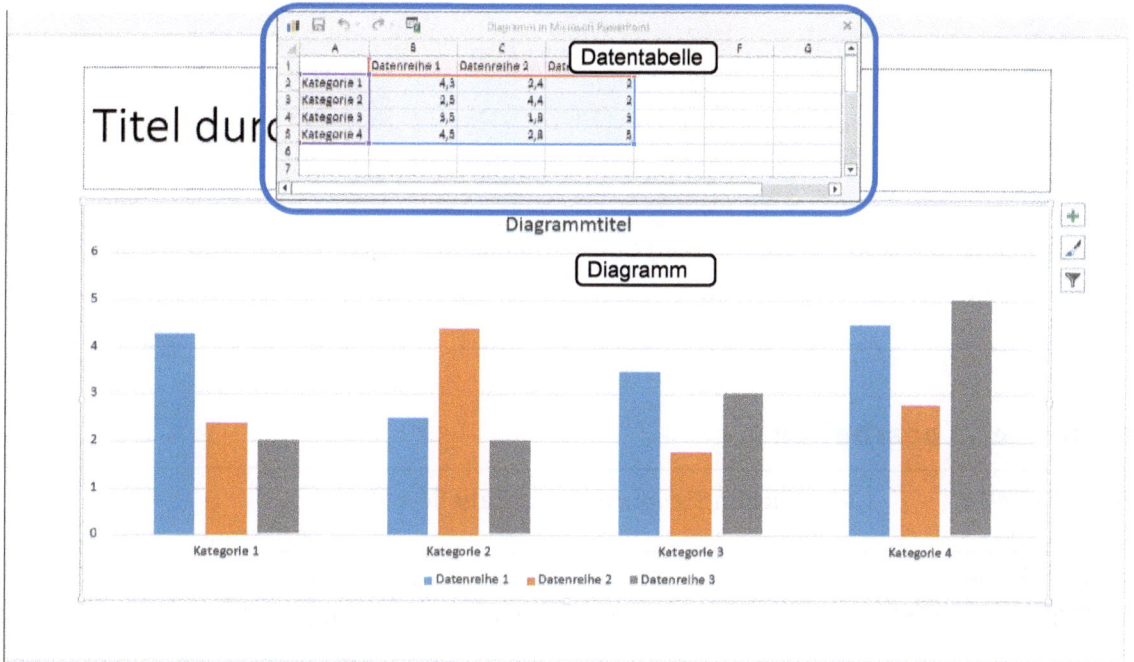

## Eigene Daten und Diagramm-Beschriftungen eingeben

Die Vorgabedaten in der Datentabelle können Sie durch Überschreiben direkt verändern.

▶ Klicken Sie auf die gewünschte Zelle.

   *oder* Wechseln Sie mithilfe von ⬅, ➡, ⬆ und ⬇ zu der Zelle, in die Sie eigene Daten eingeben möchten.

▶ Tragen Sie die Daten in die entsprechenden Zellen ein.

✔ Ein blauer Rahmen ① kennzeichnet den Diagrammdatenbereich. Daten außerhalb dieses Rahmens werden **nicht** in das Diagramm übernommen.

✔ Die Einträge aus der ersten Spalte (lilafarbener Rahmen ②) werden auf der horizontalen Achse (**x-Achse**) des Diagramms angezeigt, die Werte der **y-Achse** werden automatisch skaliert.

✔ Die Einträge aus der ersten Zeile der Tabelle (roter Rahmen ③) erscheinen als **Datenreihennamen** in der Legende. Die **Legende** wird automatisch erstellt.

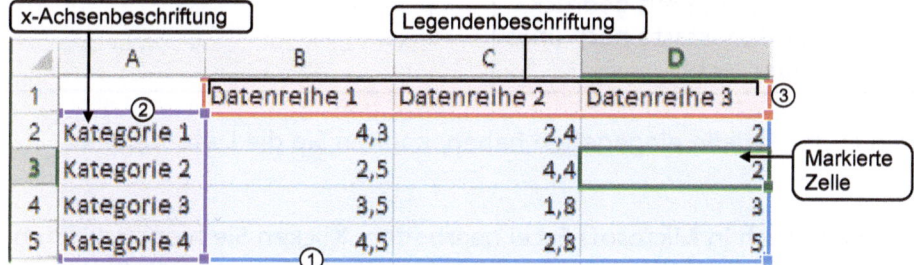

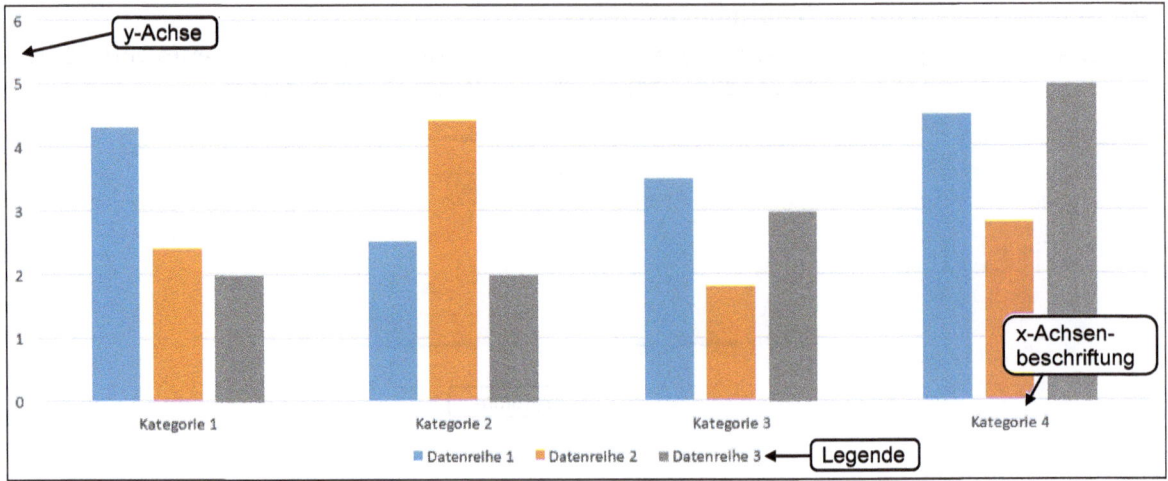

## Datentabelle bearbeiten

| Datentabelle schließen | ▶ Klicken Sie in der Datentabelle auf ✕ . |
|---|---|
| **Datentabelle wieder einblenden** | ▶ Markieren Sie das Diagramm und klicken Sie im Register *ENT-WURF (DIAGRAMMTOOLS)* in der Gruppe *Daten* auf *Daten be-arbeiten*. |
| **Ganze Zeile/Spalte löschen** | ▶ Klicken Sie auf den entsprechenden Zeilen- ① bzw. Spaltenkopf ②, um die ganze Zeile bzw. Spalte zu markieren.<br><br>▶ Betätigen Sie Strg -. |
| **Ganze Zeile/Spalte einfügen** | ▶ Klicken Sie auf den Zeilen- bzw. Spaltenkopf, vor dem die neue Spalte bzw. Zeile eingefügt werden soll.<br><br>▶ Betätigen Sie Strg +. |
| **Die Breite einer Spalte verändern** | ▶ Zeigen Sie mit der Maus zwischen die Spaltenköpfe.<br><br>▶ Ziehen Sie die Spaltentrennlinie mit gedrückter Maustaste nach links oder rechts. |

Nachdem Sie die Daten in der Tabelle eingegeben haben, können Sie die Datentabelle schließen.

Sie können die Datentabelle auch in Microsoft Excel bearbeiten. Klicken Sie hierfür auf den Pfeil von *Daten bearbeiten* (Register *ENTWURF [DIAGRAMMTOOLS]*, Gruppe *Daten*) und wählen Sie *Daten in Excel 2013 bearbeiten*.

## Diagramm markieren und erneut bearbeiten

▶ Klicken Sie auf eine freie Stelle des Diagramms, um dieses zu markieren.

Abhängig davon, wo Sie in das Diagramm klicken, werden unterschiedliche Elemente markiert.

Der Diagramm-Rahmen wird eingeblendet und Sie können das Diagramm-Objekt bearbeiten. Mithilfe des Rahmens können Sie das Objekt z. B. wie gewohnt auf der Folie positionieren oder löschen oder über die Ziehpunkte verkleinern bzw. vergrößern.

In den folgenden Abschnitten werden viele Möglichkeiten beschrieben, Diagramme zu bearbeiten. Neben diesen Vorgehensweisen gibt es auch immer die Möglichkeit, mit der rechten Maustaste auf das betreffende Element zu klicken und das Kontextmenü bzw. die Minisymbolleiste aufzurufen. Häufig finden sich darin schon die gewünschten Befehle.

## 11.3   Mit den Daten arbeiten

### Tabellenbereiche markieren in der Datentabelle

Vor dem Bearbeiten der Tabelle ist es oft nötig, die betreffenden Bereiche zu markieren.

| Welchen Bereich möchten Sie markieren? | |
|---|---|
| Eine Zelle | ▶ Klicken Sie die gewünschte Zelle an. |
| Mehrere Zellen | ▶ Klicken Sie die erste Zelle des zu markierenden Bereichs an und ziehen Sie bei gedrückter linker Maustaste über den Zellbereich. |
| Eine Zeile | ▶ Klicken Sie auf den Zeilenkopf. |
| Eine Spalte | ▶ Klicken Sie auf den Spaltenkopf. |
| Ganze Datentabelle | ▶ Klicken Sie in der Datentabelle auf ◢. |

Die Markierung können Sie entfernen, indem Sie eine beliebige Zelle anklicken oder eine der Pfeiltasten betätigen.

### Inhalte kopieren, verschieben und hinzufügen

Mithilfe der Zwischenablage oder der Drag-&-Drop-Funktion können markierte Zellen in der Tabelle verschoben (oder bei gedrückter [Strg]-Taste kopiert) werden. Um die Drag-&-Drop-Funktion verwenden zu können, zeigen Sie auf den Randbereich der markierten Zellen. Sobald der Mauszeiger seine Form (🖑) ändert, können Sie wie gewohnt fortfahren.

### Daten aus der Zwischenablage einfügen

Möchten Sie eine Tabelle aus einer anderen Quelle über die Zwischenablage in Ihre Datentabelle einfügen, gehen Sie folgendermaßen vor:

▶ Klicken Sie in die Zelle A1 der Zieltabelle und fügen Sie die Inhalte aus der Zwischenablage z. B. mithilfe von [Strg] [V] ein.

▶ Löschen Sie gegebenenfalls überflüssige Inhalte der Tabelle.

Falls beim Einfügen der Inhalte Daten außerhalb des Diagrammdatenbereichs liegen, müssen Sie diesen wie nachfolgend beschrieben neu zuweisen.

## ⭐ Diagrammdatenbereich neu definieren

Haben Sie weitere Inhalte in die Tabelle eingefügt, ist es in der Regel notwendig, den Bereich, auf den sich das Diagramm bezieht, in der Tabelle neu zu definieren, da sonst nicht alle Inhalte in das Diagramm übertragen werden.

Am schnellsten können Sie den Diagrammdatenbereich über den Rahmen in der Datentabelle ändern.

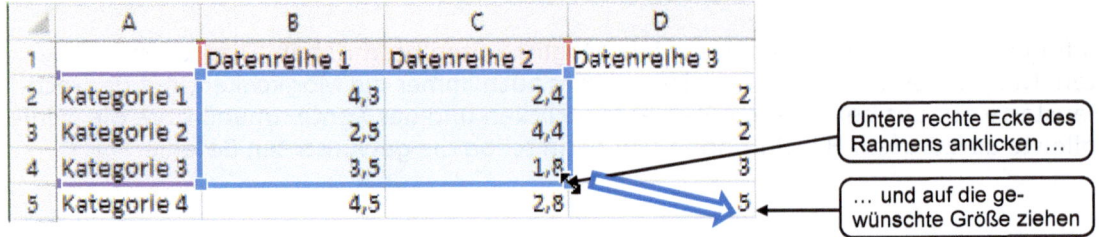

Wird der Rahmen nicht angezeigt, können Sie den Datenbereich für Ihr Diagramm folgendermaßen festlegen:

▶ Markieren Sie das Diagramm und klicken Sie im Register *ENTWURF (DIA-GRAMMTOOLS)* in der Gruppe *Daten* auf *Daten auswählen* ①.
Das Dialogfenster *Datenquelle auswählen* wird eingeblendet.

▶ Ziehen Sie den eingeblendeten Laufrahmen ② mit der Maus auf die gewünschte Größe. Im Dialogfenster wird der aktuelle Diagrammdatenbereich angezeigt ③.

▶ Bestätigen Sie mit *OK*.

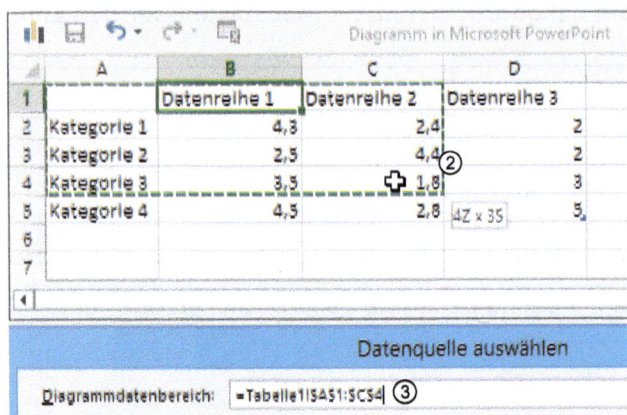

## Zahlen formatieren

Mit Ausnahme des Eurosymbols (€) dürfen Sie in die Tabelle keine Einheiten (z. B. *$* oder *kg*) zusammen mit den zugehörigen Zahlen innerhalb der gleichen Zellen eintragen. Sie haben jedoch die Möglichkeit, die eingegebenen Daten durch Zuweisung eines Formates näher zu kennzeichnen und dadurch zu verdeutlichen, dass es sich z. B. um Werte in einer bestimmten Währung, prozentuale Anteile, Datumsangaben usw. handelt.

▶ Markieren Sie in der Tabelle den
  Zellbereich, dem Sie ein Zahlen-
  format zuweisen möchten, und
  rufen Sie den Kontextmenüpunkt
  *Zellen formatieren* auf.

▶ Wählen Sie im Register *Zahlen*
  die Art des gewünschten Zahlen-
  formats ① aus.

▶ Nehmen Sie in den übrigen Feldern eventuell weitere Einstellungen vor.

✔ Über das Register *Schrift* ② können Schriftart, -größe, -stil und
  -farbe verändert werden.

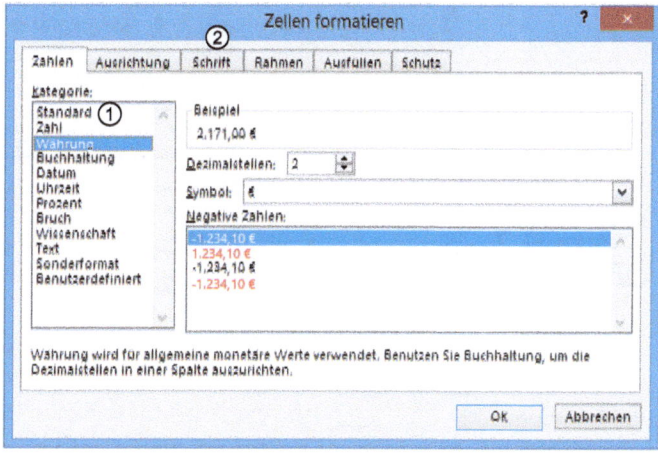

## 11.4 Diagrammtyp bzw. -layout ändern

### Diagrammtyp ändern

Sie können jederzeit den Diagrammtyp eines vorhandenen Diagramms ändern, z. B. um ein
Säulendiagramm in ein Balkendiagramm umzuwandeln.

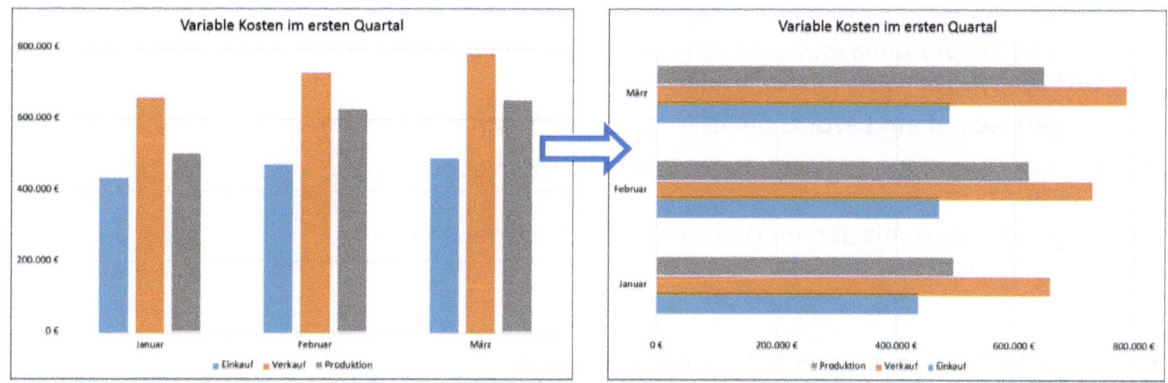

▶ Markieren Sie das Diagramm und klicken Sie im Register *ENTWURF (DIAGRAMMTOOLS)*
  in der Gruppe *Typ* auf *Diagrammtyp ändern*.
  PowerPoint öffnet das abgebildete Dialogfenster.

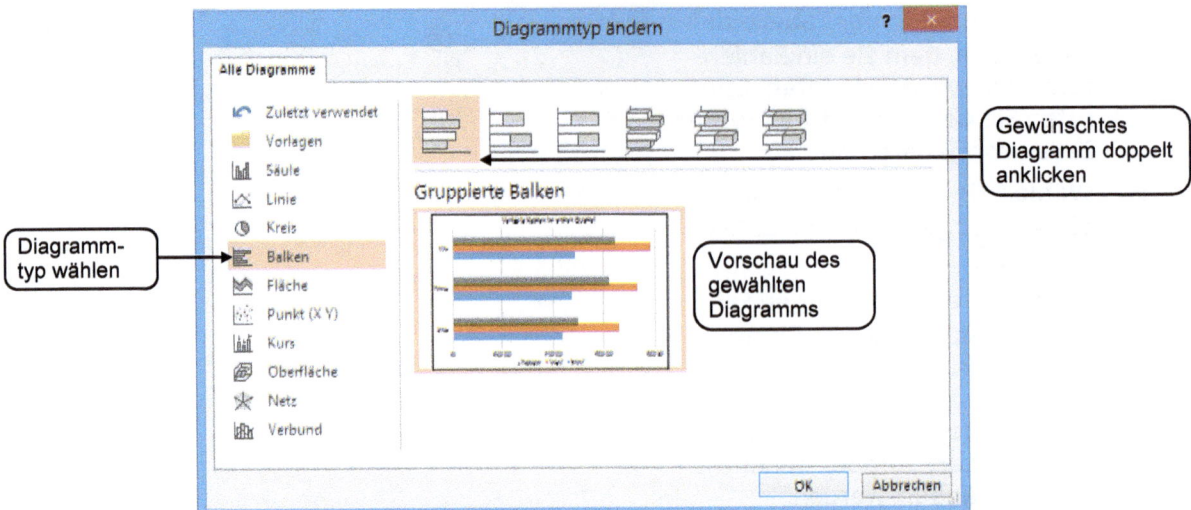

## ⭐ Diagrammlayout zuweisen

Wie bei den SmartArt-Grafiken stellt PowerPoint Ihnen eine große Auswahl an Gestaltungsvorlagen (Diagrammlayouts) zur Verfügung. Im jeweiligen Diagrammlayout ist festgelegt,
ob und wo bestimmte Diagrammelemente (beispielsweise die Legende oder der Diagrammtitel) angezeigt werden.

▶   Markieren Sie das Diagramm.

▶   Klicken Sie im Register *Entwurf (DIAGRAMMTOOLS)* in der
     Gruppe *Diagrammlayouts* auf *Schnelllayout*, um die Liste der
     verfügbaren Layouts einzublenden.

▶   Zeigen Sie auf ein Layout, um es in der Live-Vorschau zu sehen.

▶   Klicken Sie auf ein Layout, um es dem Diagramm zuzuweisen.

Das Diagramm wird mit den im Diagrammlayout vorgegebenen
Elementen versehen.

### Individuelle Diagramm- und Achsentitel eingeben

Nachdem Sie das Diagrammlayout gewählt haben,
werden je nach gewähltem Layout Platzhalter für
den Achsen- und Diagrammtitel eingeblendet. Den
jeweils vorgegebenen Standardtext können Sie wie
gewohnt durch einen individuellen Text ersetzen.

## 11.5   Diagrammelemente markieren und bearbeiten

### Elementgruppen und einzelne Diagrammelemente markieren

Da Diagramme zu den Objekten gehören, können Sie deren Elemente wie gewohnt individuell gestalten, indem Sie etwa einzelne Teile besonders formatieren (z. B. eine andere Füllfarbe zuweisen), verschieben oder entfernen. Hierzu ist es erforderlich, die entsprechenden
Elemente zuvor zu markieren.

Die Vorgehensweise beim Markieren von Diagrammelementen unterscheidet sich, je nachdem ob Sie eine **Elementgruppe** ① (z. B. die Legende oder eine Datenreihe) oder ein **einzelnes Element** ② (z. B. eine einzelne Legendenbeschriftung oder einen Datenpunkt) markieren möchten.

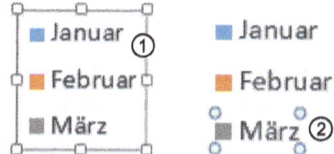

▶ Klicken Sie eine freie Stelle des Diagramms an, um den Bearbeitungsmodus zu aktivieren.

| Sie möchten ... | |
|---|---|
| eine Elementgruppe markieren | ▶ Klicken Sie die Elementgruppe mit der Maus an. |
| ein einzelnes Element innerhalb einer Elementgruppe markieren | ▶ Markieren Sie zunächst die betreffende Elementgruppe.<br>▶ Klicken Sie auf das gewünschte Element. |
| den Aufgabenbereich eines Elements anzeigen lassen | ▶ Klicken Sie doppelt auf das gewünschte Element. |

✔ Bestimmte Diagrammelemente lassen sich über das Feld ① im Register *FORMAT*, Gruppe *Aktuelle Auswahl*, markieren.

✔ Möchten Sie das **komplette Diagramm** markieren, wählen Sie in der geöffneten Liste *Diagrammbereich*.

✔ Um eine Markierung wieder aufzuheben, betätigen Sie Esc.

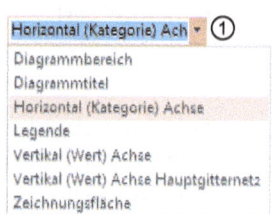

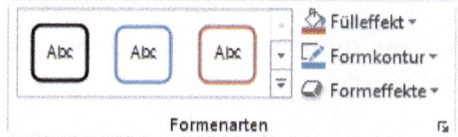

## Das Aussehen von Diagrammelementen individuell anpassen

Um das Erscheinungsbild von Diagrammelementen Ihren speziellen Wünschen anzupassen, bietet Ihnen PowerPoint im Register *FORMAT* in der Gruppe *Formenarten* vielfältige Möglichkeiten.

Haben Sie das betreffende Objekt markiert, können Sie, wie in Abschnitt 7.4 beschrieben, Diagrammelemente ...

① mithilfe eines vorgefertigten **Grafikformats** formatieren,
② mit einem bestimmten **Fülleffekt** versehen (z. B. mit einer bestimmten Farbe),
③ mit einem Rahmen versehen (die **Formkontur** ändern),
④ mithilfe eines **Formeffektes** (z. B. mit einem Schatteneffekt) gestalten.

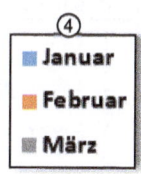

**Diagrammelemente über den Aufgabenbereich formatieren**

Viele Formatierungen können Sie einem markierten Diagrammelement auch über den Aufgabenbereich zuweisen.

▶ Um den Aufgabenbereich zu öffnen, klicken Sie doppelt auf das Element, das Sie bearbeiten möchten, z. B. die Datenbeschriftung.

*oder*

▶ Markieren Sie das Element und klicken Sie im Register *FORMAT* in der Gruppe *Aktuelle Auswahl* auf *Auswahl formatieren*.

▶ Wählen Sie mit den Schaltflächen die Kategorie, in der Sie Änderungen vornehmen möchten:

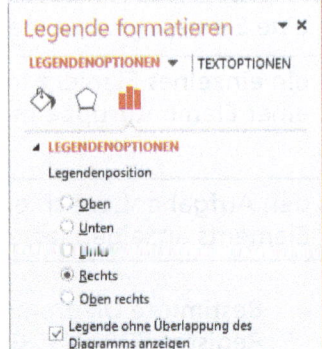

     ✔ : Füllung und Linien

     ✔ ⬠: Effekte

     ✔ : *Name*optionen

▶ Legen Sie im Aufgabenbereich die gewünschten Eigenschaften fest.

---

🛈   ✔ Der Aufgabenbereich bietet unterschiedliche Formatierungsmöglichkeiten - abhängig vom zuvor markierten Diagrammelement.

     ✔ Alle Einstellungen, die Sie im Aufgabenbereich vornehmen, werden direkt auf das entsprechende Element angewendet.

🔧   Sie können nacheinander mehrere Diagrammelemente schnell formatieren, ohne dass Sie den Aufgabenbereich zwischenzeitlich schließen müssen. Nehmen Sie hierzu - nach Anklicken des jeweiligen Diagrammelements - die Einstellungen im Aufgabenbereich vor.

## 11.6    Diagramme beschriften

### Beschriftungselemente in Diagrammen nutzen

Damit der Betrachter schnell erfassen kann, was im Diagramm dargestellt wird, sollten Sie die wichtigsten Diagrammbestandteile aussagekräftig beschriften.

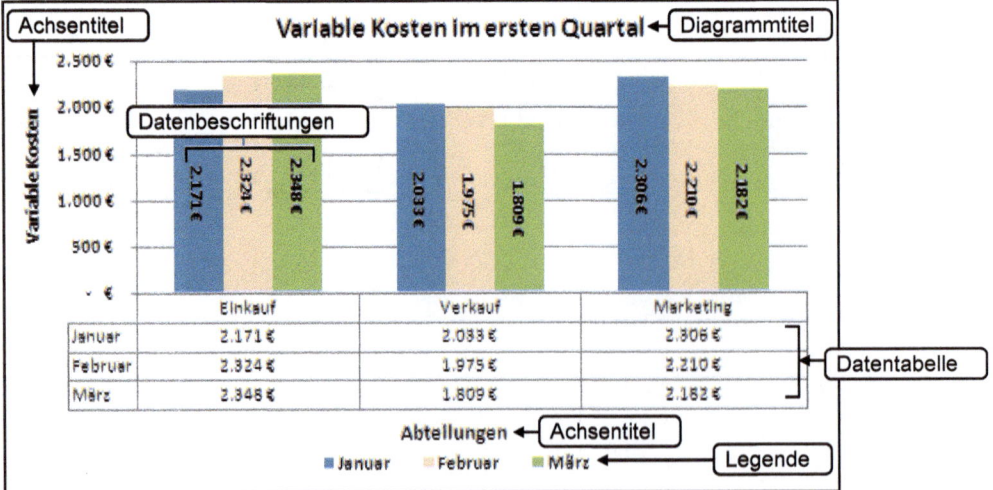

## Anzeige der Achsentitel festlegen

▶ Klicken Sie auf eine beliebige Stelle im Diagramm.

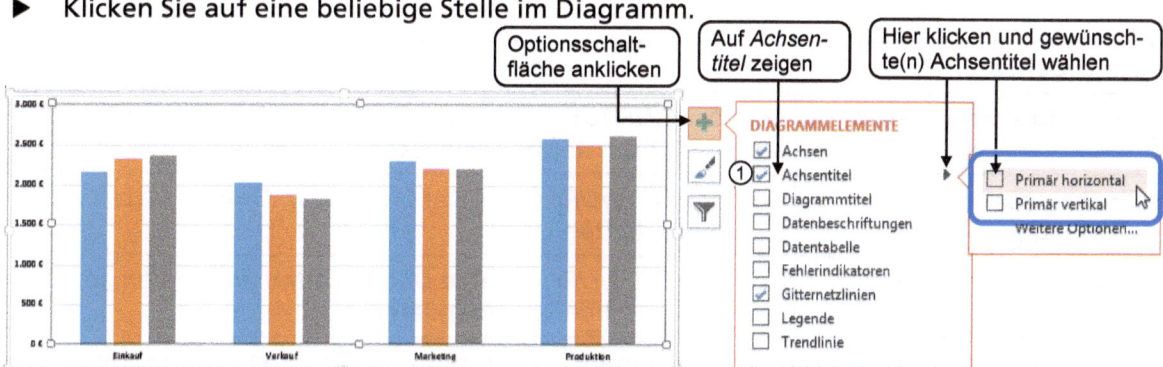

✔ Möchten Sie in einem Arbeitsschritt einen Achsentitel für die x-Achse **und** die y-Achse einblenden, aktivieren Sie das Kontrollfeld ①.

✔ Möchten Sie Achsen- und Legendenbeschriftungen inhaltlich ändern, blenden Sie mit *Daten bearbeiten* (DIAGRAMMTOOLS, Register *ENTWURF*, Gruppe *Daten*) die Datentabelle ein und nehmen Sie darin in den entsprechenden Zeilen- bzw. Spaltenüberschriften die Änderungen vor.

## Datenbeschriftungen hinzufügen und anpassen

▶ Klicken Sie auf eine beliebige Stelle im Diagramm.

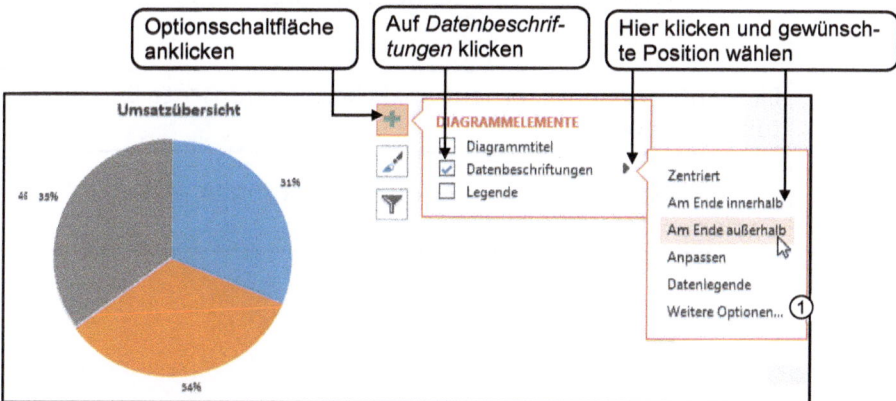

Die Werte für die Datenbeschriftungen können Sie folgendermaßen anpassen:

▶ Klicken Sie, wie beim Hinzufügen der Datenbeschriftungen, auf eine beliebige Stelle im Diagramm.

▶ Klicken Sie im Menü der Optionsschaltfläche auf *Weitere Optionen* ①.

▶ Wählen Sie die Kategorie *Beschriftungsoptionen* ②.

▶ Klicken Sie auf die gewünschte Auswahl, z. B. *Wert* ③ oder *Prozentsatz* ④.

Um bestimmte **Diagrammelemente** im Diagramm **auszublenden**, klicken Sie auf 🞤 und deaktivieren Sie in der eingeblendeten Liste die entsprechenden Kontrollfelder.

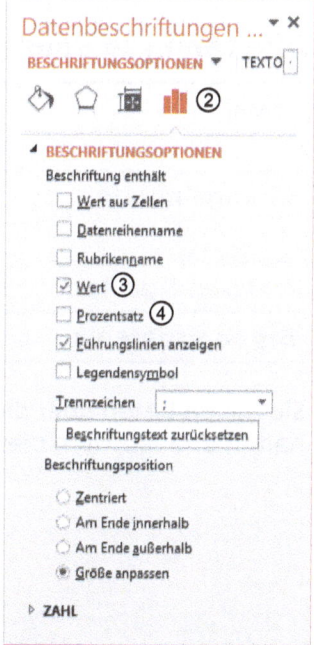

## 11.7    Schnellübersicht

| Sie möchten ... | |
|---|---|
| ein Diagramm erstellen | Register *EINFÜGEN*, Gruppe *Diagramme*, Diagrammtyp wählen, Diagramm doppelt anklicken |
| die Datentabelle einblenden | Register *ENTWURF (DIAGRAMMTOOLS)*, Gruppe *Daten*, *Daten bearbeiten* |
| den dargestellten Datenbereich ändern | Register *ENTWURF*, Gruppe *Daten*, *Daten auswählen*, gewünschten Zellbereich markieren |
| Zahlen formatieren | Zellbereich markieren, Kontextmenüpunkt *Zellen formatieren*, Register *Zahlen* |
| den Diagrammtyp ändern | Register *ENTWURF*, Gruppe *Typ*, *Diagrammtyp ändern* |
| ein Diagrammlayout zuweisen | Register *ENTWURF*, Gruppe *Diagrammlayouts*, *Schnelllayout* |
| eine Diagrammelementgruppe markieren | Elementgruppe mit der Maus anklicken oder ⬆ bzw. ⬇ |
| ein einzelnes Diagrammelement markieren | Elementgruppe markieren, Element anklicken oder ➡ bzw. ⬅ |
| die Anzeige des Diagrammtitels bzw. der Achsentitel festlegen | Optionsschaltfläche ✚ , Element ein- bzw. ausblenden |
| Diagrammbeschriftung bearbeiten | Element markieren, erneut anklicken, gewünschte Beschriftung eingeben |
| die Werte der Datenbeschriftungen ändern | Optionsschaltfläche ✚ , *Datenbeschriftungen*, *Weitere Optionen*, 📊 |

## 11.8    Übung

### Diagramm zu Handelspartnern erstellen und gestalten

| Level | | Zeit | ca. 15 min |
|---|---|---|---|
| **Übungsinhalte** | ✔ Diagramme erstellen <br> ✔ Diagramme bearbeiten | | |
| **Notwendige Kenntnisse** | ✔ Mit Objekten arbeiten | | |
| **Ergebnisdateien** | *Handel-E1, Handel-E2* | | |

Sie haben Daten über die wichtigsten europäischen Handelspartner von Deutschland erhalten und möchten diese für eine Präsentation mit einem Diagramm optisch aufbereiten.

① Erzeugen Sie eine neue Präsentation und ändern Sie das Folienlayout in *Titel und Inhalt*.

② Erstellen Sie ein Diagramm und wählen Sie als Diagrammtyp *3D-Säulen (gruppiert)* ①.

③ Löschen Sie in der Datentabelle des Vorgabediagramms die beiden letzten gefüllten Zeilen.

④ Erweitern Sie den Datenbereich bis zur Zelle H3 ② und überschreiben Sie die Datentabelle mit folgenden Werten:

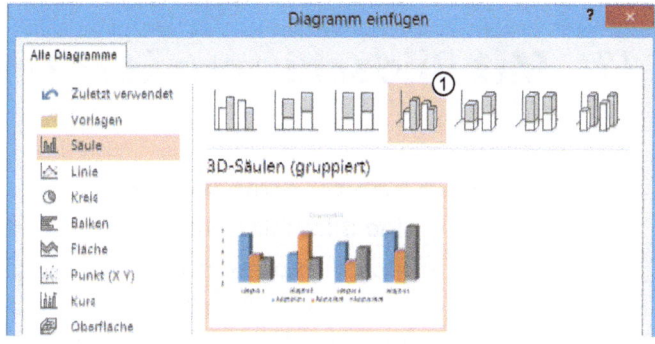

| ⏴ | A | B | C | D | E | F | G | H |
|---|---|---|---|---|---|---|---|---|
| 1 | | Frankreich | Niederlande | Italien | Großbritannien | Schweiz | Österreich | Schweden |
| 2 | Einfuhr | 28 | 25 | 20 | 19 | 8 | 7 | 5 |
| 3 | Ausfuhr | 37 | 18 | 24 | 26 | 17 | 18 | ② 2 |

⑤ Löschen Sie den Titelplatzhalter und vergrößern Sie das Diagramm.

⑥ Speichern Sie die Präsentation unter dem Namen *Handel-E1*.

⑦ Erfassen Sie als Diagrammtitel den Text *Wichtige europäische Handelspartner der Bundesrepublik Deutschland* in der Designschriftart *Century Gothic*. Der Titel soll das Diagramm nicht überlagern, sondern oberhalb des Diagramms angezeigt werden.

⑧ Wählen Sie für die Achsenbeschriftung der vertikalen Primärachse die vertikale Ausrichtung *Mitte zentriert*, geben Sie den Text *In Milliarden EURO* ein und wählen Sie die Schriftgröße 15 pt.

⑨ Platzieren Sie die Legende unterhalb des Diagramms und wählen Sie für die Legende die Schriftgröße 15 pt.

⑩ Verändern Sie bei Bedarf die Größe der Legende, sodass alle Staaten in einer Reihe angezeigt werden.

⑪ Wählen Sie für die Datenreihe *Schweiz* die Designfarbe *Blaugrau*.

⑫ Lassen Sie im Diagramm die Werte der Datenreihen *Frankreich* und *Schweden* anzeigen.

⑬ Speichern Sie die Datei unter dem Namen *Handel-E2*.

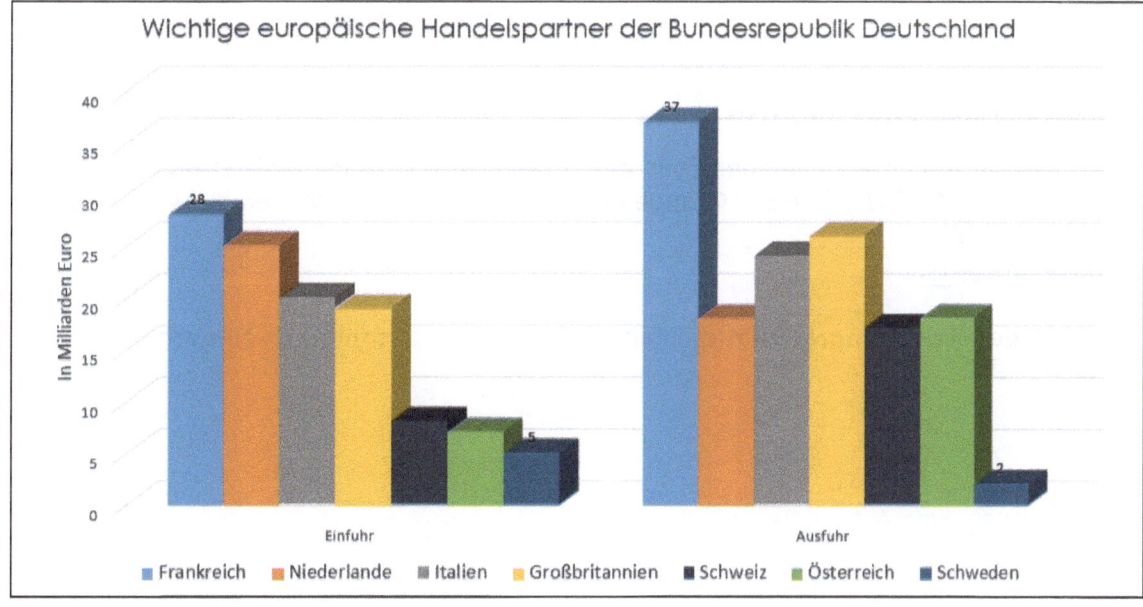

*Ergebnisdatei „Handel-E2"*

# 12   Mit Bildschirmpräsentationen arbeiten

### In diesem Kapitel erfahren Sie

- ✔ wie Sie eine Bildschirmpräsentation starten und steuern
- ✔ wie Sie Bildschirmpräsentationen mit Folienübergängen und Animationseffekten aufwerten
- ✔ wie Sie für Animationen Effektoptionen auswählen
- ✔ auf welche Weise Sie eine automatische Bildschirmpräsentation erstellen

### Voraussetzungen

- ✔ Präsentationen erstellen
- ✔ Mit Objekten arbeiten

## 12.1   Bildschirmpräsentationen abspielen

### Bildschirmpräsentation starten

Sie können eine Präsentation sowohl während der Erstellung als auch nach der Fertigstellung jederzeit als Bildschirmpräsentation ablaufen lassen:

▶ Klicken Sie im Register *BILDSCHIRMPRÄSENTATION* in der Gruppe *Bildschirmpräsentation starten* auf *Ab aktueller Folie* ①.

Alternative: ▮ (Ansichtssteuerung) in der Statusleiste oder ⇧ F5

Die Bedienungselemente des Programms werden ausgeblendet und die aktuelle Folie wird bildschirmfüllend angezeigt.

Je nach gewähltem Design können bestimmte Effekte bereits voreingestellt sein. Der hier beschriebene Ablauf bezieht sich auf eine Präsentation, die auf der Basis des Designs *Larissa* erstellt wurde.

### Komplette Präsentation ablaufen lassen

▶ Klicken Sie von einer beliebigen Folie Ihrer Präsentation aus im Register *BILDSCHIRMPRÄSENTATION* in der Gruppe *Bildschirmpräsentation starten* auf *Von Beginn an* ②.

Alternative: F5

Am Ende jeder Bildschirmpräsentation blendet PowerPoint automatisch eine schwarze Schlussfolie ein.

### Die Referentenansicht

Sind an dem Computer, an dem die Präsentation gestartet wird, zwei Bildschirme ange-
schlossen, wird auf dem ersten automatisch die sogenannte Referentenansicht eingeblendet. Auf dem zweiten sehen die Zuschauer nur die Folien.

In der Referentenansicht werden die aktuelle Folie mit den zugehörigen Notizen und die
nächste Folie angezeigt. Außerdem steht Ihnen eine Auswahl an Präsentationswerkzeugen
zur Verfügung.

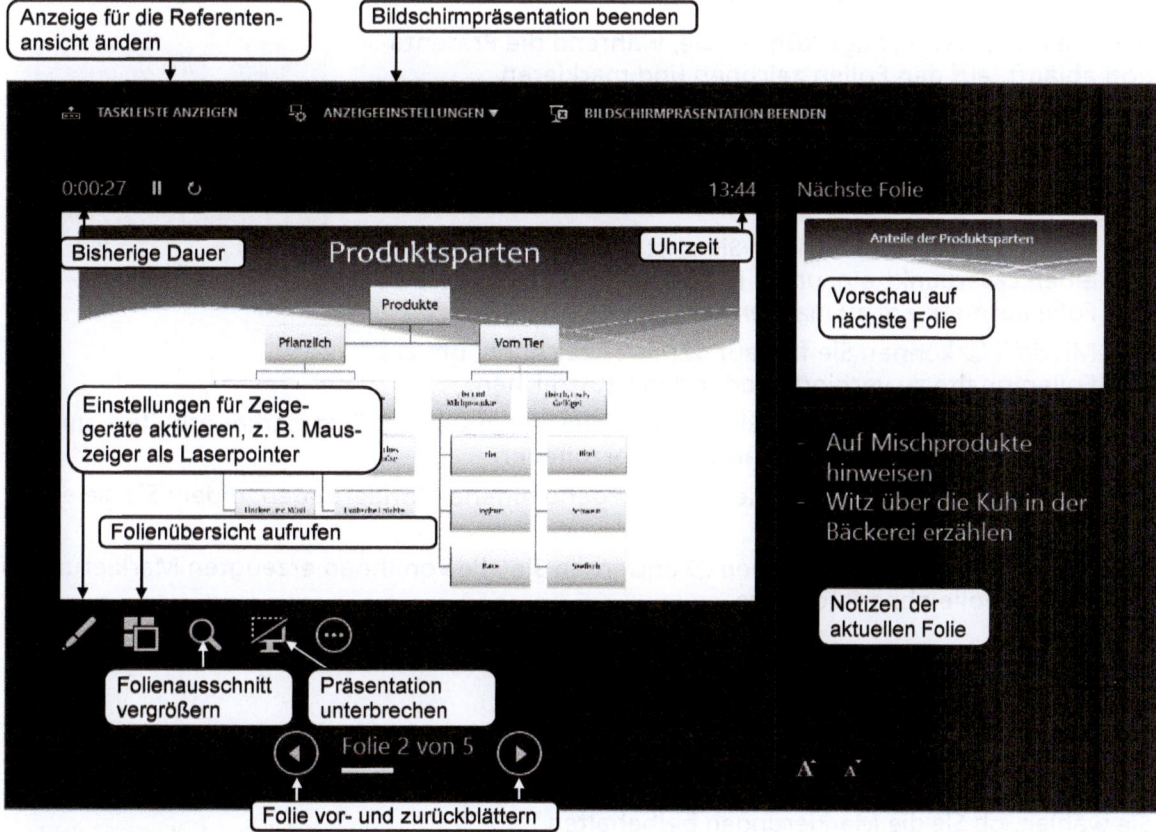

## 12.2    Bildschirmpräsentationen steuern

### Bildschirmpräsentation mit der Maus steuern

#### Die Bildschirmpräsentations-Symbolleiste nutzen

Wenn Sie bei der Bildschirmpräsentation den Mauszeiger auf
der Folie in den linken unteren Bereich bewegen, wird die
Bildschirmpräsentations-Symbolleiste ① eingeblendet. Hier
stehen Ihnen folgende Optionen zur Auswahl:

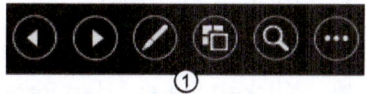

#### Zwischen den Folien navigieren

▶  Klicken Sie auf ⧀ bzw. ⧁, um zwischen den Folien zu wechseln.

   *oder*  Klicken Sie auf 🔳, um eine Übersicht über alle Folien anzeigen lassen, und
   wechseln Sie anschließend durch Anklicken zur gewünschten Folie.

- Über den Zoomregler ② in der Folienübersicht der Bildschirm-präsentation ( ) können Sie die Anzeige der Folien vergrößern bzw. verkleinern.
- Wenn Sie über eine Maus mit Rad verfügen, können Sie mit dem Mausrad durch die Bildschirmpräsentation vorwärts- bzw. rück-wärtsblättern.

### ⭐ Stift- und Laserpointer-Tools nutzen

Mithilfe dieser Werkzeuge können Sie, während die Präsenta-tion abläuft, auf den Folien zeichnen und markieren.

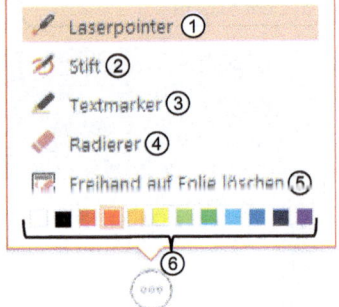

▶ Klicken Sie auf  und wählen Sie im eingeblendeten Me-nü das gewünschte Werkzeug:

- Mit *Laserpointer* ① blenden Sie anstelle des Mauszeigers einen Laserpunkt ein, um z. B. auf bestimmte Bereiche der Folie aufmerksam zu machen.
- Mit *Stift* ② können Sie frei auf der Folie zeichnen, um z. B. Folieninhalte zu verbinden oder durchzustreichen.
- Mit *Textmarker* ③ können Sie auf der Folie frei mit einem Textmarker arbeiten, um z. B. Wörter oder Absätze farbig hervorzuheben.
- Mit *Radierer* ④ entfernen Sie zuvor vorgenommene Markierungen, indem Sie sie er-neut anklicken.
- Mit *Freihand auf Folie löschen* ⑤ entfernen Sie alle von Ihnen erzeugten Markierungen auf der Folie ohne Rückfrage.

Klicken Sie zur Auswahl der Farbe des Stift- bzw. Textmarker-Werkzeugs auf die gewünsch-te Farbe ⑥.

Beenden Sie eine Präsentation, in der Sie Frei-handmarkierungen vorgenommen haben, können Sie wählen, ob Sie die Markierungen beibehalten ⑦ und in Objekte umwandeln oder verwerfen ⑧ möchten.

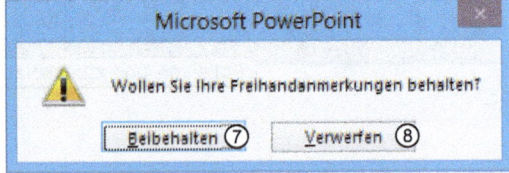

### ⭐ Ausschnitte auf Folien vergrößert anzeigen

Um einen Bereich der Folie vergrößert dazustellen, gehen Sie wie folgt vor:

▶ Klicken Sie auf .
Der Mauszeiger verändert sich: 

▶ Klicken Sie auf den Bereich, der vergrößert werden soll.

▶ Möchten Sie den vergrößerten Bereich auf der Folie verschieben, können Sie ihn mit der Maus anklicken und an die gewünschte Position ziehen.

▶ Um den Vergrößerungsmodus zu verlassen, klicken Sie mit der rechten Maustaste an eine beliebige Stelle der Folie.

## Weitere Funktionen zur Steuerung der Bildschirmpräsentation

Über  in der Bildschirmpräsentations-Symbolleiste können Sie folgende weiteren Funktionen zur Steuerung der Bildschirmpräsentation anzeigen lassen:

| Sie möchten … | | |
|---|---|---|
| die Referentenansicht aus- bzw. einblenden | ▶ Klicken Sie auf *Referentenansicht ausblenden* ① bzw. *Referentenansicht anzeigen*, um die Referentenansicht aus- bzw. einblenden zu lassen. | *Zuletzt angesehen* <br> *Zielgruppenorientierte Präsentation* ▶ <br><br> Referentenansicht ausblenden ① <br> Bildschirm ▶ <br> Anzeigeeinstellungen ▶ <br> Pfeiloptionen ② ▶ <br><br> Hilfe ③ <br><br> *Pause* <br> Präsentation beenden ④ |
| den Mauszeiger ausblenden | ▶ Klicken Sie auf *Pfeiloptionen* ② und wählen Sie *Ausgeblendet*. <br><br> ▶ Um den Mauszeiger wieder einzublenden, klicken Sie mit der rechten Maustaste auf die Folie und wählen Sie *Zeigeroptionen*, *Pfeiloptionen* und *Sichtbar*. | |
| eine Übersicht über die Steuerungsmöglichkeiten anzeigen | ▶ Wählen Sie *Hilfe* ③. | |
| die Präsentation beenden | ▶ Klicken Sie auf *Präsentation beenden* ④. | |

## Bildschirmpräsentation über die Tastatur steuern

| Gewünschte Aktion | Vorgehensweise |
|---|---|
| Nächste Folie einblenden | →] oder ←┘ oder [Bild↓] oder [⎵] |
| Vorherige Folie einblenden | [←] oder [⇐] oder [Bild↑] |
| Bestimmte Folie einblenden | Nummer der gewünschten Folie eingeben, mit ←┘ bestätigen |
| Folienübersicht einblenden | [-] |
| Einen leeren (schwarzen oder weißen) Bildschirm erzeugen (= für Pausen während der Bildschirmpräsentation) | Schwarz: [B] oder [.] (Punkt) <br> Weiß: [W] oder [,] (Komma) |
| Bildschirmpräsentation beenden | [Esc] |

## ⭐ Bildschirmpräsentation mit Gesten steuern

Arbeiten Sie beispielsweise mit einem Tablet oder einem Touchscreen, können Sie neben der herkömmlichen Steuerung mit Maus und Tastatur Bildschirmpräsentationen auch mit Gesten steuern. Folgende Funktionen stehen zur Verfügung:

| Sie möchten ... | |
|---|---|
| zur nächsten Folie wechseln | ▶ Wischen (streifen) Sie **von rechts nach links** über die Folie. |
| zur vorherigen Folie wechseln | ▶ Wischen (streifen) Sie **von links nach rechts** über die Folie. |
| einen Bereich auf der Folie vergrößern | ▶ Setzen Sie zwei Finger auf den Bereich, den Sie vergrößern wollen, und spreizen Sie sie langsam. <br> Durch Zusammenziehen verkleinern Sie den Bereich wieder. <br> *oder* <br> ▶ Tippen Sie doppelt auf den Bereich, den Sie vergrößern möchten. <br> Durch erneutes Doppeltippen verkleinern Sie den Bereich wieder. |
| eine Übersicht aller Folien anzeigen lassen | ▶ Ziehen Sie einen Bereich auf einer Folie zusammen. <br> **Wichtig**: Es darf dabei vorher kein Bereich vergrößert worden sein. |

### Die Bildschirmpräsentations-Symbolleiste für die Gestensteuerung einblenden

Für die Touch-Bedienung steht Ihnen eine eigene Symbolleiste zur Verfügung, die Sie folgendermaßen einblenden:

▶ Tippen Sie in die Folie.

▶ Um die Symbolleiste wieder auszublenden, tippen Sie erneut in die Folie.

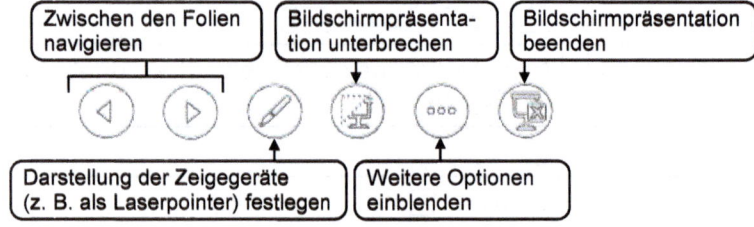

## 12.3 Einstellungen für die Bildschirmpräsentation vornehmen

### Die Bildschirmpräsentation einrichten

▶ Klicken Sie im Register *BILDSCHIRMPRÄSENTATION* in der Gruppe *Einrichten* auf *Bild-schirmpräsentation einrichten.*

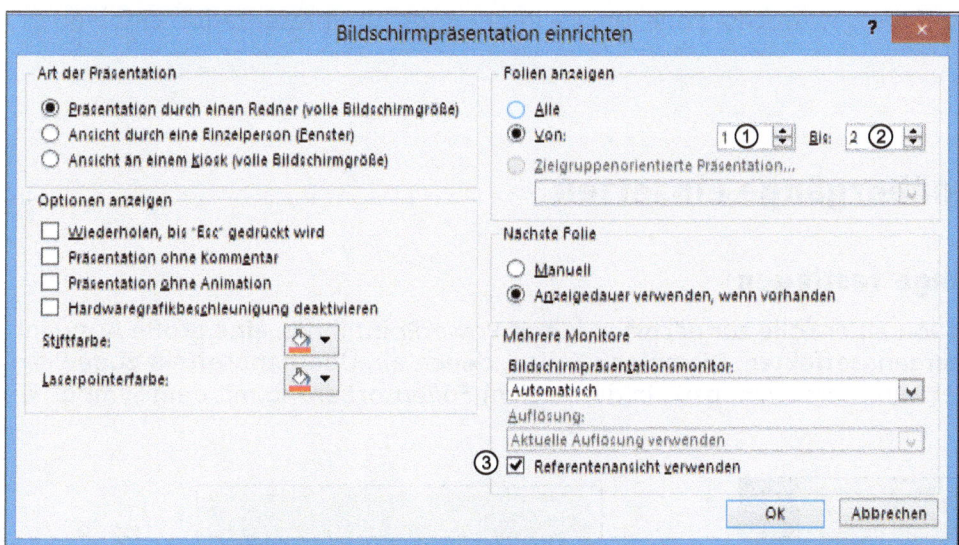

| Sie möchten ... | |
|---|---|
| eine Start- bzw. Endfolie festlegen | ▶ Geben Sie im Bereich *Folien anzeigen* die Nummern der Folien ein (① bzw. ②), mit denen die Bildschirmpräsentation beginnen bzw. enden soll. |
| | ▶ Starten Sie anschließend die Bildschirmpräsentation, z. B. mit F5. Die Präsentation startet mit der ersten von Ihnen festgelegten Folie. |
| die Referentenansicht deaktivieren | ▶ Deaktivieren Sie das Kontrollfeld *Referentenansicht ver-wenden* ③. |

### Folien ausblenden

Es kann nützlich sein, eine Folie mit weiter gehenden Informationen zunächst aus einer Bildschirmpräsentation auszublenden. Bei Bedarf, beispielsweise bei Rückfragen aus dem Publikum, können Sie dann auf die Reservefolie zurückgreifen und sie einblenden.

▶ Klicken Sie in der Miniaturansicht (Normalansicht) mit der rechten Maustaste auf die Folie und wählen Sie *Folie ausblenden.*

*oder*

▶ Klicken Sie im Register *BILDSCHIRMPRÄSENTATION* in der Gruppe *Einrichten* auf *Folie ausblenden.*

Möchten Sie die Folie wieder einblenden, rufen Sie den Befehl erneut auf.

In der Miniaturansicht sind ausgeblendete Folien an der durchgestrichenen Foliennummer ▨ zu erkennen.

## Ausgeblendete Folie in der Bildschirmpräsentation einblenden

▶ Klicken Sie in der Referentenansicht auf *Alle Folien anzeigen* 🔲, um eine Übersicht über alle Folien einblenden zu lassen.

Die ausgeblendete Folie wird mit durchstrichener Foliennummer und verblasst dargestellt.

▶ Klicken Sie auf die gewünschte Folie, um sie in der Bildschirmpräsentation einblenden zu lassen.

## 12.4    Folienübergänge einsetzen

### Folienübergänge festlegen

Für den Wechsel von einer Folie zur nächsten bietet PowerPoint Ihnen eine große Auswahl an speziellen Übergangseffekten. Diejenigen Folien, denen ein Übergangseffekt zugewiesen ist, sind in der Miniaturansicht bzw. in der Ansicht *Foliensortierung* mit dem Symbol ✳ versehen.

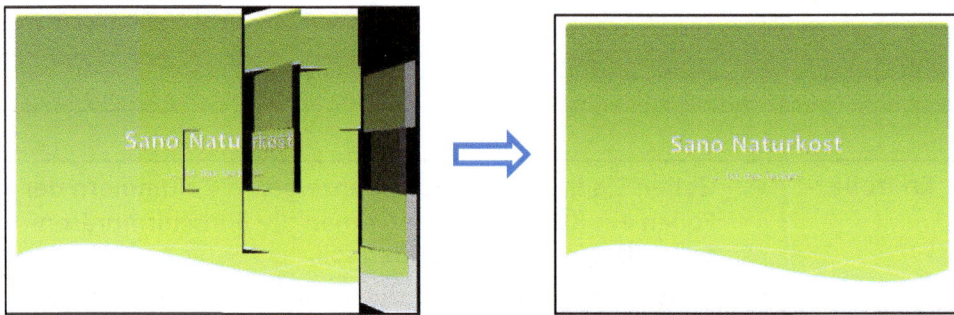

▶ Wechseln Sie zu der Folie, der Sie einen Übergangseffekt zuweisen möchten, bzw. markieren Sie diese in der Miniaturansicht.

*oder*

▶ Möchten Sie mehreren (aber nicht allen) Folien die gleichen Übergänge zuweisen, halten Sie (Strg) gedrückt und klicken Sie sie nacheinander z. B. im Folienregister an.

▶ Wechseln Sie in das Register *ÜBERGÄNGE*.

Im Register *ÜBERGÄNGE* werden in der Gruppe *Übergang zu dieser Folie* einige der zur Verfügung stehenden Übergänge angezeigt. Standardmäßig ist im entsprechenden Feld ① *Ohne* ② aktiviert.

           © HERDT-Verlag

▶ Klicken Sie im Feld ① auf den gewünschten Übergang.

   *oder* Wenn der gewünschte Übergang nicht angezeigt
   wird, klicken Sie auf 🔻, um alle zur Verfügung
   stehenden Übergänge einzublenden, und wählen
   Sie einen Übergang.

✔ Der Übergang wird den markierten Folien der Präsentation zugewiesen und eine Vorschau wird vorgeführt.

✔ Wenn Sie einen Übergang aus der Kategorie *Dynami-
   scher Inhalt* ⑦ wählen, wird nicht nur der Folienübergang animiert, sondern auch der Inhalt der Folien.

Um weitere Einstellungen vorzunehmen, haben Sie u. a.
folgende Optionen:

| Sie möchten ... | |
|---|---|
| die Effektoptionen ändern | ▶ Klicken Sie auf *Effektoptionen* ③ und wählen Sie eine Option.<br>Die Einträge in der Liste sind abhängig von dem gewählten Übergang. |
| einen Folienübergang mit einem Klangeffekt versehen | ▶ Klicken Sie auf den Pfeil im Feld *Sound* ④ und wählen Sie eine Option aus der Liste. |
| die Dauer des Übergangs-effekts ändern | ▶ Klicken Sie in das Feld *Dauer* ⑤ und stellen Sie eine neue Dauer ein. |
| die Einstellungen allen Folien zuweisen | ▶ Klicken Sie auf *Für alle übernehmen* ⑥. |
| einen Folienübergang ent-fernen | ▶ Klicken Sie im Feld ① auf *Ohne* ②. |

Über *Vorschau* in der Gruppe *Vorschau* können Sie den Folienübergang inklusive
aller gewählten Einstellungen schnell kontrollieren.

Vorschau

### Übergangseffekte ausschalten

Sie können jederzeit die Übergangseffekte ändern oder ausschalten.

▶ Markieren Sie die Folie, deren Übergangseffekt Sie ausschalten möchten, und wählen
   Sie im Register *ÜBERGÄNGE* z. B. im Feld *Sound* den Eintrag *[Ohne Sound]*.
   *oder* Klicken Sie im Feld der Gruppe *Übergang zu dieser Folie* auf den Eintrag *Ohne*.

Die Geschwindigkeit bzw. der Zeitpunkt des Folienwechsels lässt sich durch das Anpassen
der Einstellungen in der Gruppe *Anzeigedauer* wieder ändern.

## 12.5   Animationseffekte einsetzen

### Was sind Animationseffekte?

In PowerPoint stehen Ihnen im Register *ANIMATIO-NEN* in der Gruppe *Animation* viele Möglichkeiten zur Verfügung, einzelne Folieninhalte wie z. B. Texte, Grafiken, SmartArts und andere Objekte zu animieren und so die Aufmerksamkeit auf bestimmte Informationen zu lenken.

Die Effekte sind u. a. in folgende Kategorien eingeteilt:

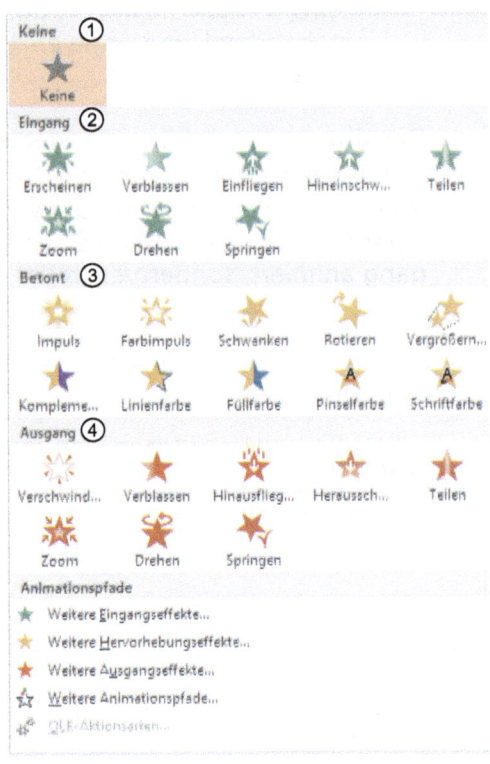

- ✔ *Keine* ①: Das Objekt ist nicht animiert.
- ✔ *Eingang* ②: Das Objekt wird beim Erscheinen auf der Folie animiert.
- ✔ *Betont* ③: Das Objekt wird durch eine Bewegung oder einen Farbwechsel besonders hervorgehoben.
- ✔ *Ausgang* ④: Das Objekt verschwindet mit einem Effekt von der Folie.

Abhängig von dem markierten Objekt stehen Ihnen manche Animationen nicht zur Verfügung.

### Animationseffekte bestimmten Folienelementen zuweisen

Möchten Sie einem Objekt oder speziellen Absätzen innerhalb eines Textes eine Animation zuweisen, gehen Sie folgendermaßen vor:

▶ Wechseln Sie zu der Folie, deren Elemente Sie animieren möchten.

▶ Markieren Sie das Element bzw. den Textbereich, dem Sie einen Animationseffekt zuweisen möchten.

   Wenn Sie die komplette Aufzählung eines Textplatzhalters animieren möchten, reicht es, den Platzhalter zu markieren. Die Aufzählungspunkte werden nach Zuweisung einer Animation nacheinander animiert eingeblendet.

▶ Wechseln Sie in das Register *ANIMATIONEN*.

▶ Klicken Sie im Register *ANIMATIONEN* im Feld ① auf den gewünschten Animationseffekt.

   *oder*  Wenn der gewünschte Animationseffekt nicht angezeigt wird, klicken Sie auf ▾, um alle zur Verfügung stehenden Effekte einzublenden, und wählen Sie einen Effekt.

   Der Effekt wird direkt dem markierten Inhalt der Folie zugewiesen und angezeigt.

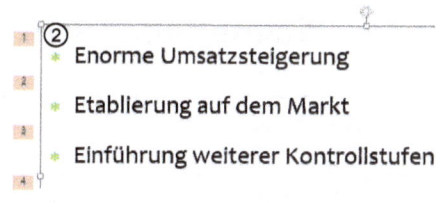

- Haben Sie einem Element einen Animationseffekt zugewiesen, wird diesem in der Normalansicht eine (oder mehrere) Nummer(n) ② vorangestellt, solange das Register *ANIMATIONEN* eingeblendet ist.

- Diese Nummerierung kennzeichnet u. a. die Animationsreihenfolge, im Fall, dass mehrere Elemente nacheinander animiert werden (z. B. eine Reihe von Aufzählungspunkten).

- In der Miniaturansicht und in der Ansicht *Foliensortierung* werden Folien, deren Elemente Animationen enthalten, mit einem Sternsymbol ✳ gekennzeichnet.

### Hinweise zu Animationseffekten

- Abhängig davon, welches Element Sie markiert haben, stehen unterschiedliche Animationseffekte zur Auswahl. Einer SmartArt-Grafik können Sie beispielsweise andere Animationseffekte zuweisen als einem Aufzählungstext.

- Sie haben wie bei den Folieneffekten auch bei den Animationseffekten die Möglichkeit, die Dauer einer Animation im Register *ANIMATIONEN*, Gruppe *Anzeigedauer*, Feld *Dauer,* festzulegen.

## Animationseffekt entfernen

▶ Markieren Sie das betreffende Objekt und wählen Sie im Register *ANIMATIONEN*, Gruppe *Animation*, im Feld ① *Keine*.

## 12.6   Schnellübersicht

| **Sie möchten ...** | |
|---|---|
| die Bildschirmpräsentation von der aktuellen Folie aus in der Bildschirm-präsentationsansicht starten | ▢ (Ansichtssteuerung) oder Register *BILD-SCHIRMPRÄSENTATION*, Gruppe *Bildschirm-präsentation starten*, *Ab aktueller Folie* oder ⇧ F5 |
| die komplette Bildschirm-präsentation ablaufen lassen | Register *BILDSCHIRMPRÄSENTATION*, Gruppe *Bild-schirmpräsentation starten*, *Von Beginn an* oder F5 |
| die Bildschirmpräsentations-Symbol-leiste aufrufen | Während der Bildschirmpräsentation den Mauszei-ger in den linken unteren Bereich der Folie ziehen |
| während der Bildschirmpräsentation das Steuerungsmenü aufrufen | Bildschirmpräsentations-Symbolleiste einblenden, ⊙ |
| die Bildschirmpräsentations-Symbol-leiste für Touch-Bedienung aufrufen | In die Folie tippen |
| die nächste bzw. die vorherige Folie einblenden | Tastatur: ↵ bzw. ⇐<br><br>Bildschirmpräsentations-Symbolleiste: ▷ bzw. ◁<br>Touch-Bedienung: von rechts nach links bzw. von links nach rechts wischen |
| die Bildschirmpräsentation beenden | Esc bzw. ▢ (Gestensteuerung) |
| die Präsentation auf bestimmte Folien beschränken | Register *BILDSCHIRMPRÄSENTATION*, Gruppe *Ein-richten*, *Bildschirmpräsentation einrichten*, Folien-nummern im Bereich *Folien* eingeben |
| die Referentenansicht deaktivieren | Register *BILDSCHIRMPRÄSENTATION*, Gruppe *Ein-richten*, *Bildschirmpräsentation einrichten*, *Referen-tenansicht verwenden* deaktivieren |
| Folien ein- bzw. ausblenden | In der Miniaturansicht (Normalansicht) Folie mit rechter Maustaste anklicken, *Folie ausblenden* |
| Folienübergänge festlegen | Register *ÜBERGÄNGE*, Gruppe *Übergang zu dieser Folie*, Übergang wählen |
| Folienelementen Animationseffekte zuweisen | Register *ANIMATIONEN*, Gruppe *Animation*, Anima-tion im Feld auswählen |

## 12.7    Übung

### Bildschirmpräsentation ablaufen lassen und Folienübergänge zuweisen

| Level | | Zeit | ca. 10 min |
|---|---|---|---|
| **Übungsinhalte** | ✔ Bildschirmpräsentation ablaufen lassen <br> ✔ Folienübergänge zuweisen <br> ✔ Bildschirmpräsentation automatisch ablaufen lassen | | |
| **Übungsdatei** | *Marketing* | | |
| **Ergebnisdatei** | *Marketing-E1* | | |

Die Marketing-Abteilung hat einen Firmenbericht als PowerPoint-Präsentation erstellt. Sie möchten nun für die nächste Konferenz aus diesem Bericht eine Bildschirmpräsentation vorbereiten.

① Öffnen Sie die Präsentation *Marketing*.

② Legen Sie fest, dass bei der Bildschirmpräsentation nur die ersten drei Folien vorgeführt werden.

③ Testen Sie die Präsentation indem Sie sie in der Bildschirmpräsentationsansicht ablaufen lassen.

④ Ändern Sie danach die Einstellungen so, dass die Bildschirmpräsentation wieder alle Folien umfasst.

⑤ Legen Sie für alle Folien eine Einblendezeit von 5 Sekunden fest. Dabei soll gelten, dass für den Folienwechsel auch ein Mausklick zulässig ist.

⑥ Markieren Sie die Folien 1 und 2 und weisen Sie ihnen den Folienübergang *Auflösen* ① zu. Der Effekt soll mit der Geschwindigkeitsstufe *01,75* ablaufen.

⑦ Weisen Sie sämtlichen Folien diesen Übergang zu.

⑧ Da die anderen Folien nun doch einen unterschiedlichen Übergang erhalten sollen, weisen Sie den Folien 3 und 4 den Übergangseffekt *Würfel* ② und den Folien 5 bis 7 den Folienübergang *Wellen* ③ zu.

⑨ Überprüfen Sie das Ergebnis der Übergänge und starten Sie die Bildschirmpräsentation.

⑩ Speichern Sie die Präsentation unter dem Namen *Marketing-E1*.

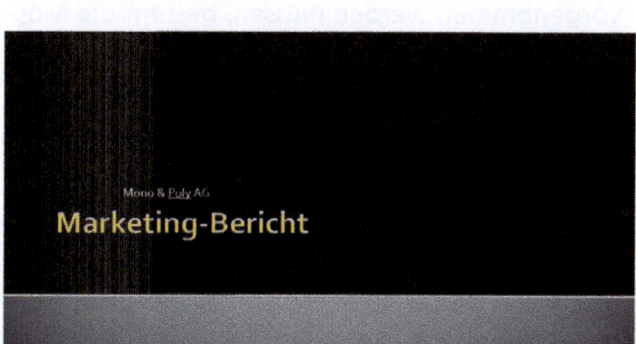

*Folie 1 der Übungsdatei „Marketing"*

# 13 Präsentationen individualisieren

**In diesem Kapitel erfahren Sie**

- ✔ wie Sie eine eigene Vorlage erzeugen und gestalten
- ✔ wie Sie mit dem Folienmaster arbeiten
- ✔ auf welche Weise Sie eine Präsentation als Vorlage speichern und verwenden

**Voraussetzungen**

- ✔ Präsentationen erstellen

## 13.1    Eigene Vorlagen verwenden

### Was ist eine Vorlage?

Eine Vorlage ist eine Musterdatei, die bestimmte (Layout-)Einstellungen enthält. Auf der Basis dieser Musterdatei können Sie Präsentationen erzeugen, die mit allen Einstellungen der Vorlage versehen sind und deren Folien daher alle das gleiche Erscheinungsbild besitzen.

### Warum eine eigene Vorlage erstellen?

Da mithilfe von Präsentationen nicht nur Inhalt vermittelt, sondern beispielsweise auch die Identität einer Firma repräsentiert wird, ist es häufig erwünscht, dass Präsentationen innerhalb einer Firma immer ein einheitliches, dem Unternehmen entsprechendes Erscheinungsbild haben.

In einer Baufirma soll beispielsweise das Firmenlogo auf der Titelfolie immer groß und auf allen folgenden Folien immer klein in der rechten Ecke erscheinen; der Hintergrund soll in der Hausfarbe gehalten sein und mit Ausnahme der Titelfolie soll auf allen Folien eine Fußzeile mit dem Datum und dem Namen des Verfassers eingeblendet werden.

Um diese Einheitlichkeit zu gewährleisten und um zu vermeiden, dass für jede Präsentation alle diese Einstellungen immer wieder neu vorgenommen werden müssen, besteht die Möglichkeit, eine benutzerdefinierte Vorlage mit den gewünschten Layout-, Format- und Inhaltseinstellungen zu erzeugen.

Layout „Titelfolie" einer individuellen Firmen-Vorlage

Layout „Titel und Inhalt" einer Firmen-Vorlage

 Jede PowerPoint-Präsentation basiert auf einer Vorlage. Wenn Sie eine neue leere Präsentation erstellen, werden automatisch die Standardeinstellungen des Designs *Larissa* geladen.

## Vorüberlegungen

Bevor Sie mit dem Erstellen einer eigenen Vorlage beginnen, sollten Sie genau überlegen, welche Elemente in Ihren Folien enthalten sein sollen und wie die Formatierung gestaltet sein soll.

- ✔ Welche Folienlayouts soll die Vorlage enthalten?
- ✔ Welche Elemente sollen auf jeder Folie erscheinen?
- ✔ Soll eine Kopf-/Fußzeile angelegt werden?
- ✔ Wo soll das Logo platziert sein?
- ✔ Welche Farben (für Hintergrund, Schrift) sollen verwendet werden?
- ✔ Wo soll der Folientitel platziert sein?
- ✔ Wie groß soll der Textbereich sein?
- ✔ Welche Schriftarten und -größen sollen verwendet werden?

## 13.2 Vorlagen mit Folienmastern erstellen

### Was ist der Folienmaster?

Neben der Möglichkeit, eine Präsentation auf der Basis einer mitgelieferten Vorlage zu erstellen, können Sie auch individuelle Vorlagen mithilfe sogenannter Folienmaster gestalten und als Präsentationsbasis verwenden.

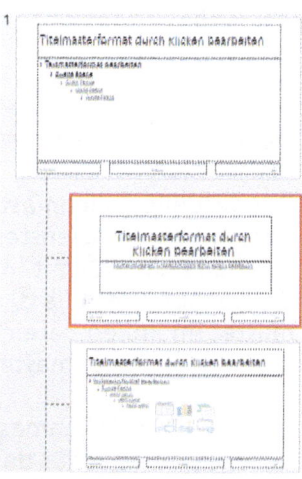

Im Folienmaster werden u. a. die Einstellungen zur Gestaltung von Layouts gespeichert (z. B. Hintergrundfarbe, Schriftart, Anordnung von Platzhaltern usw.). Der Vorteil einer Vorlage mit individuellem Folienmaster ist, dass im Folienmaster die zugehörigen Layouts, beispielsweise für die Titelfolie, individuell bearbeitet und mitgespeichert werden können, um bei Bedarf zur Verfügung zu stehen.

Wenn Sie anschließend eine neue Präsentation auf der Basis dieser Vorlage erstellen, können Sie beliebig viele Folien mit dem von Ihnen definierten Erscheinungsbild einfügen.

*Folienmaster mit zugehörigen Layouts*

Sie können in einer Vorlage auch mehrere Folienmaster verwenden. Dies ist insbesondere dann hilfreich, wenn die Präsentation Folien enthalten soll, die sich optisch von den anderen Folien unterscheiden sollen.

### Die Ansicht *Folienmaster* einblenden

In der Ansicht *Folienmaster* haben Sie die Möglichkeit, den Folienmaster sowie die zugehörigen Layouts nach Ihren Wünschen zu gestalten.

▶ Erstellen Sie eine neue leere Präsentation.

   *oder* Öffnen Sie eine vorhandene Präsentation, die Ihren Vorstellungen annähernd entspricht.

▶ Klicken Sie im Register *ANSICHT* in der Gruppe *Masteransichten* auf *Folienmaster*.

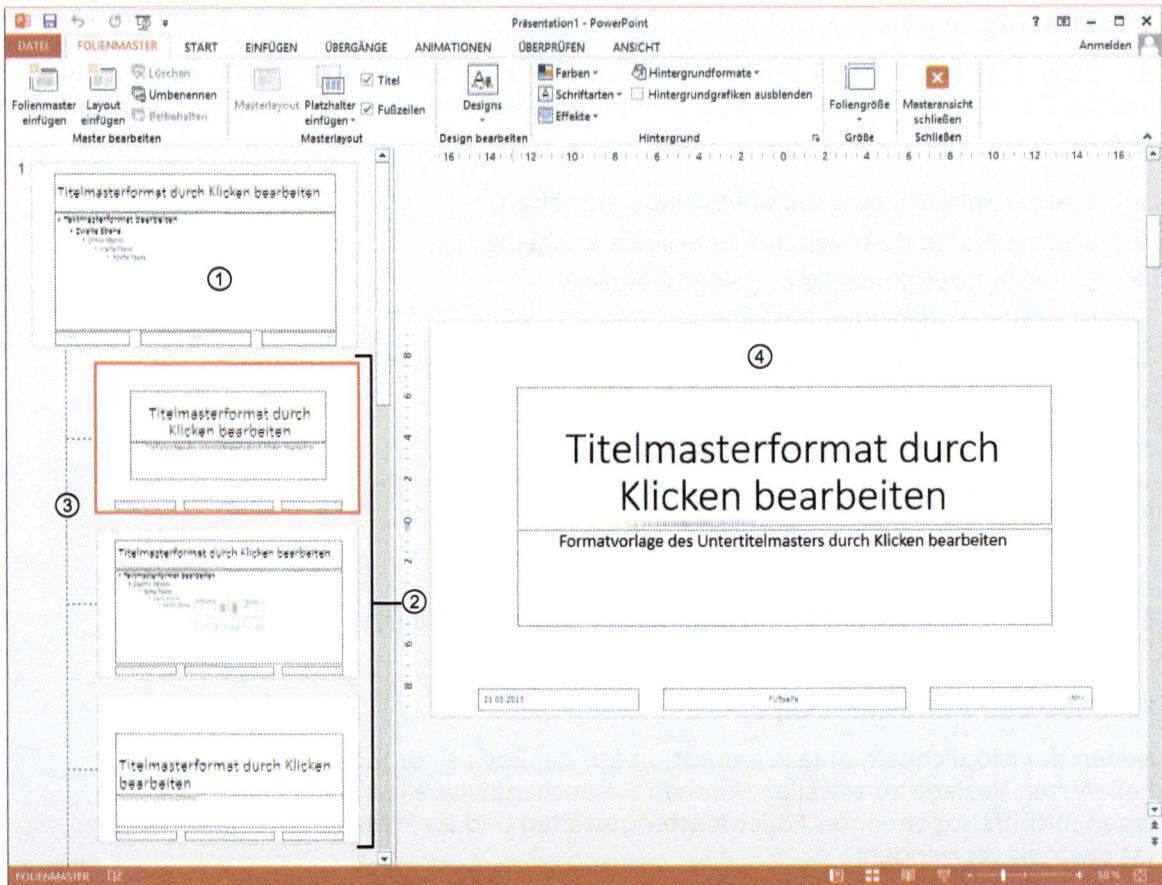

Der aktuelle Folienmaster ① und die dazugehörigen Layouts ② werden im linken Bereich des Anwendungsfensters als Miniaturbilder eingeblendet. Die Layouts sind durch eine gestrichelte Linie ③ mit ihrem Folienmaster verbunden. Standardmäßig wird im Folienfenster das Layout *Titelfolie* ④ eingeblendet. Es können, sofern vorhanden, auch mehrere Folienmaster im linken Bereich angezeigt werden; Änderungen wirken sich jedoch nur auf den markierten Folienmaster aus.

Wenn Sie die Folienmasteransicht in einer leeren Präsentation öffnen, wird standardmäßig der Folienmaster für das Design *Larissa* inklusive aller zur Verfügung gestellten Layouts eingeblendet.

**Wo werden welche Einstellungen in der Ansicht *Folienmaster* festgelegt?**

Abhängig davon, welche Einstellungen Sie vornehmen möchten, blenden Sie im Folienfenster den Folienmaster oder ein bestimmtes Layout ein.

| Welche Einstellungen möchten Sie vornehmen? | Dies erledigen Sie im ... |
|---|---|
| **Generelle Einstellungen**, die für alle Layouts gelten und auf allen Folien vorhanden sein sollen, wie z. B. Schriftformatierung oder Hintergrundfarben.<br><br>Sobald Sie Änderungen im Folienmaster vorgenommen haben, wirken sich diese auch auf alle Layouts aus. Möchten Sie beispielsweise, dass in allen Layouts an der gleichen Position ein Firmenlogo eingeblendet wird, fügen Sie das Logo im Folienmaster ein.<br><br>Sie haben, falls erforderlich, die Möglichkeit, die Mastereinstellungen für einzelne Layouts anschließend wieder zu deaktivieren. | Folienmaster |

| Welche Einstellungen möchten Sie vornehmen? | Dies erledigen Sie im ... |
|---|---|
| **Layoutspezifische Einstellungen**: Möchten Sie beispielsweise eine andere Platzierung des Firmenlogos im Layout *Titelfolie* vornehmen, deaktivieren Sie die Mastereinstellung für das eingeblendete Logo und fügen Sie ein neues Logo nach Ihren Wünschen ein. Die Änderung wirkt sich nur auf das entsprechende Layout aus. | betreffenden Layout |

Sie können den Folienmaster bzw. die Layouts wie gewohnt im linken Bereich zur Bearbeitung markieren, indem Sie auf die entsprechenden Miniaturbilder klicken.

## 13.3 Folienmaster und Layouts gestalten

### Folienmaster bearbeiten

▶ Blenden Sie die Ansicht *Folienmaster* ein.

▶ Klicken Sie im linken Bereich des Anwendungsfensters auf den betreffenden Folienmaster ①, um ihn im Folienfenster einzublenden.

▶ Fügen Sie beispielsweise eine Grafik (z. B. Firmenlogo) ein, die in **allen** Layouts des Folienmasters erscheinen soll.

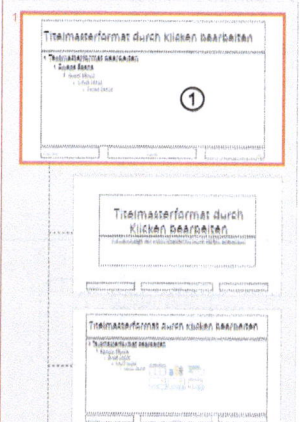

#### Hinweise zur Bearbeitung des Folienmasters und der Layouts

✔ Sie können wie gewohnt die Zeichen- und Absatzformatierung in den entsprechenden Registern vornehmen sowie Designs zuweisen. Zuvor vorgenommene Änderungen auf Folien bzw. an Layouts bleiben dabei erhalten.

✔ Möchten Sie Objekte, z. B. Grafiken, im Folienmaster bzw. in einem Layout einfügen, können Sie dies über das Register *EINFÜGEN* tun.

✔ Am besten wählen Sie für die Texte klare, serifenlose Schriftarten wie z. B. Arial oder Helvetica. Serifenschriften (wie Cambria) sind eher geeignet für längere Texte mit kleinerer Punktgröße, dagegen weniger für die in Präsentationen üblichen größeren Schriftgrößen.

### Layouts individuell anpassen

Sie möchten beispielsweise die Grafik des Firmenlogos, die Sie im Folienmaster klein am rechten Rand eingefügt haben, auf der Titelfolie ausblenden, um stattdessen das Firmenlogo größer und zentriert dort anzuzeigen. Außerdem möchten Sie die Platzhalter für die Fußzeile im Layout *Nur Titel* ausblenden.

▶ Klicken Sie in das Layout *Titelfolie* und aktivieren Sie im Register *FOLIENMASTER* in der Gruppe *Hintergrund* das Kontrollfeld *Hintergrundgrafiken ausblenden*.

Die Grafik, die Sie im Folienmaster eingefügt haben, wird nun im Layout nicht mehr angezeigt.

▶ Fügen Sie wie gewohnt das gewünschte Objekt in die Titelfolie ein und positionieren Sie es.

▶ Blenden Sie das Layout *Nur Titel* im Folienfenster ein und deaktivieren Sie im Register *FOLIENMASTER* in der Gruppe *Masterlayout* das Kontrollfeld *Fußzeilen*.

▶ Nehmen Sie gegebenenfalls weitere individuelle Einstellungen vor.

▶ Um den Master zu verlassen und zur vorher eingestellten Ansicht zurückzukehren, klicken Sie im Register *FOLIENMASTER* in der Gruppe *Schließen* auf *Masteransicht schließen*.

> *oder* Klicken Sie im Register *ANSICHT* bzw. in der Ansichtssteuerung auf die gewünschte Ansicht.

Anhand der Platzhaltertexte (z. B. *Titelmasterformat durch Klicken bearbeiten*) können Sie die von Ihnen vorgenommenen Formatierungseinstellungen (Schriftart usw.) kontrollieren.

 Wenn Sie in der **Masteransicht** individuelle Texte in die Platzhalter eingeben, ändern Sie die Aufforderungstexte der Platzhalter. Diese Texte werden nicht angezeigt, wenn Sie die Präsentation in der Leseansicht bzw. als Bildschirmpräsentation abspielen. Sie dienen lediglich als beispielhafte Aufforderungstexte.

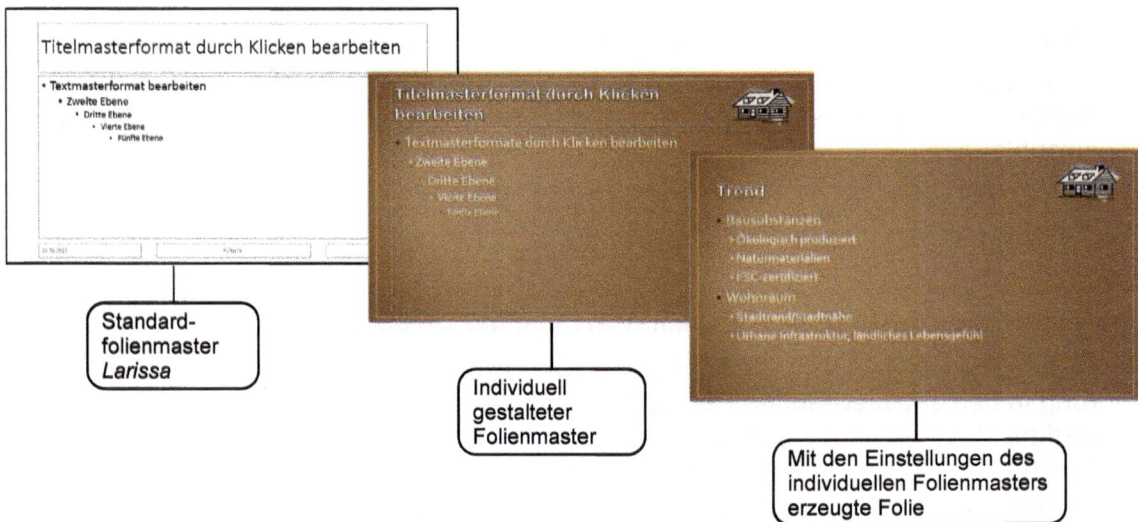

Standard-
folienmaster
*Larissa*

Individuell
gestalteter
Folienmaster

Mit den Einstellungen des
individuellen Folienmasters
erzeugte Folie

## ★ Folienmaster beibehalten

Um zu gewährleisten, dass Sie die Einstellungen Ihres Folienmasters innerhalb einer Präsentation jederzeit wiederherstellen können, ist es notwendig, den Folienmaster zu fixieren.

▶ Klicken Sie im linken Bereich des PowerPoint-Fensters auf den betreffenden Folienmaster.

▶ Klicken Sie im Register *FOLIENMASTER* in der Gruppe *Master bearbeiten* auf *Beibehalten*.

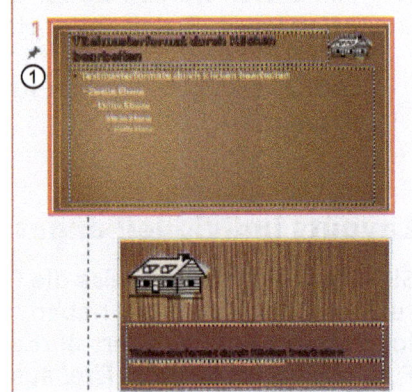

Neben dem Miniaturbild des Folienmasters wird das Symbol 📌 ① eingeblendet. Der Folienmaster wird nun auch in der Gruppe *Designs* des Registers *ENTWURF* angezeigt, wenn er nicht verwendet wird, und kann dort jederzeit ausgewählt werden.

## 13.4 Andere Designfarben und Hintergründe zuweisen

### Was sind Designfarben?

In PowerPoint enthält jedes Design die sogenannten **Designfarben**. Designfarben sind Zusammenstellungen von zwölf zueinander passenden Farben. Diese Farben werden automatisch für bestimmte Elemente verwendet (z. B. Titeltexte, Hintergrund, Diagrammsäulen). Alle Farben können aber auch für die manuelle Formatierung verwendet werden.

### Andere Designfarben zuweisen

▶ Klicken Sie gegebenenfalls auf den Folienmaster.

▶ Klicken Sie im Register *FOLIENMASTER* in der Gruppe *Hintergrund* auf *Farben*.

▶ Zeigen Sie im eingeblendeten Feld ① auf geeignete Designfarben, um mithilfe der Live-Vorschau zu testen, wie die betreffenden Designfarben sich auf den Master auswirken würden.

▶ Klicken Sie auf die gewünschten Designfarben, um sie zu übernehmen.

### Folienhintergrund schnell ändern

Beim Gestalten Ihres Folienmasters können Sie individuell festlegen, wie die Farbgebung des Hintergrundes gestaltet sein soll. Standardmäßig wird der Hintergrund eingeblendet, der durch das gewählte Design bzw. Designfarben für den Hintergrund festgelegt ist. Sie können den Hintergrund jedoch auch ändern.

▶ Wechseln Sie gegebenenfalls in die Ansicht *Folienmaster* und klicken Sie auf den Folienmaster.

▶ Klicken Sie im Register *FOLIENMASTER* in der Gruppe *Hintergrund* auf *Hintergrundformate*.

Es werden vordefinierte Hintergrundformate zur Auswahl angezeigt. Das Aussehen der Hintergrundformate ist abhängig vom zugrunde liegenden Design und den gewählten Designfarben.

▶ Zeigen Sie auf die verschiedenen Formate, um deren Wirkung im Master zu testen.

▶ Klicken Sie auf das gewünschte Hintergrundformat.

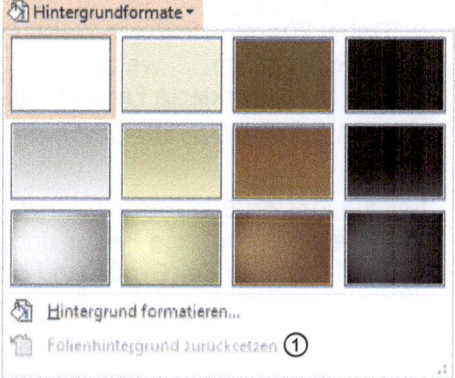

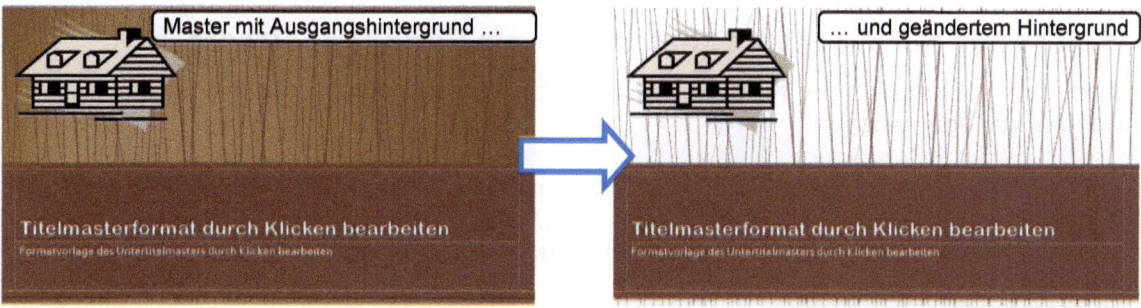

Über *Folienhintergrund zurücksetzen* ① können Sie die ursprüngliche Formatierung wiederherstellen.

## Den Hintergrund mit einem individuellen Farbverlauf versehen

Um Folien optisch attraktiv zu gestalten, können Sie für den Hintergrund auch individuelle Farbverläufe gestalten.

▶ Klicken Sie auf den Folienmaster.

*oder*

▶ Wenn der Hintergrund für bestimmte Layouts gelten soll, markieren Sie die Layouts.

▶ Klicken Sie im Register *FOLIENMASTER* in der Gruppe *Hintergrund* auf *Hintergrundformate* und wählen Sie *Hintergrund formatieren*.

▶ Aktivieren Sie im Aufgabenbereich *Hintergrund formatieren* das Optionsfeld *Farbverlauf*.

▶ Um den Verlaufstyp (z. B. Linear, Radial, Rechteckig) einzustellen, wählen Sie im Feld *Typ* ① den gewünschten Eintrag.

▶ Möchten Sie die Verlaufsrichtung ändern (z. B. Verlauf von unten links nach oben rechts), können Sie dies über das Feld *Richtung* ② einstellen.

▶ Um die Farben des Verlaufs zu ändern, klicken Sie zunächst auf den betreffenden Farbverlaufsstopp ③. Ein Farbverlaufsstopp kennzeichnet die Stelle, an der der Verlauf von zwei benachbarten Farben endet und die betreffende Ausgangsfarbe angezeigt wird.

▶ Klicken Sie auf ④ und wählen Sie aus dem Bereich *Designfarben* die neue Farbe aus.

▶ Verfahren Sie entsprechend mit den anderen Farbverlaufsstopps, bis der Verlauf Ihren Wünschen entspricht. Dabei können Sie durch Ziehen die Position der Stopps ändern und mit ⑤ weitere Farbverlaufsstopps hinzufügen bzw. markierte Farbverlaufsstopps mit ⑥ entfernen.

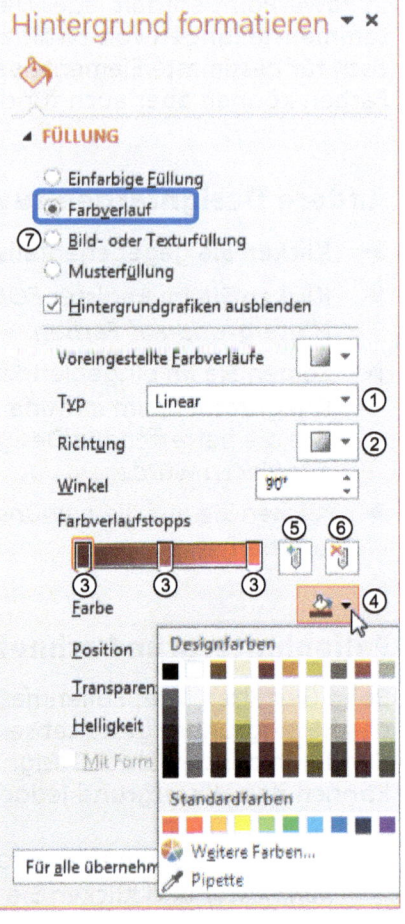

▶ Betätigen Sie *Für alle übernehmen*, wenn der Farbverlauf für alle Layouts gelten soll.

Über die Option *Bild- oder Texturfüllung* ⑦ können Sie dem Hintergrund über die anschließend eingeblendeten Felder und Schaltflächen eine Struktur oder eine Grafik zuweisen. Die Grafik wird in der Größe und den Proportionen an die Folienmaße angepasst.

## 13.5    Präsentationen als Vorlage speichern und öffnen

### Präsentation mit eigenem Folienmaster als Vorlage speichern

Haben Sie alle Einstellungen für Ihren Folienmaster vorgenommen, können Sie die Präsentation als Vorlage speichern.

Wenn die Präsentation in der Ansicht des Folienmasters gespeichert wird, wird sie beim Öffnen ebenfalls wieder in dieser Ansicht angezeigt. Möchten Sie, dass beim Öffnen der Vorlage die Präsentationsansicht *Normal* eingeblendet wird, wechseln Sie vor dem Speichern in die Ansicht *Normal*.

▶ Wechseln Sie zum Register *DATEI* und klicken Sie auf *Speichern unter*.

▶ Wählen Sie *Computer* und klicken Sie auf *Durchsuchen*.

▶ Wählen Sie im Feld *Datei-typ* ① *PowerPoint-Vor-lage*.

▶ Vergeben Sie im Feld *Da-teiname* einen aussage-kräftigen Namen und be-stätigen Sie mit *Speichern*.

Die Vorlage wird standardmä-ßig im Ordner *Benutzerdefi-nierte Office-Vorlagen* mit der Dateinamenserweiterung *.potx* abgelegt.

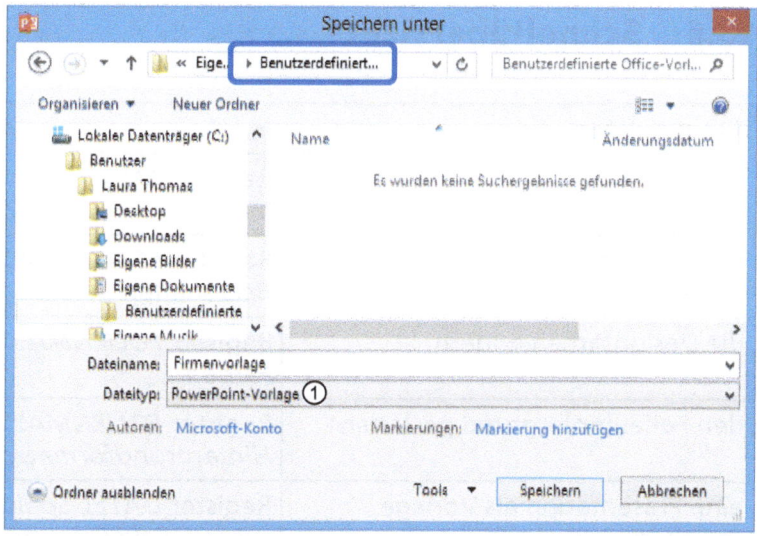

## Eigene Vorlage verwenden

Wenn Sie eine neue Präsentation auf der Basis Ihres Folienmasters erstellen möchten, gehen Sie folgendermaßen vor:

▶ Wechseln Sie zum Register *DATEI* und wählen Sie die Kategorie *Neu*.

▶ Klicken Sie im rechten Fenster-bereich auf *PERSÖNLICH* ①.

▶ Klicken Sie doppelt auf die ge-wünschten Vorlage ②.

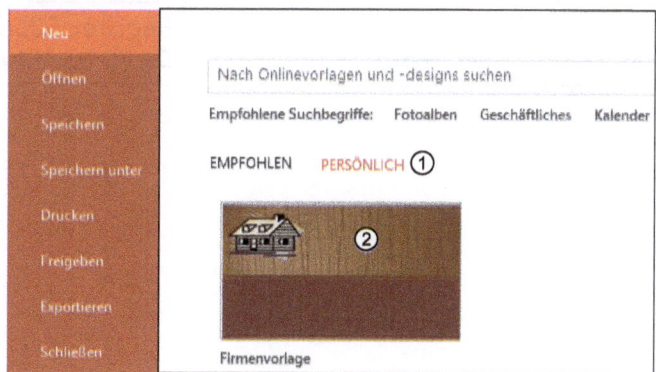

## Folienmaster für alle Präsentationen als Design zur Verfügung stellen

Möchten Sie, dass Ihr Folienmaster zukünftig neben den mitgelieferten Designs in allen Präsentationen zur Verfügung steht, gehen Sie folgendermaßen vor:

▶ Öffnen Sie die Präsentation mit dem gewünschten Folienmaster und wechseln Sie ge-gebenenfalls in die Ansicht *Folienmaster*.

▶ Klicken Sie im Register *FOLIENMASTER* in der Gruppe *Design bearbeiten* auf *Designs* und wählen Sie *Aktuelles Design speichern*.

▶ Geben Sie im Feld *Dateiname* einen aussagekräftigen Namen für das Design ein und bestätigen Sie mit *Speichern*.

✔ Das Design Ihres Folienmasters wird standardmäßig im Ordner *Templates/Document Themes* gespeichert. Wenn Sie neue Präsentationen erstellen, wird das Design unab-hängig von der gewählten Vorlage im Register *ENTWURF*, Gruppe *Designs,* angezeigt. Darüber hinaus wird das Design auch in anderen Office-Anwendungen zur Verfügung gestellt.

✔ Haben Sie ein Design für alle Office-Anwendungen zur Verfügung gestellt, ändert sich im Register *DATEI*, Kategorie *Neu*, die Auswahl *PERSÖNLICH* in *BENUTZERDEFINIERT*. Hier stehen Ihnen unter *Benutzerdefinierte Office-Vorlagen* Ihre selbst erstellten Vor-lagen zur Verfügung und unter *Document Themes* das gespeicherte Design.

## 13.6 Schnellübersicht

| Sie möchten ... | |
|---|---|
| den Folienmaster einblenden | Register *ANSICHT*, Gruppe *Masteransichten*, *Folienmaster* |
| den Folienmaster beibehalten | Register *FOLIENMASTER*, Gruppe *Master bearbeiten*, *Beibehalten* |
| die Designfarben ändern | Register *FOLIENMASTER*, Gruppe *Hintergrund*, *Farben* |
| den Folienhintergrund gestalten | Register *FOLIENMASTER*, Gruppe *Hintergrund*, *Hintergrundformate*, *Hintergrund formatieren* |
| eine Präsentation als Vorlage speichern | Register *DATEI*, *Speichern unter*, *Computer*, *Durchsuchen*, Feld *Dateityp*, *PowerPoint-Vorlage* |
| eine eigene Vorlage verwenden | Register *DATEI*, *Neu*, *PERSÖNLICH*, doppelt auf Vorlage klicken |
| die Einstellungen des Folienmasters als Design speichern | Register *FOLIENMASTER*, Gruppe *Design bearbeiten*, *Designs*, *Aktuelles Design speichern* |

# 13.7 Übung

## Vorlage erstellen

| Level |  | | Zeit | ca. 15 min |
|---|---|---|---|---|
| Übungsinhalte | ✔ Folienmaster bearbeiten<br>✔ Präsentation als Vorlage speichern | | | |
| Übungsdatei | *Gardasee.jpg* | | | |
| Ergebnisdatei | *Urlaub-E* | | | |

Damit die Präsentationen Ihrer Firma künftig einheitlich, professionell und passend gestaltet sind, erstellen Sie eine Vorlage.

① Erzeugen Sie eine neue leere Präsentation.

② Wechseln Sie in die Ansicht *Folienmaster* und weisen Sie dem Folienmaster das Design *Rückblick* zu.

③ Fügen Sie als Hintergrundgrafik im Folienmaster das Bild *Gardasee* ein.

④ Lassen Sie die Hintergrundgrafik für alle Folien übernehmen.

⑤ Weisen Sie dem Folienmaster die Designfarben *Papier* zu.

⑥ Speichern Sie die Präsentation als Vorlage unter dem Namen *Urlaub-E*.

⑦ Erstellen Sie eine neue Präsentation und verwenden Sie hierzu die neu erstellte Vorlage.

# 14  Folien und Begleitmaterial drucken

### In diesem Kapitel erfahren Sie

✔ wie Sie die Folien vor dem Ausdruck kontrollieren

✔ wie Sie Ausdrucke mit besonderen Einstellungen optimieren können

✔ wie Sie Begleitmaterial erstellen

### Voraussetzungen

✔ Mit verschiedenen Ansichten arbeiten

## 14.1  Die Druckvorschau nutzen

### Layout mit der Druckvorschau kontrollieren

Vor einem Ausdruck empfiehlt es sich, die Präsentation in der Druckvorschau zu kontrollieren. Hier wird angezeigt, wie die Folien bei einem Ausdruck ausgegeben werden. Sie können bei Bedarf noch Korrekturen vornehmen und dadurch fehlerhafte Ausdrucke vermeiden.

▶ Klicken Sie auf das Register *DATEI* und wählen Sie *Drucken*.

Alternative: Strg P

In der Druckvorschau wird die zuletzt angezeigte Folie eingeblendet.

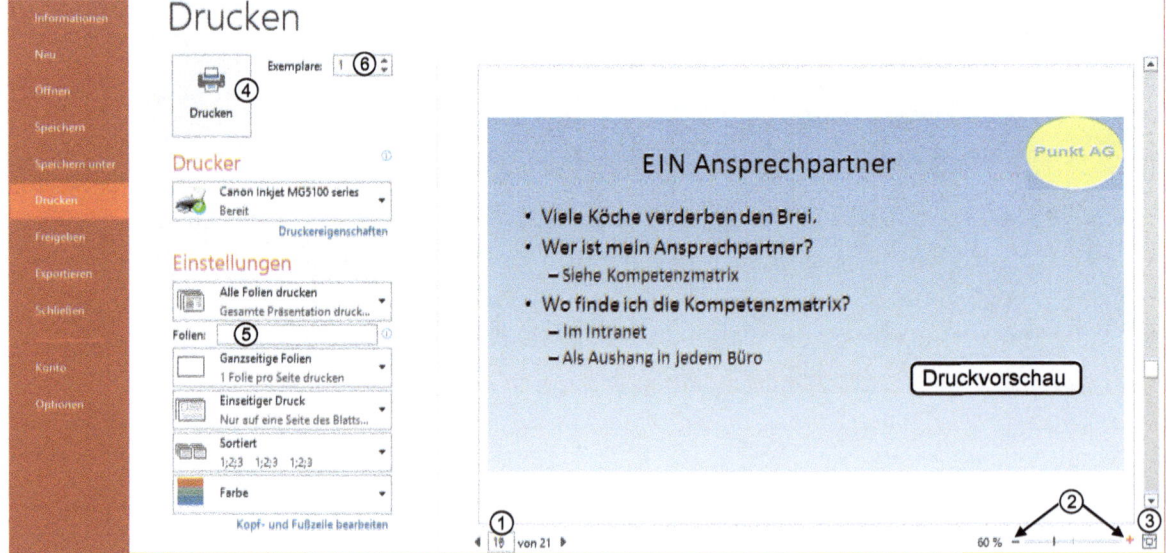

© HERDT-Verlag

| Sie möchten ... | |
|---|---|
| zu einer bestimmten Folie wechseln | ▶ Blättern Sie über die Pfeilschaltflächen ◀ 16 von 21 ▶ zur nächsten bzw. vorherigen Folie.<br><br>*oder* Geben Sie die Seitenzahl bei ① ein und bestätigen Sie mit ⏎. |
| die Folie kleiner oder größer anzeigen | ▶ Klicken Sie auf – ② bzw. + ②, um die Ansicht in 10%-Schritten zu verkleinern bzw. zu vergrößern. |
| wieder eine ganze Folie anzeigen | ▶ Klicken Sie auf ▣ ③, um nur die bei ① angegebene Folie anzuzeigen. |
| die gesamte Präsentation drucken | ▶ Klicken Sie auf ④ *Drucken*. |
| nur bestimmte Folien ausdrucken | ▶ Geben Sie die Seitenzahlen der zu druckenden Folien ins Feld ⑤ ein (z. B. 1;4 oder 2-7). Im Feld darüber wird *Benutzerdefinierter Bereich* aktiviert. |
| mehrere Exemplare drucken | ▶ Geben Sie die Anzahl der zu druckenden Exemplare ins Feld ⑥ ein. |

## Ausdrucke mithilfe von Druckeinstellungen optimieren

▶ Klicken Sie im Bereich *Einstellungen* auf ④ und wählen Sie den gewünschten Eintrag.

▶ Möchten Sie die Folienränder durch Rahmenlinien hervorheben (z. B. bei Folien mit sehr heller Hintergrundfarbe), aktivieren Sie *Folienrahmen* ⑤.

▶ Wenn Sie die Folien in der Höhe bzw. Breite automatisch an die Papiergröße anpassen möchten, aktivieren Sie *Auf Seitenformat skalieren* ⑥.

▶ Um die Druckauflösung zu erhöhen und die Druckqualität von transparenten Grafiken und Schatten zu verbessern, aktivieren Sie *Hohe Qualität* ⑦.

## 14.2   Begleitmaterial erstellen

### Begleitmaterial für eine Präsentation erstellen

Sie können zusätzlich zu einer Präsentation folgendes Infomaterial anfertigen:

✔ Die sogenannten **Handzettel** sind eine besondere Form des Ausdrucks, bei dem eine oder mehrere Folien in verkleinerter Form auf einer Druckseite erscheinen.

✔ PowerPoint bietet Ihnen mit den sogenannten **Notizenseiten** die Möglichkeit, zu jeder Folie Notizen einzugeben und diese mit der betreffenden Folie zu drucken.

✔ Zusätzlich zu einer Präsentation können Sie die **Gliederungsansicht** der Präsentation drucken (vgl. Abschnitt 7.3).

## Handzettel erzeugen (drucken)

Folien lassen sich in Form von Handzetteln drucken, d. h. in Form eines verkleinerten Ausdrucks einer oder mehrerer Folien auf einer Druckseite. Werden diese Handzettel an das Publikum verteilt, brauchen die Zuhörer weniger mitzuschreiben und können sich besser auf den Vortrag konzentrieren.

▶  Um Handzettel zu drucken, klicken Sie auf ① und wählen Sie das gewünschte Handzettellayout im Bereich *Handzettel* ②.

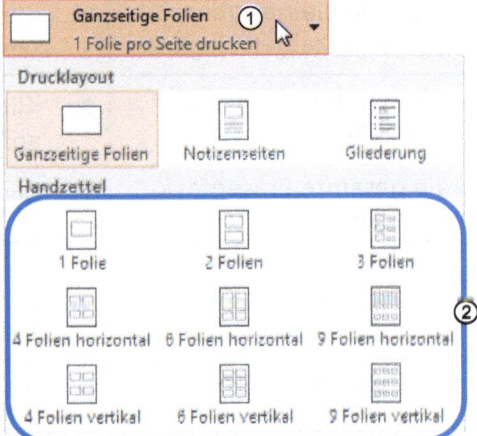

Hierbei können Sie bestimmen, ob 1, 2, 3, 4, 6 oder 9 Folien auf ein Blatt gedruckt werden. Wenn Sie 4, 6 oder 9 Folien auf ein Blatt drucken möchten, stehen Ihnen jeweils zwei Varianten zur Auswahl, mit denen Sie festlegen, ob die Folien auf dem Blatt von links nach rechts (Zusatz *Horizontal*) oder von oben nach unten (Zusatz *Vertikal*) angeordnet werden.

## Begleitmaterial mithilfe der Druckvorschau anpassen und drucken

Auch Begleitmaterial können Sie vor dem Ausdruck in der Druckvorschau kontrollieren bzw. für den Ausdruck anpassen. Sie können hier beispielsweise Einfluss auf Ausgabeformat und Gestaltung des gewünschten Zusatzmaterials nehmen:

▶  Wählen Sie im Feld ③ das Begleitmaterial, das gedruckt werden soll.

▶  Sollten Sie eine andere Seitenausrichtung für den Ausdruck des Begleitmaterials wünschen, klicken Sie auf ④ und wählen Sie *Hochformat* bzw. *Querformat*.

▶  Um die Ausdrucke mit Kopf- und Fußzeilen zu versehen, klicken Sie auf *Kopf- und Fußzeile bearbeiten* ⑤.

▶  Legen Sie im Register *Notizen und Handzettel* fest, ob und mit welchem Inhalt die verschiedenen Elemente eingefügt werden sollen.

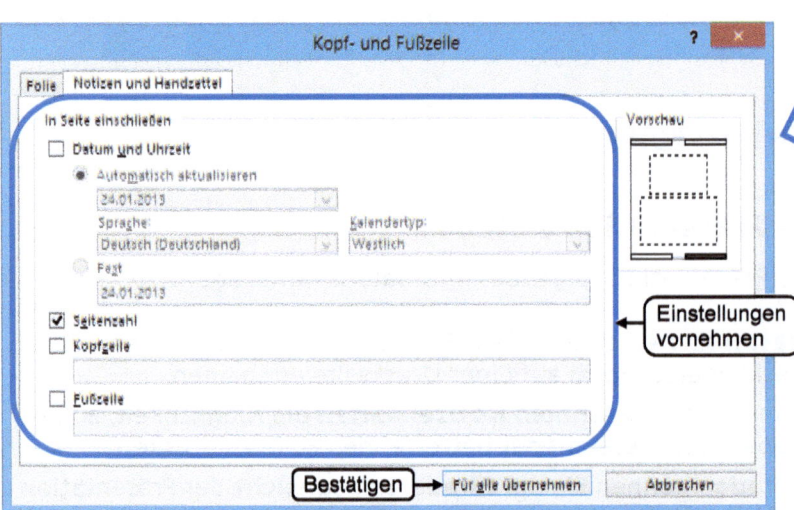

## Notizen für den Vortrag eingeben und drucken

Zu jeder Folie können Sie Notizen eingeben, und zwar entweder im Notizenbereich der Normalansicht oder auf der sogenannten Notizenseite.

Jede Notizenseite enthält eine verkleinerte Kopie der jeweiligen Folie sowie einen Platzhalter für Ihre Anmerkungen. Der Text, der in diesen Platzhalter eingegeben wird, ist derselbe wie derjenige im Notizenbereich der Normalansicht.

Notizen können gedruckt und dann z. B. als Stichwortliste für den Vortrag verwendet werden. Dadurch, dass die Folie und die jeweils dazugehörige Anmerkung auf demselben Blatt gedruckt werden, ist eine eindeutige Zuordnung von Folie und Notiztext gewährleistet.

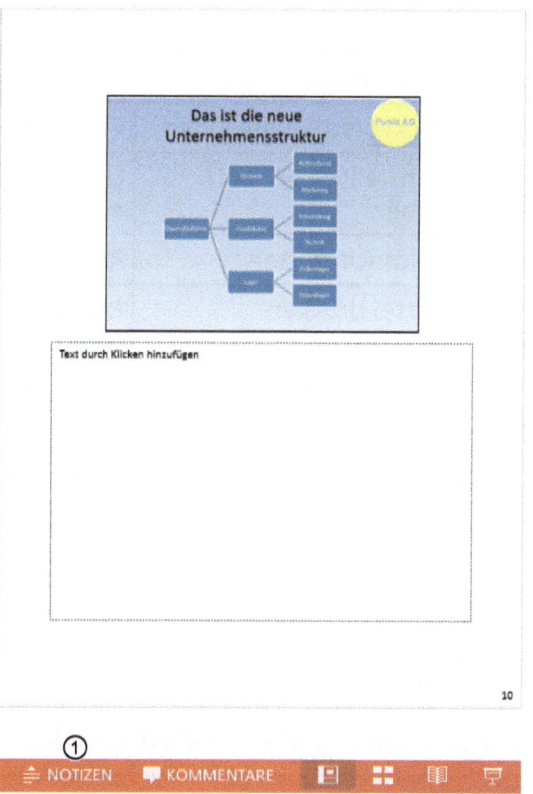

### Notizen eingeben

▶ Zeigen Sie die betreffende Folie in der Normalansicht an und klicken Sie in der Statusleiste auf *Notizen* ①.

*oder*

▶ Um die Notizen in der Notizenseiten-Ansicht einzugeben, klicken Sie im Register *ANSICHT* in der Gruppe *Präsentationsansichten* auf *Notizenseite*.

▶ Geben Sie die gewünschten Anmerkungen in den Notizenbereich bzw. den Platzhalter ein.

▶ Um für weitere Folien Notizen einzugeben, blättern Sie z. B. mit der Bildlaufleiste zur gewünschten Folie.

### Notizen drucken

▶ Klicken Sie auf das Register *DATEI* und wählen Sie *Drucken*.

▶ Klicken Sie im Bereich *Einstellungen* auf ① und wählen Sie *Notizenseiten* ②.

▶ Passen Sie bei Bedarf weitere Druckeinstellungen an und starten Sie den Ausdruck mit *Drucken*.

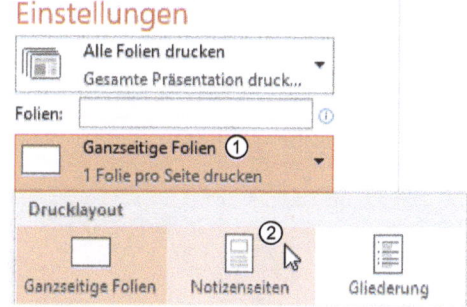

## 14.3   Schnellübersicht

| Sie möchten ... | |
|---|---|
| die Druckvorschau anzeigen | Register *DATEI*, Kategorie *Drucken* oder Strg P |
| Druckeinstellungen vornehmen | Über den Bereich *Einstellungen* die gewünschten Einträge auswählen |
| den Ausdruck starten | Register *DATEI*, *Drucken* |
| Handzettel drucken | Register *DATEI*, *Drucken*, *Ganzseitige Folien*, im Bereich *Handzettel* Anzahl der Handzettel pro Blatt einstellen |
| Notizenseiten anzeigen | Register *ANSICHT*, Gruppe *Präsentationsansichten*, *Notizenseiten* |
| Notizen drucken | Register *DATEI*, Kategorie *Drucken*, *Ganzseitige Folien*, im Bereich *Drucklayout* Option *Notizenseiten* wählen |

## 14.4   Übung

### Folien kontrollieren und drucken

| Level | | Zeit | ca. 10 min |
|---|---|---|---|
| Übungsinhalte | ✔ Mit der Druckvorschau das Layout kontrollieren<br>✔ Handzettel drucken<br>✔ Notizen eingeben und drucken | | |
| Übungsdatei | *Recht* | | |

①   Öffnen Sie die Präsentation *Recht*.

②   Kontrollieren Sie das Layout der Folien in der Druckvorschau.

③   Alle Folien enthalten als Gestaltungselement Pinnnadeln. Vergrößern Sie in der Druckvorschau die Ansicht auf 400 % und prüfen Sie in dieser Vergrößerungsstufe für eine der Pinnnadeln, ob sie voraussichtlich korrekt und optisch ansprechend gedruckt wird.

    

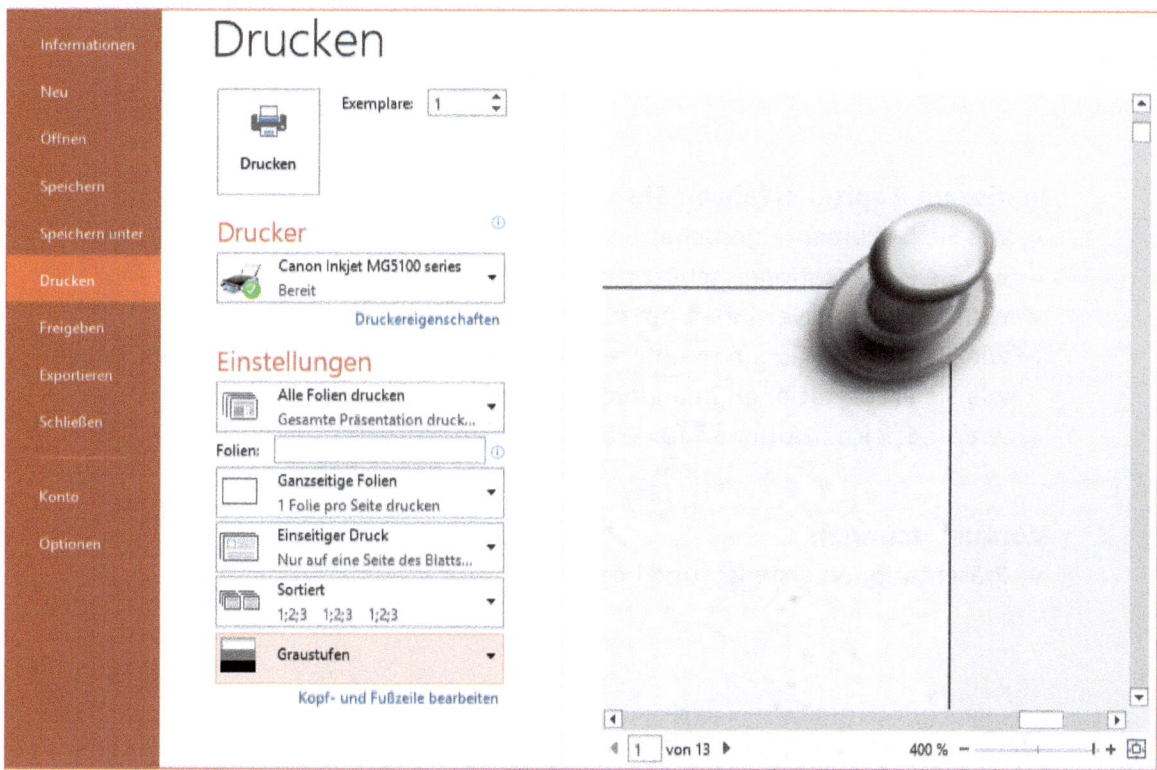

④ Überlegen Sie sich, was Sie tun könnten, wenn die Druckqualität der Pinnnadeln zu wünschen übrig ließe.

⑤ Lassen Sie wieder eine ganze Folie anzeigen.

⑥ Drucken Sie zur Übersicht Handzettel für die gesamte Präsentation aus. Hierbei sollen jeweils neun Folien auf einer Seite dargestellt werden und die Folien sollen einen Folienrahmen erhalten.

⑦ Geben Sie zu der ersten Folie die folgenden Stichworte als Notiz ein:

*Moderne Technologien und Medien*

*Recht wandelt sich*

*Andere Länder - andere Sitten*

⑧ Drucken Sie die betreffende Notizenseite.

⑨ Schließen Sie die Präsentation, ohne die durchgeführten Änderungen zu speichern.

# 15 Präsentationen verwalten

**In diesem Kapitel erfahren Sie**

- ✔ wie Sie Dokumenteigenschaften für Präsentationen festlegen bzw. löschen
- ✔ wie Sie Präsentationen schützen
- ✔ wie Sie Entwurfsversionen nutzen
- ✔ wie Sie Präsentationen in unterschiedlichen PowerPoint-Versionen einsetzen
- ✔ wie Sie Präsentationen in anderen Formaten speichern
- ✔ wie Sie Speicheroptionen für Präsentationen festlegen

**Voraussetzungen**

- ✔ Präsentationen erstellen und bearbeiten

## 15.1 Dokumenteigenschaften festlegen

### Wozu dienen Dokumenteigenschaften?

Dokumenteigenschaften unterstützen Sie dabei, die Übersicht über die auf Ihrem Rechner gespeicherten Präsentationen zu behalten. Mit ihrer Hilfe sehen Sie etwa, wann bzw. von wem eine Präsentation zuletzt gespeichert wurde. Außerdem lassen sich Präsentationen über die jeweiligen Dokumenteigenschaften schnell wiederfinden, da bei der Windows-Suche nach vielen der dort eingetragenen Informationen gezielt gesucht werden kann.

### Dokumenteigenschaften anzeigen

▶ Zeigen Sie das Register *DATEI*, Kategorie *Informationen*, an.

Im rechten Fensterbereich werden ausgewählte Eigenschaften der Präsentation angezeigt. Beim Speichern werden unter anderem folgende Angaben automatisch eingetragen:

- ✔ Dateigröße,
- ✔ Erstelldatum,
- ✔ Datum, an dem die Datei zuletzt gespeichert wurde,
- ✔ Anwender, der die Datei zuletzt gespeichert hat.

Die automatisch generierten Dokumenteigenschaften lassen sich nachträglich **nicht** bearbeiten.

▶ Um weitere Dokumenteigenschaften einzublenden, klicken Sie unterhalb der aufgelisteten Dokumenteigenschaften auf *Alle Eigenschaften anzeigen* ①.

Standardmäßig wird beim Erstellen eines neuen Dokuments in den Dokumenteigenschaften der Benutzername desjenigen als Autor eingetragen, der die Datei zuerst gespeichert hat. Möchten Sie, dass **zukünftig** für den Autor ein anderer Name eingetragen wird, klicken Sie im Register *DATEI* auf *Optionen*. Tragen Sie im nun geöffneten Dialogfenster in der Kategorie *Allgemein* den gewünschten Namen ins Feld *Benutzername* ein und bestätigen Sie mit *OK*. Diese Änderung gilt für **alle** Microsoft-Office-Apps.

## Dokumenteigenschaften bearbeiten

▶ Klicken Sie in der rechten Spalte der Eigenschaften auf den Eintrag, den Sie bearbeiten möchten.

▶ Geben Sie die gewünschten Informationen ein bzw. ändern Sie bereits vorhandene Einträge.

▶ Klicken Sie auf eine beliebige Stelle außerhalb des Feldes, um die Eingabe abzuschließen.

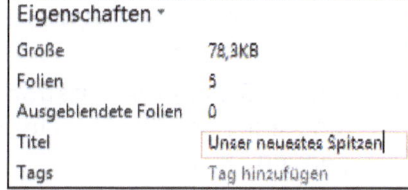

## Dokumenteigenschaften und andere persönliche Informationen aus einer Präsentation entfernen

Sie können bei Bedarf sämtliche Einträge in den Dokumenteigenschaften sowie andere sensible Informationen oder ausgeblendete Daten aus einer Präsentation entfernen. Dies kann beispielsweise sinnvoll sein, wenn Sie die Präsentation an andere Benutzer weiterleiten möchten, die keine Kenntnis von den betreffenden Informationen/Daten erhalten sollen.

Hierzu prüfen Sie zunächst die Präsentation auf das Vorhandensein sensibler Informationen, die Sie anschließend gezielt aus der entsprechenden Datei entfernen können.

▶ Wechseln Sie zum Register *DATEI*, Kategorie *Informationen*.

▶ Klicken Sie auf *Auf Probleme überprüfen* und wählen Sie *Dokument prüfen*.

▶ Stellen Sie sicher, dass das Kontrollfeld ① aktiviert ist.

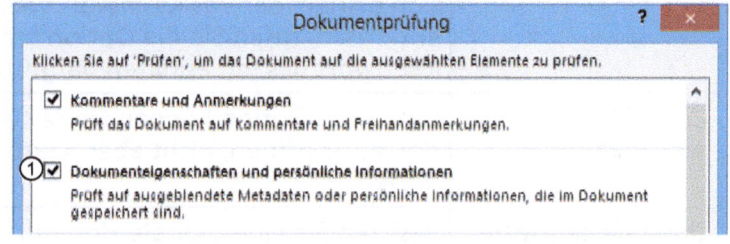

▶ Schließen Sie gegebenenfalls andere Informations-/Datenkategorien aus der anschließenden Prüfung der Präsentation aus, indem Sie die entsprechenden Kontrollfelder deaktivieren.

▶ Starten Sie mit *Prüfen* die Überprüfung der Präsentation auf das Vorhandensein der von Ihnen festgelegten Suchkriterien.

   Im Dialogfenster *Dokumentprüfung* erscheint hinter jeder gefundenen Informations- bzw. Datenkategorie, die entsprechende Inhalte aufweist, die Schaltfläche *Alle entfernen*.

▶ Entfernen Sie die gewünschten Informationen/Daten aus der Präsentation, indem Sie im entsprechenden Bereich *Alle entfernen* anklicken.

▶ Klicken Sie abschließend auf *Schließen*.

##  15.2    Präsentationen schützen

### Zugriffsberechtigungen für Präsentationen vergeben

Für Präsentationen können Sie z. B. einen Schreibschutz festlegen, um die Bearbeitung einzuschrän-
ken, oder ein Kennwort vergeben, um ein unberech-
tigtes Öffnen zu verhindern.

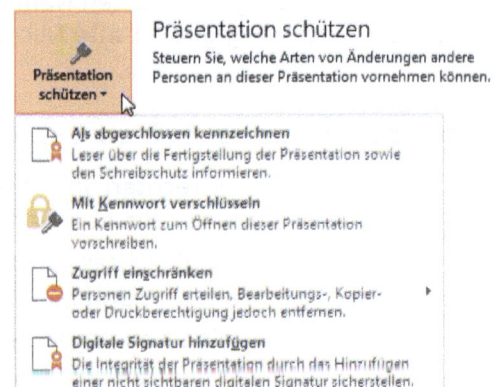

▶ Aktivieren Sie das Register *DATEI*, Kategorie
*Informationen*.

▶ Klicken Sie auf *Präsentation schützen* und wählen Sie die gewünschte Option gemäß der folgenden Tabelle.

| | |
|---|---|
| *Als abgeschlossen kennzeichnen* | Eine so gekennzeichnete Präsentation erhält einen Schreibschutz. Zusätzlich wird den Dateieigenschaften der Status *Endgültig* zugewiesen. Wird eine als abgeschlossen gekennzeichnete Präsentation geöffnet, erscheint ein Hinweis und in der Statusleiste das Symbol. Der Schreibschutz kann jedoch von jedem Benutzer wieder entfernt werden. |
| *Mit Kennwort verschlüsseln* | Bei Auswahl dieser Option können Sie anschließend ein Kennwort vergeben. Nur derjenige Benutzer kann anschließend die Präsentation öffnen, der das Kennwort weiß. Um ein Kennwort wieder zu entfernen, rufen Sie die Option erneut auf und löschen Sie im Feld *Kennwort* das mit Punkten dargestellte Kennwort. |
| *Zugriff einschränken* | Mit dieser Option können Sie festlegen, dass andere Ihre Präsentation zwar öffnen, nicht aber bearbeiten, kopieren oder ausdrucken dürfen. |
| *Digitale Signatur hinzufügen* | Besitzen Sie eine digitale Signatur, können Sie sie hier einfügen. |

##  15.3    Nicht gespeicherte Präsentationen wiederherstellen

### Welche Vorteile bieten Entwurfsversionen?

Die standardmäßig in PowerPoint aktivierte Funktion AutoWiederherstellen speichert
automatisch **alle 10 Minuten** für jede geöffnete Präsentation eine sogenannte **Entwurfsversion**. Wenn Sie eine Präsentation schließen, ohne sie zuvor zu speichern, steht die
**zuletzt** angelegte Entwurfsversion der Datei **vier Tage** lang auf Ihrem Rechner zur Verfügung.

✔ Sie können **während** der Arbeit an einer Präsentation jederzeit **eine** der bei der Bearbeitung der Datei entstandenen Entwurfsversionen laden, z. B. um den aktuellen Inhalt
der Datei durch den älteren Bearbeitungsstand der Entwurfsversion zu ersetzen.

✔ Wenn Sie versehentlich eine Präsentation ohne Speichern **geschlossen** haben, können
Sie die **zuletzt** erstellte Entwurfsversion der Datei öffnen und diese anschließend speichern. So lässt sich ein größerer Datenverlust vermeiden.

Möchten Sie das Zeitintervall verkürzen, nach dem PowerPoint automatisch eine Entwurfs-version speichert, gehen Sie folgendermaßen vor: Wechseln Sie zum Register *DATEI* und klicken Sie im linken Fensterbereich auf *Optionen*. Aktivieren Sie im geöffneten Dialog-fenster die Kategorie *Speichern* und tragen Sie im Feld ① einen niedrigeren Wert ein.

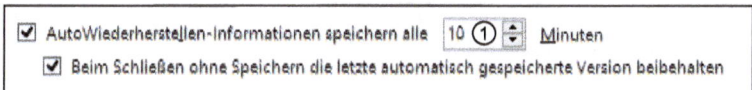

## Entwurfsversionen laden und verwenden

### Fall 1: Einen früheren Bearbeitungsstand einer geöffneten Präsentation laden

Haben Sie während der Arbeit an einer Präsentation größere Änderungen vorgenommen, die Sie nicht in die Datei übernehmen möchten, ist es gegebenenfalls sehr aufwendig, die entsprechenden Änderungen wieder rückgängig zu machen.

Sie können stattdessen auch einfach einen früheren Bearbeitungsstand der Datei laden:

▶   Aktivieren Sie das Register *DATEI*, Kategorie *Informationen*.

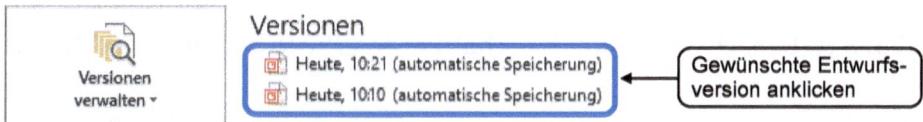

Der entsprechende Bearbeitungsstand der Präsentation wird geladen und die Dokumenta-tionsleiste wird eingeblendet.

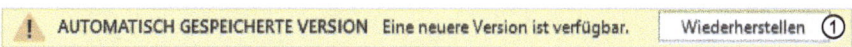

▶   Möchten Sie den aktuellen Inhalt der Präsentation durch den Inhalt der geladenen Ent-wurfsversion ersetzen, klicken Sie auf *Wiederherstellen* ① und bestätigen Sie die ein-geblendete Rückfrage mit *OK*.

Das Ersetzen des Dateiinhalts durch einen älteren Bearbeitungsstand lässt sich nicht rück-gängig machen.

### Fall 2: Die letzte Entwurfsversion einer <u>neu erstellten</u> Präsentation wiederherstellen

Wenn Sie in eine neu erstellte Präsentation Daten eingegeben haben und die Datei ohne Speichern schließen, können Sie die zuletzt erstellte Entwurfsversion wiederherstellen.

▶   Aktivieren Sie das Register *DATEI*, Kategorie *Informationen*.

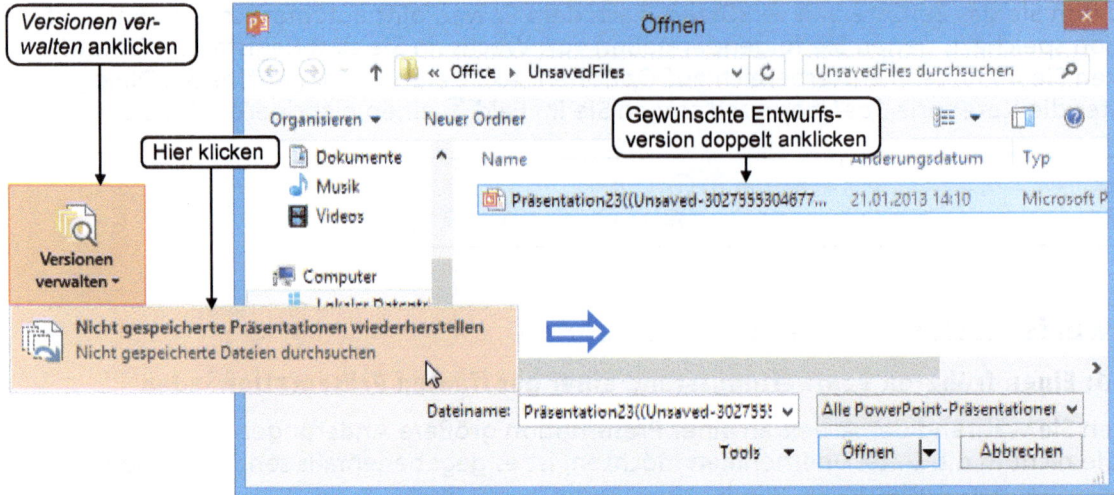

PowerPoint öffnet die entsprechende Präsentation und die Dokumentationsleiste wird eingeblendet.

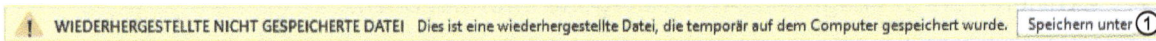

▶ Sie können die Datei (z. B. nach Anklicken der Schaltfläche ①) wie gewohnt speichern.

### Fall 3: Die letzte Entwurfsversion einer geänderten Präsentation wiederherstellen

Haben Sie eine bereits vorhandene Präsentation bearbeitet und diese versehentlich geschlossen, ohne die Änderungen zu speichern, können Sie die letzte Entwurfsversion dieser
Datei wiederherstellen.

▶ Öffnen Sie die Präsentation, die Sie geschlossen haben, ohne dort vorgenommene
Änderungen zu speichern.

▶ Wechseln Sie zum Register *DATEI*, Kategorie *Informationen*.

▶ Um den Inhalt der Original-Präsentation durch den Inhalt der geladenen Entwurfsversion zu ersetzen, klicken Sie in der eingeblendeten Dokumentationsleiste auf
*Wiederherstellen* und bestätigen Sie die Rückfrage mit *OK*.

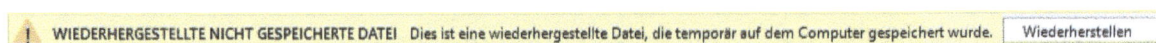

 Das Ersetzen des Dateiinhalts durch den Inhalt der Entwurfsversion lässt sich nicht rückgängig machen.

### Präsentationen wiederherstellen

Es kann passieren, dass PowerPoint unerwartet, z. B. durch
einen Systemabsturz oder Stromausfall, beendet wird. Beim
nächsten Start von PowerPoint wird auf dem Startbildschirm
meist der Hinweis eingeblendet, dass Dateien wiederherge-
stellt werden können. Klicken Sie auf *Wiederhergestellte
Dateien anzeigen* ①, um den Aufgabenbereich *Dokumentwiederherstellung* einzublenden.

Der Aufgabenbereich *Dokumentwiederherstellung* zeigt bis zu drei Versionen der zum Zeitpunkt des Absturzes bearbeiteten Präsentationen an.

Sie können für jede angezeigte Version entscheiden, ob Sie diese öffnen oder speichern. Ist PowerPoint aufgrund einer fehlerhaften Präsentation abgestürzt, wird eine reparierte Präsentation aufgeführt, deren Reparaturen Sie anzeigen lassen können.

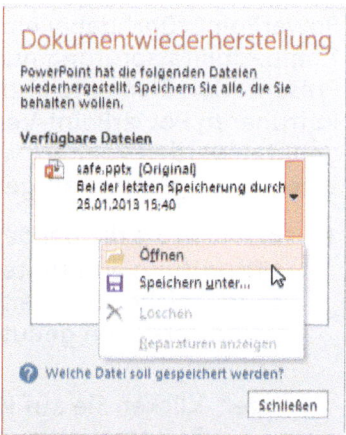

## 15.4 Präsentationen in unterschiedlichen PowerPoint-Versionen nutzen

### PowerPoint-2013-Präsentationen in den Programmversionen 97 - 2003 nutzen

PowerPoint-2013-Präsentationen können auch in den PowerPoint-Versionen 97 - 2003 verwendet werden. Voraussetzung hierfür ist jedoch, dass die entsprechenden Dateien (wie im Anschluss erläutert) im PPT-Dateiformat gespeichert wurden oder ein entsprechender Dateikonverter installiert wurde.

In Präsentationen, die das PPT-Dateiformat besitzen, lassen sich jedoch die meisten der neueren App-Funktionalitäten **nicht** nutzen. Hierzu gehören beispielsweise Designs und SmartArts.

### Präsentationen für die Verwendung in PowerPoint 97 - 2003 speichern

▶ Öffnen Sie die Präsentation, die Sie in der PowerPoint-Version 97 - 2003 speichern wollen.

▶ Wechseln Sie ins Register *DATEI* und klicken Sie auf *Exportieren* ①.

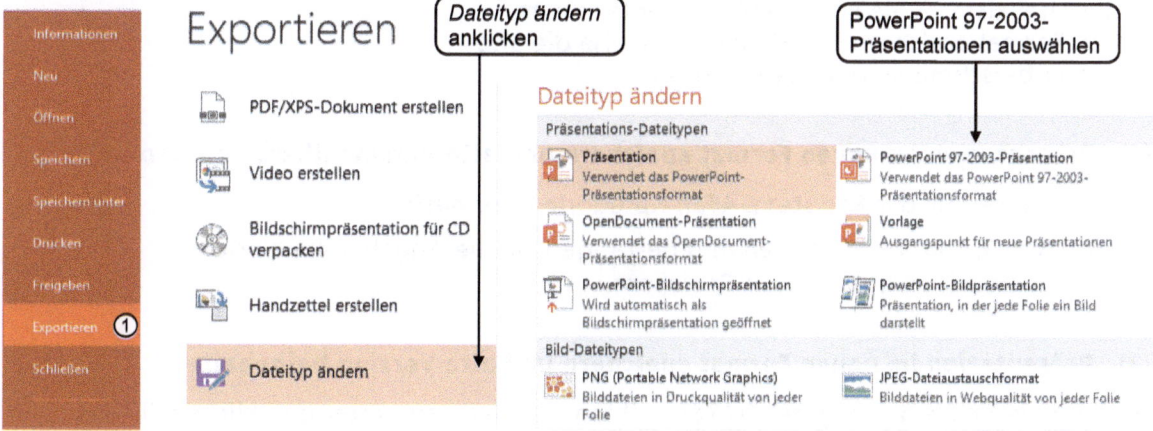

▶ Vergeben Sie anschließend bei Bedarf einen neuen Namen bzw. legen Sie einen anderen Speicherort fest.

PowerPoint führt dabei eine sogenannte Kompatibilitätsprüfung durch. Falls in der Präsentation Elemente enthalten sind, die in früheren PowerPoint-Versionen nicht genutzt werden können, werden diese in einem Dialogfenster aufgelistet.

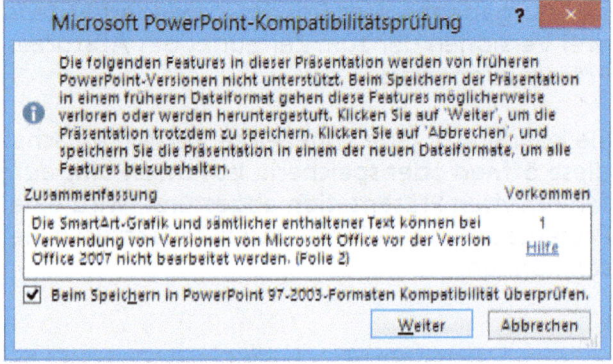

▶ Ersetzen Sie die bei der Kompatibilitätsprüfung ermittelten Elemente durch solche, die in älteren Power-Point-Versionen genutzt werden können.

  *oder* Klicken Sie auf *Weiter*, um die Präsentation zu speichern und dabei die im Dialogfenster angezeigten Elemente zu entfernen.

Die umgewandelte Präsentation wird angezeigt und in der Titelleiste mit dem Zusatz *[Kompatibilitätsmodus]* gekennzeichnet. Die ursprüngliche Präsentation im PowerPoint-2013-Format bleibt unverändert erhalten, wird bei dem Vorgang jedoch automatisch geschlossen.

 Sie können die Kompatibilitätsprüfung auch starten, ohne die betreffende Präsentation in einem älteren Dateiformat zu speichern. Aktivieren Sie hierzu das Register *DATEI*, Kategorie *Informationen*, klicken Sie auf *Auf Probleme überprüfen* und wählen Sie *Kompatibilität prüfen*.

Präsentationen, die mit PowerPoint 2013 erstellt wurden, lassen sich meist ohne Kompatibilitätsprobleme mit PowerPoint 2010 verwenden. Da bereits das gleiche Dokumentenformat verwendet wird, ist für diese Programmversion kein spezieller Export nötig.

## Präsentationen älterer PowerPoint-Versionen in PowerPoint 2013 nutzen

Wenn Sie eine Präsentation in PowerPoint 2013 laden, die in den Versionen 97 - 2003 erstellt wurde, wird die betreffende Präsentation im sogenannten Kompatibilitätsmodus geöffnet.

Sie erkennen dies am Zusatz *[Kompatibilitätsmodus]* in der Titelleiste ①. Sie können die Präsentation im neuen Format speichern und dabei wahlweise die alte Version überschreiben oder beibehalten.

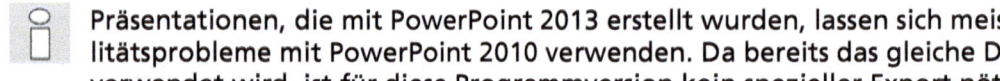

Gesetzeslage [Kompatibilitätsmodus] - PowerPoint
①

**(1) Präsentation im neuen Format speichern und alte Version überschreiben**

▶ Aktivieren Sie das Register *DATEI*, Kategorie *Informationen*.

▶ Klicken Sie auf *Konvertieren* und bestätigen Sie die Angaben im eingeblendeten Dialogfenster mit *Speichern*.

**(2) Präsentation im neuen Format speichern und alte Version beibehalten**

▶ Aktivieren Sie das Register *DATEI*, wählen Sie *Speichern unter* und klicken Sie auf *Durchsuchen*.

▶ Wählen Sie im Feld *Dateityp* das Dateiformat *PowerPoint-Präsentation* aus und bestätigen Sie mit *Speichern*.

     

## 15.5    Präsentationen in anderen Formaten speichern

### Präsentationen für die Verwendung in anderen Apps speichern

PowerPoint bietet die Möglichkeit, Präsentationen in fremden Dateiformaten zu speichern. So lassen sich PowerPoint-Präsentationen auch in anderen Programmen nutzen bzw. auf Rechnern lesen bzw. bearbeiten, auf denen PowerPoint nicht installiert ist.

▶  Wechseln Sie zum Register *DATEI*, wählen Sie im linken Fensterbereich *Exportieren* und klicken Sie auf *Dateityp ändern*.

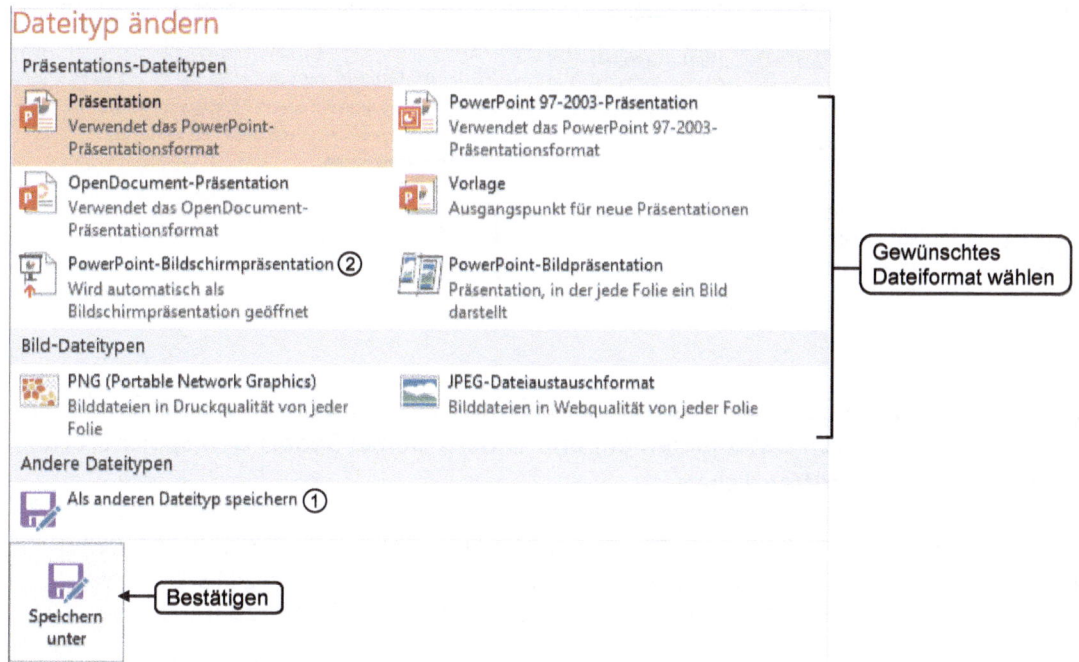

✔  Sollte das gewünschte Dateiformat nicht aufgelistet sein, klicken Sie doppelt auf *Als anderen Dateityp* speichern ① und stellen Sie im Feld *Dateityp* des eingeblendeten Dialogfensters das Format ein.

✔  Sollte das Format der Anwendung auch hier nicht zur Verfügung stehen, empfiehlt es sich, die Präsentation im sogenannten Rich-Text-Format (Eintrag *Gliederung/RTF* im Feld *Dateityp*) zu speichern. Dies ist ein Standardformat, das von den meisten Textverarbeitungsprogrammen gelesen werden kann.

### Präsentation als Bildschirmpräsentation speichern

Präsentationen können Sie auch im Format PowerPoint-Bildschirmpräsentation (*.ppsx) speichern. Dadurch lässt sich die Bildschirmpräsentation direkt starten, z. B. indem Sie die Datei im Datei-Explorer doppelt anklicken. Ein weiterer Vorteil ist, dass Sie die Bildschirmpräsentation auf einem Rechner starten können, auf dem kein PowerPoint installiert ist.

▶  Öffnen Sie die Präsentation, die Sie im PPSX-Format speichern möchten.

▶  Wechseln Sie zum Register *DATEI*, wählen Sie im linken Fensterbereich *Exportieren* und klicken Sie auf *Dateityp ändern*.

▶  Klicken Sie auf *PowerPoint-Bildschirmpräsentation* ②.

### Präsentationen im PDF-Format speichern

Sie können Präsentationen auch im PDF-Format (Portable Document Format) speichern. PDF ist ein universelles Dateiformat, das alle Formatierungen und eingefügten Objekte der ursprünglichen Datei unverändert beibehält und eine geringe Dateigröße bietet.

Um eine Datei in diesem Format originalgetreu anzeigen und drucken zu können, wird lediglich der Adobe Reader benötigt, den Sie im Internet über *http://get.adobe.com/de/reader/otherversions* kostenlos herunterladen können.

▶ Öffnen Sie die Präsentation, die Sie in diesem Format speichern möchten.

▶ Wechseln Sie zum Register *DATEI* und klicken Sie im linken Fensterbereich auf *Exportieren*.

▶ Stellen Sie sicher, dass im mittleren Fensterbereich *PDF/XPS-Dokument erstellen* aktiviert ist, und klicken Sie im rechten Fensterbereich auf *PDF/XPS-Dokument erstellen*.

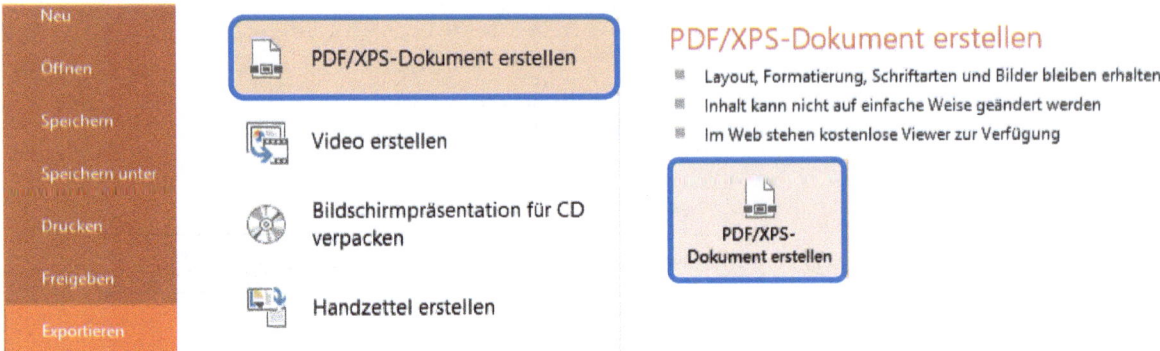

▶ Geben Sie im anschließend geöffneten Dialogfenster *Als PDF oder XPS veröffentlichen* eventuell einen anderen Dateinamen ein und ändern Sie bei Bedarf den Speicherort.

▶ Bestätigen Sie mit *Veröffentlichen*.

Standardmäßig wird die Windows-App Reader geöffnet und das neu erstellte PDF-Dokument dort angezeigt. In PowerPoint wird das ursprüngliche PowerPoint-2013-Dokument angezeigt. Wenn Sie die PDF-Datei drucken möchten, öffnen Sie sie hierzu im Adobe Reader.

Sie können Präsentationen auch in anderen Formaten speichern, indem Sie im Register *DATEI* auf *Speichern unter* klicken und im Feld *Dateityp* das Format wählen.

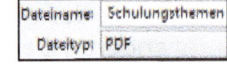

## 15.6　Speicheroptionen für Präsentationen festlegen

### Anderen Ordner als Standardarbeitsordner festlegen

Beim erstmaligen Öffnen bzw. Speichern einer Präsentation über das Register *DATEI*, *Öffnen* und Doppelklick auf *Computer* (Alternative: Strg Alt F2) bzw. *Speichern unter* und Doppelklick auf *Computer* (Alternative: F12) wird im eingeblendeten Dialogfenster der Standardarbeitsordner angezeigt. Dies ist in der Regel der Ordner *Eigene Dokumente*. Oftmals wird die Mehrzahl der Präsentationen jedoch in einem anderen, neu erstellten Ordner abgelegt. In diesem Fall lohnt es sich, als Standardarbeitsordner für PowerPoint-Präsentationen den Ordner zu wählen, in dem Sie häufig benutzte Präsentationen gespeichert haben.

▶ Wechseln Sie ins Register *DATEI*, klicken Sie im linken Fensterbereich auf *Optionen* und wechseln Sie im eingeblendeten Dialogfenster zur Kategorie *Speichern*.

▶ Tragen Sie in das Eingabefeld ① den Ordnernamen inklusive Pfad ein bzw. wählen Sie ihn über *Durchsuchen* aus.

▶ Bestätigen Sie mit *OK*.

Der so festgelegte Ordner wird anschließend standardmäßig in den Dialogfenstern *Öffnen* und *Speichern unter* angezeigt.

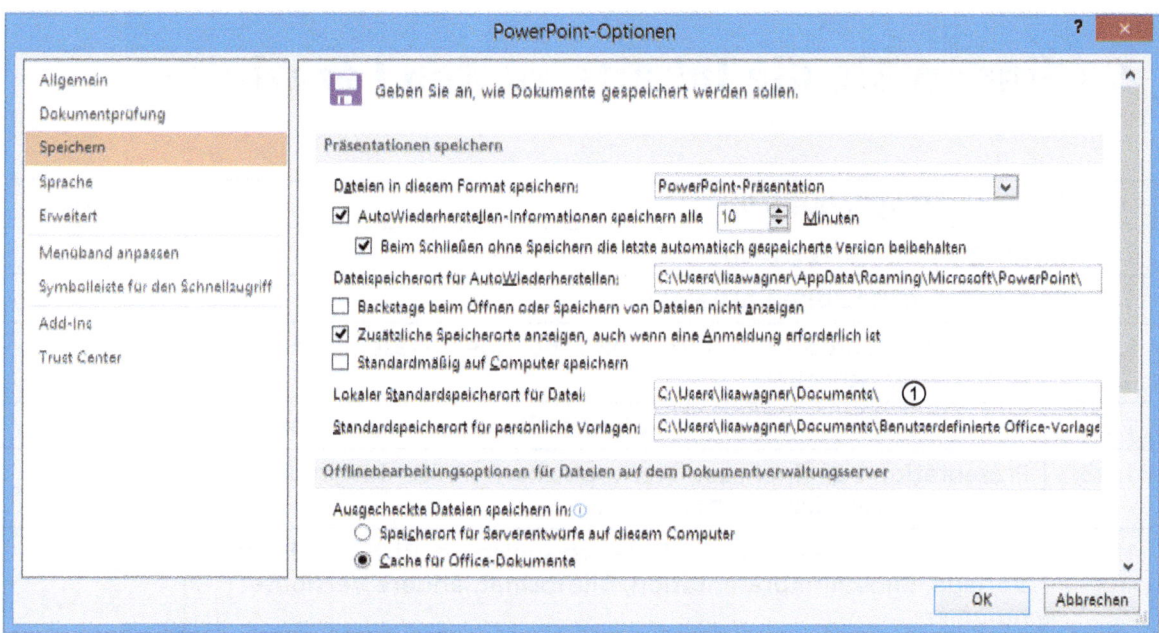

## 15.7  Schnellübersicht

| Sie möchten ... | |
|---|---|
| Dokumenteigenschaften anzeigen bzw. bearbeiten | Register *DATEI*, Kategorie *Informationen* |
| Dokumenteigenschaften aus einer Präsentation entfernen | Register *DATEI*, Kategorie *Informationen*, *Auf Probleme überprüfen*, *Dokument prüfen* |
| eine Präsentation als abgeschlossen kennzeichnen | Register *DATEI*, Kategorie *Information*, *Präsentation schützen*, *Als abgeschlossen kennzeichnen* |
| eine Präsentation vor unberechtigtem Zugriff schützen | Register *DATEI*, Kategorie *Information*, *Präsentation schützen*, *Mit Kennwort verschlüsseln* |
| Zugriffsberechtigungen aufheben bzw. ändern | Register *DATEI*, Kategorie *Information*, *Präsentation schützen*, *Mit Kennwort verschlüsseln*, *Kennwort löschen* bzw. ändern |
| einen früheren Bearbeitungsstand einer geöffneten Präsentation laden | Register *DATEI*, Kategorie *Informationen*, Bereich *Versionen*, Entwurfsversion wählen |
| die letzte Entwurfsversion einer neu erstellten Präsentation wiederherstellen | Register *DATEI*, Kategorie *Informationen*, Bereich *Versionen*, *Versionen verwalten*, *Nicht gespeicherte Präsentationen wiederherstellen* |
| die letzte Entwurfsversion einer geänderten Präsentation wiederherstellen | Register *DATEI*, Kategorie *Informationen*, Bereich *Versionen*, Entwurfsversion mit dem Zusatz *(bei Schließen ohne Speichern)* |
| eine Präsentation für die Verwendung in PowerPoint 97 - 2003 speichern | Register *DATEI*, Kategorie *Exportieren*, *Dateityp ändern*, *PowerPoint 97-2003-Präsentation* |
| eine Präsentation in einem anderen Dateiformat speichern | Register *DATEI*, Kategorie *Exportieren*, *Dateityp ändern* |
| einen anderen Standardspeicherort für Ihre Präsentationen festlegen | Register *DATEI*, *Optionen*, Kategorie *Speichern* |

# So finden Sie die Inhalte zu den Lernzielen

| Lernziele gemäß Syllabus 5.0 | | Seite(n) |
|---|---|---|
| **1** | **Programm verwenden** | |
| **1.1** | **Mit Präsentationen arbeiten** | |
| 1.1.1 | Präsentationsprogramm starten bzw. beenden. Präsentationen öffnen bzw. schließen. | 8-9, 14, 27, 30-32 |
| 1.1.2 | Neue Präsentation basierend auf einer Standardvorlage erstellen. | 30 |
| 1.1.3 | Präsentation auf einem Laufwerk speichern. Präsentation unter einem anderen Namen abspeichern. | 26-27 |
| 1.1.4 | Präsentation unter anderem Dateityp speichern: Rich Text Format, Vorlage, Bildschirmpräsentation, Bildformat, andere Versionsnummer. | 142-143, 157-159 |
| 1.1.5 | Zwischen offenen Fenstern wechseln. | 32-33 |
| **1.2** | **Produktivität verbessern** | |
| 1.2.1 | Basis-Optionen/Referenzen in einer Anwendung festlegen: Benutzername, Standardordner für das Öffnen und Speichern von Präsentationen. | 152-153, 160-161 |
| 1.2.2 | Hilfefunktionen verwenden. | 13-14 |
| 1.2.3 | Zoom verwenden. | 11 |
| 1.2.4 | Ein- und ausblenden integrierter Symbolleisten. Wiederherstellen und Minimieren der Multifunktionsleiste. | 12 |
| **2** | **Präsentation entwickeln** | |
| **2.1** | **Ansichten einer Präsentation** | |
| 2.1.1 | Die verschiedenen Ansichten einer Präsentation und deren Verwendungszweck kennen: Normal, Foliensortierung, Gliederung, Bildschirmpräsentation. | 10-11, 62-63 |
| 2.1.2 | Gute Praxis beim Erstellen von Folientiteln beachten: Treffenden Titel für jede einzelne Folie, um sie in der Gliederungsansicht leichter identifizieren zu können. | 66-67 |
| 2.1.3 | Zwischen den verschiedenen Ansichten einer Präsentation wechseln: Normal, Foliensortierung, Bildschirmpräsentation. | 62-63 |
| **2.2** | **Folien** | |
| 2.2.1 | Einer Folie ein anderes, im Programm verfügbares Folienlayout zuweisen. | 20, 22 |
| 2.2.2 | Einer Präsentation eine verfügbare Präsentationsvorlage zuweisen. | 24-25 |
| 2.2.3 | Hintergrundfarbe einer bestimmten Folie oder von mehreren Folien bzw. allen Folien ändern. | 26, 141-142 |
| 2.2.4 | Neue Folie mit einem bestimmten Folienlayout hinzufügen. Titelfolie, Titel, Text und Diagramm, Titel und Text, Titel und Tabelle. | 21-22 |

| Lernziele gemäß Syllabus 5.0 | | Seite(n) |
|---|---|---|
| 2.2.5 | Folien innerhalb einer Präsentation oder zwischen geöffneten Präsentationen kopieren bzw. verschieben. | 70-71 |
| 2.2.6 | Folie(n) löschen. | 69, 70 |
| **2.3** | **Folienmaster** | |
| 2.3.1 | Grafisches Objekt (Bild, Abbildung, Zeichnungsobjekt) in Masterfolie einfügen. Grafisches Objekt aus der Masterfolie entfernen. | 77, 79, 90-91, 100, 139-140 |
| 2.3.2 | Text in die Fußzeile einer bestimmten Folie bzw. in allen Folien einer Präsentation eingeben. | 34-35 |
| 2.3.3 | Automatische Foliennummerierung, Datum automatisch aktualisieren, nicht automatisches Datum in der Fußzeile einer bestimmten Folie bzw. aller Folien einer Präsentation anwenden. | 34-35 |
| **3** | **Text** | |
| **3.1** | **Handhabung von Text** | |
| 3.1.1 | Gute Praxis beim Erstellen von Folieninhalten beachten: kurze präzise Sätze, Auflistung, Aufzählungen verwenden. | 67 |
| 3.1.2 | Text in einen Platzhalter in der Standardansicht bzw. Gliederungsansicht eingeben. | 17-18, 66-67 |
| 3.1.3 | Text in einer Präsentation bearbeiten. | 19, 40-41 |
| 3.1.4 | Text innerhalb einer Präsentation bzw. zwischen verschiedenen Präsentationen kopieren oder verschieben. | 52-55 |
| 3.1.5 | Text löschen. | 19 |
| 3.1.6 | Den Befehl Rückgängig und Wiederherstellen verwenden. | 20 |
| **3.2** | **Formatierung** | |
| 3.2.1 | Textformatierung ändern: Schriftgröße, Schrifttyp. | 41, 42 |
| 3.2.2 | Textformatierung anwenden: Fett, Kursiv, Unterstrichen, Schatten. | 41 |
| 3.2.3 | Verschiedene Farben auf Text anwenden. | 42 |
| 3.2.4 | Groß-/Kleinschreibung auf Text anwenden. | 41 |
| 3.2.5 | Text ausrichten: Links, zentriert, rechts oder Blocksatz im Rahmen. | 44 |
| **3.3** | **Listen** | |
| 3.3.1 | Text einer Liste einrücken. Einzug von Text einer Liste aufheben. | 18, 45-46 |
| 3.3.2 | Zeilenabstand vor bzw. nach Listen oder Aufzählungen ändern. | 45 |
| 3.3.3 | Zwischen verschiedenen Standard-Aufzählungszeichen bzw. Standard-Nummerierungen in einer Liste wechseln. | 45-46 |
| **3.4** | **Tabellen** | |
| 3.4.1 | Daten in die Tabelle einer Folie eingeben und bearbeiten. | 94-95 |
| 3.4.2 | Zeilen, Spalten bzw. gesamte Tabelle auswählen. | 95 |
| 3.4.3 | Zeilen und Spalten einfügen bzw. löschen. | 95 |
| 3.4.4 | Spaltenbreite bzw. Zeilenhöhe verändern. | 95-96 |

| Lernziele gemäß Syllabus 5.0 | | Seite(n) |
|---|---|---|
| **4** | **Diagramme** | |
| **4.1** | **Diagramme verwenden** | |
| 4.1.1 | Daten eingeben, um integrierte Diagramme in einer Präsentation zu erstellen: Säulen, Balken, Linien, Kreis. | 110-112, 112-114 |
| 4.1.2 | Diagramm auswählen. | 78, 115 |
| 4.1.3 | Diagrammtyp wechseln. | 117-118 |
| 4.1.4 | Diagrammtitel hinzufügen, löschen oder bearbeiten. | 118, 120-121 |
| 4.1.5 | Datenreihen eines Diagramms benennen. Werte/Zahlen, Prozentangaben. | 110, 120-121 |
| 4.1.6 | Hintergrundfarbe eines Diagramms ändern. | 119-120 |
| 4.1.7 | Farben von Säulen, Balken, Linien bzw. Kreissegmenten ändern. | 119-120 |
| **4.2** | **Organigramme** | |
| 4.2.1 | Organigramm mit gekennzeichneter Hierarchie mit Hilfe integrierter Optionen zur Organigrammerstellung zeichnen. | 100-101 |
| 4.2.2 | Hierarchische Struktur eines Organigramms ändern. | 103 |
| 4.2.3 | Kollegen, Mitarbeiter in einem Organigramm hinzufügen bzw. entfernen. | 103-105 |
| **5** | **Grafische Objekte** | |
| **5.1** | **Einfügen, bearbeiten** | |
| 5.1.1 | Grafisches Objekt (Bild, Abbildung, Zeichnungsobjekt) in eine Folie einfügen. | 77, 90 |
| 5.1.2 | Grafisches Objekt auswählen. | 78 |
| 5.1.3 | Grafische Objekte bzw. Diagramme innerhalb einer Präsentation oder zwischen geöffneten Präsentationen kopieren bzw. verschieben. | 53-54, 79 |
| 5.1.4 | Grafische Objekte bzw. Diagramme in einer Präsentation löschen oder in ihrer Größe verändern. | 79, 80-81 |
| 5.1.5 | Grafisches Objekt drehen bzw. kippen. | 84 |
| 5.1.6 | Grafisches Objekt relativ zur Folie ausrichten. Links, zentriert, rechts, oben, unten. | 87-88 |
| **5.2** | **Zeichnungsobjekte** | |
| 5.2.1 | Verschiedene Arten von Zeichnungsobjekten auf einer Folie einfügen: Linie, Pfeil, Blockpfeil, Rechteck, Quadrat, Oval, Kreis, Textfeld. | 77-78 |
| 5.2.2 | Text in ein Textfeld oder ein Zeichnungsobjekt eingeben. | 38-40, 84-85, 100 |
| 5.2.3 | Hintergrundfarbe, Linienfarbe, Linienstärke oder Linienart eines Zeichnungsobjektes ändern. | 81-84 |
| 5.2.4 | Startlinienart bzw. Endlinienart eines Pfeils ändern. | 83-84 |
| 5.2.5 | Schatten auf ein Zeichnungsobjekt anwenden. | 82-83 |

| Lernziele gemäß Syllabus 5.0 | | Seite(n) |
|---|---|---|
| 5.2.6 | Zeichnungsobjekte auf einer Folie gruppieren bzw. Gruppierung aufheben. | 79 |
| 5.2.7 | Reihenfolge von Zeichnungsobjekte ändern: In den Vordergrund, in den Hintergrund, eine Ebene nach vorne, eine Ebene nach hinten. | 86-87 |
| **6** | **Ausdruck vorbereiten** | |
| **6.1** | **Vorbereitungen** | |
| 6.1.1 | Übergangseffekte zwischen einzelnen Folien hinzufügen bzw. entfernen. | 130-131 |
| 6.1.2 | Voreingestellte Animationseffekte für verschiedene Folien-elemente hinzufügen bzw. entfernen. | 132-133 |
| 6.1.3 | Notizen des Vortragenden zu einer Folie hinzufügen. | 149 |
| 6.1.4 | Geeignetes Ausgabeformat für die Präsentation auswählen: Overhead-Folien, Handzettel, Bildschirmpräsentation. | 33, 148 |
| 6.1.5 | Folien aus- bzw. einblenden. | 129-130 |
| **6.2** | **Überprüfen und Ausgabe** | |
| 6.2.1 | Rechtschreibprüfung auf eine Präsentation anwenden und Änderungen vornehmen, wie: Rechtschreibfehler korrigieren, wiederholte Wörter löschen. | 56-57 |
| 6.2.2 | Folien-Setup bzw. Folienausrichtung in Hochformat, Querformat ändern. Papiergröße ändern. | 33 |
| 6.2.3 | Gesamte Präsentation, bestimmte Folien, Handzettel, Notizen-seiten oder Gliederungsansicht der Folien drucken und die Anzahl der Ausdrucke festlegen. | 69, 146-149 |
| 6.2.4 | Bildschirmpräsentation mit erster Folie oder der aktuellen Folie starten. | 124 |
| 6.2.5 | Zur nächsten Folie, zur vorherigen Folie oder einer bestimmten Folie während der Bildschirmpräsentation navigieren. | 125 |

## A

Absatzabstände .......................................45
Absatzausrichtungen zuweisen ......44
Absätze formatieren ........................44
Achsentitel eingeben ...................118
Animationseffekte ausschalten ....133
Animationseffekte zuweisen ........132
Animieren, Objekte.......................132
Ansicht *Folienmaster*
    einblenden ...............................137
Ansichten, Standardansicht
    ändern ........................................64
Ansichten, Übersicht.......................62
Ansichtssteuerung .................. 11, 63
Aufgabenbereich *Dokument-
    wiederherstellung* ...........156, 157
Aufgabenbereich *Zwischen-
    ablage* ........................................53
Aufgabenbereiche.........................12
Aufzählungen........................45, 67
Aufzählungstext eingeben..............17
Aufzählungszeichen ändern ..........46
Aufzählungszeichen
    ausblenden ...............................46
Aufzählungszeichen,
    Abstand verändern ...................45
Ausgeblendete Folie
    einblenden ...............................130
Ausschneiden..................................53
Ausschnittsbereiche anpassen.........64
AutoFormat-Funktion .....................58
AutoKorrektur-Funktion ................58
Automatisches Ersetzen
    zurücknehmen .........................59

## B

Backstage-Ansicht ...........................11
Balkendiagramme .........................111
Begleitmaterial...............................148
Beispieldateien ................................7
Beschriftungen .............................84
Bildeffekte .....................................93
Bilder in SmartArt-Grafik
    integrieren ...............................102
Bilder in SmartArt-Grafiken
    umwandeln ...............................102
Bildformatvorlagen ........................92
Bildlauffeld...................................23
Bildschirmpräsentation
    (Ansicht) .....................................11
Bildschirmpräsentation
    beenden ...................................127
Bildschirmpräsentation für
    bestimmte Folien festlegen ....129
Bildschirmpräsentation starten.....124
Bildschirmpräsentation
    steuern..........................125, 128
Bildschirmpräsentation,
    Ansicht.............................63, 124
Bildschirmpräsentation, ausgeblen-
    dete Folie einblenden .............130

Bildschirmpräsentation,
    Folien ausblenden .................. 129
Bildschirmpräsentation,
    Speichern unter ..................... 159
Blocksatz, Absatzformat............... 44

## D

Dateiname....................................... 27
Dateinamenerweiterung *.xls* ........ 157
Datenpunkte ................................ 110
Datenreihen ................................ 110
Datentabelle, Daten eingeben ..... 113
Datum und Uhrzeit anzeigen ......... 34
Design ............................ 42, 82, 84
Design beibehalten beim
    Kopieren ................................... 65
Design beibehalten beim
    Verschieben .............................. 65
Designfarben ................................ 42
Designfarben zuweisen ............... 141
Designschriftarten........................ 42
Designschriftarten verwenden ....... 40
Designvarianten ........................... 25
Diagrammdatenbereich ............... 113
Diagramme ................................ 110
Diagramme beschriften ............... 120
Diagramme markieren ................ 119
Diagramme, Daten einfügen in.... 113
Diagrammelemente ..................... 110
Diagrammelemente
    formatieren.................... 119, 120
Diagrammelemente markieren .... 118
Diagrammlayouts zuweisen ......... 118
Diagrammtitel ............................ 110
Diagrammtitel eingeben ............. 118
Diagrammtyp/-untertyp ändern ... 117
Diagrammtypen ........................... 111
Digitale Signatur hinzufügen ....... 154
Dokumentationsleiste.................... 32
Dokumenteigenschaften ............. 152
Dokumenteigenschaften
    bearbeiten ............................. 153
Dokumenteigenschaften
    entfernen....................... 153, 161
Dokumentwieder-
    herstellung ................... 156, 157
Drag & Drop...................... 52, 65
Druckauflösung erhöhen ............. 147
Drucken, Begleitmaterial............. 147
Drucken, Handzettel .................. 148
Drucken, Notizen ....................... 149
Drucken, schnell......................... 35
Druckvorschau............................ 146
Durchgestrichen, Schrift-
    formatierung .......................... 41

## E

Eckziehpunkt ............................ 80
Effektoptionen, Folien-
    übergänge ............................. 131
Einfügen............................... 53

Einfügen, aus der Zwischen-
    ablage....................................54
Elementgruppe markieren ...........119
Endfolie festlegen .......................129
Entwurfsversionen.....................154
Ergebnisdateien............................7
Ersetzen von Textelementen..........56
Ersetzen, automatisches
    zurücknehmen..........................59

## F

Farbgebung einstellen ...................93
Farbgestaltung ändern,
    SmartArt .................................106
Farbverlauf ....................................82
Farbverlauf des Folien-
    hintergrunds gestalten ...........142
Fehler korrigieren.......................60
Fett, Schriftformatierung ..............41
Folien ausblenden .......................129
Folien duplizieren .........................70
Folien einfügen, aus anderen
    Präsentationen .........................70
Folien kopieren...............................70
Folien löschen.......................24, 70
Folien markieren..........................23
Folien verschieben.................68, 70
Folien, neue einfügen .............17, 67
Foliendesign zuweisen ................24
Folienfenster.................................10
Foliengröße ..................................33
Folienhintergrund gestalten .........141
Folienlayouts ändern......................22
Folienlayouts zuweisen .............20, 22
Folienlayouts, Übersicht.................21
Folienmaster................................137
Folienmaster bearbeiten .............139
Folienmaster beibehalten ............140
Foliennummern anzeigen ..............34
Folienrahmen für Ausdrucke.........147
Folienreihenfolge ändern .........68, 70
Foliensortierungsansicht .....11, 62, 69
Folientitel, aussagekräftige............67
Folienübergänge festlegen ...........130
Folienübergänge, Effekt-
    optionen .................................131
Form hinzufügen, SmartArt ........103
Form löschen, SmartArt...............104
Formatieren, Diagramm-
    elemente ................................119
Formatierungen zurücksetzen ........41
Formatvorlage zuweisen,
    SmartArt .................................106
Formen......................................77
Formen erstellen...........................77
Formtypen ...................................103
Freihandmarkierung auf Folie
    löschen ...................................126
Früheren Bearbeitungsstand
    einer Präsentation laden.........155
Füllfarben ändern............................82

© HERDT-Verlag

Fußzeile auf Titelfolien
ausblenden.............................35
Fußzeile einrichten......................34
Fußzeilentext anzeigen.................35

**G**

Geschützte Ansicht.......................32
Gestapelte Säulen-/Balken-
diagramme............................111
Gitternetzlinien..........................111
Gliederung bearbeiten ................67
Gliederung, Unterpunkte
einfügen................................18
Gliederungsansicht.......................66
Gliederungsebene ändern .......18, 67
Gliederungsebene bearbeiten,
SmartArt-Grafiken .................101
Gliederungsentwurf erstellen........66
Gliederungspunkte bearbeiten .....68
Grafiken.....................................90
Grafiken animieren.....................132
Grafiken bearbeiten.....................92
Grafiken gestalten .......................92
Grafiken in SmartArts
umwandeln............................93
Grafiken komprimieren ................94
Grafiken verknüpft einfügen........91
Grafikrahmen einfügen ...........92, 93
Groß- und Kleinbuchstaben
vereinheitlichen .....................41
Größe ändern, SmartArt-
Formen ...............................106
Gruppen eines Registers ...............11
Gruppieren ................................79
Gruppierungen aufheben/
wiederherstellen.....................79
Gute Praxis.................................67

**H**

Handzettel..........................147, 148
Helligkeit einstellen .....................93
Hilfe zum Menüband / zu Dialog-
fenstern erhalten ...................14
Hilfefenster, Symbolleiste .............14
Hilfetexte finden .........................13
Hintergrundfarbe für Folien..........26

**I**

Individuelle Vorlage....................136
Intelligente Führungslinien
aus- und einblenden................86

**K**

Kategorieachse ..........................111
Kennwörter ..............................154
Kompatibilitätsmodus.................158
Kompatibilitätsprüfung...............158
Kontextmenü .............................12
Kontexttools ..............................11

Kontrast einstellen.......................93
Kopf-/Fußzeilen bei Handzetteln
und Notizen .........................148
Kopieren ..............................52, 53
Kopieren von Folien ....................70
Kopieren von Objekten ................79
Korrekturziehpunkt .....................81
Kreisdiagramme ........................112
Künstlerisch verfremden...............93
Kursiv, Schriftformatierung...........41

**L**

Laserpointer..............................126
Layoutkontrolle .........................146
Layouts ...................................137
Layouts gestalten ......................139
Legende ..................................111
Leseansicht ................................63
Letzte Entwurfsversion einer
geänderten Präsentation
wiederherstellen...................156
Letzte Entwurfsversion einer
neu erstellten Präsentation
wiederherstellen...................155
Lineal einblenden .......................45
Linien verändern .........................83
Liniendiagramme .......................112
Linksbündig, Absatzformat ..........44
Löschen, Folien .....................24, 70
Löschen, Objekte ........................79

**M**

Markieren per Maus .....................19
Markieren per Tastatur .................19
Markieren, Bereiche einer
Datentabelle ........................115
Markieren, Diagramm .................119
Markieren, Diagrammelemente... 118
Markieren, Elementgruppe .........119
Markieren, Objekte ......................78
Markieren, Tabellenteile ..............95
Markierungen entfernen...............19
Masteransichten ..........................63
Maus, Steuerung........................125
Mauszeiger ausblenden..............127
Maximieren ...............................33
Menüband nutzen .......................11
Menüband, Anzeigeoptionen
ändern ..................................12
Miniaturansicht.....................10, 65
Minisymbolleiste ...............12, 40, 41
Multifunktionsleiste .................10, 11

**N**

Normalansicht.......................11, 62
Notizen ...........................148, 149
Notizen drucken .......................149
Notizenfenster ...........................10
Notizenseiten ...........................147

Notizenseiten, Ansicht ................62
Nummerierungen.......................45

**O**

Objekte.....................................78
Objekte animieren .....................132
Objekte aus-/einblenden..............87
Objekte ausrichten ................87, 88
Objekte beschriften ................84, 85
Objekte drehen/kippen................84
Objekte gruppieren ....................79
Objekte löschen..........................79
Objekte markieren ......................78
Objekte mit Formeffekten
versehen ...............................83
Objekte verschieben/kopieren........79
Objekte verteilen ........................87
Objektform ändern .....................81
Objektfüllungen .........................81
Objektgröße ändern ...............80, 81
Objektränder ändern ...................83
Objektreihenfolge festlegen .........86
Office-Zwischenablage.................53
Onlinegrafiken einfügen ..............91
Optionsschaltfläche *AutoKorrektur-
Optionen* ........................58, 59
Optionsschaltfläche *Einfüge-
optionen*...............................54
Optionsschaltfläche *Optionen für
das automatische Anpassen*......59
Optionsschaltflächen...................13
Organigramme ..........................98
Organigramme erstellen..............100

**P**

PDF-Format...............................159
Platzhalter löschen......................39
Platzhalter, Ausrichtung
ändern ............................38, 39
Platzhalter, Größe ändern ............38
Platzhalter, Text eingeben in.........16
Position verändern, SmartArt-
Formen ...............................104
PowerPoint beenden....................14
PowerPoint starten ......................8
PowerPoint-Fenster......................9
PowerPoint-Hilfe verwenden.........13
PowerPoint-Startbildschirm .............9
PowerPoint-Versionen
97 - 2003 .....................157, 158
PowerPoint-Vorlagen....................9
Präsentationen als abgeschlossen
kennzeichnen.......................154
Präsentationen als Vorlage
speichern............................142
Präsentationen drucken..........35, 146
Präsentationen erzeugen..............30
Präsentationen erzeugen,
mit Vorlage..........................143
Präsentationen erzeugen, neue........9

Präsentationen mit Kennwort verschlüsseln...........154
Präsentationen öffnen ...............30
Präsentationen schließen ...............27
Präsentationen speichern...........26
Präsentationen speichern im PDF-Format.................159
Präsentationen speichern, unter neuem Namen.................27
Präsentationen wiederherstellen...........156
Präsentationen, PowerPoint-Versionen 97 - 2003.........157, 158
Präsentationen, Versionen...........157
Programmeinstellungen vornehmen...........12

**R**

Radierer ...........126
Rechteck ...........77
Rechtsbündig, Absatzformat ...........44
Rechtschreibprüfung durchführen ...........56
Rechtschreibprüfung, automatische...........60
Rechtschreibprüfung, automatische deaktivieren .......60
Referentenansicht ...........125
Referentenansicht deaktivieren....129
Referentenansicht ein-/ausblenden...........127
Register...........10
Register DATEI...........11
Register, zusätzliche...........11
Registerkarten ...........10
Rückgängig gemachte Aktion wiederherstellen ...........20
Rückgängig machen...........20

**S**

Säulen-/Balkendiagramme, gestapelte...........111
Säulendiagramme ...........111
Schärfe einstellen ...........93
Schattiert, Schriftformatierung.......41
Schnellformatvorlagen für Bilder ...92
Schreibfehler korrigieren ...........60
Schreibschutz...........154
Schrift vergrößern/verkleinern........41
Schrift, geeignete...........139
Schriftart ändern ...........41
Schriftart ersetzen...........43
Schriftfarbe ändern...........42
Schriftgröße ändern...........42
Schriftschnitte...........41
Schriftzeichen, besondere...........43
Screenshots erstellen...........92
Seitenformatierung...........33
Skalieren...........33
SmartArt-Elemente bearbeiten.....105
SmartArt-Elemente markieren......103

SmartArt-Formen ändern ...........106
SmartArt-Grafiken animieren.......132
SmartArt-Grafiken beschriften .....100
SmartArt-Grafiken erstellen .........100
SmartArt-Grafiken, Gliederungsebene bearbeiten ...........101
SmartArt-Grafiken, Struktur ändern...........103
SmartArt-Layout ...........104
SmartArt-Layout wechseln ...........107
SmartArt-Rahmen ...........101
SmartArts ...........98
SmartArt-Typen ...........99
Spalten einfügen/löschen in Tabelle ...........95
Spaltenbreite ändern in Tabellen ...........95
Speichern...........26
Standardarbeitsordner festlegen ...........160
Standardaufzählungen...........45
Startfolie festlegen ...........129
Statusleiste ...........11
Stift...........126
Suche nach Textelementen...........55
Symbole im Buch...........6
Symbolleiste für den Schnellzugriff ...........10
Symbolleiste für den Schnellzugriff, Elemente hinzufügen ...........12
Synonyme...........57

**T**

Tabellen bearbeiten...........95
Tabellen erstellen ...........94, 95
Tabellenteile einfügen ...........95
Tabellenteile markieren...........95
Tastatur, Steuerung ...........127
Tastaturbefehle für Bildschirmsteuerung...........127
Textbereich, Text eingeben ...........100
Texte animieren ...........132
Texte ausrichten, Absatzformat .....44
Texte bearbeiten...........18
Texte eingeben in der Gliederungsansicht ...........66
Texte eingeben, Platzhalter ...........16
Texte eingeben, SmartArt ...........100
Texte in SmartArt-Grafiken markieren...........103
Texte in SmartArt-Grafiken umwandeln...........102
Texte markieren...........19
Texte, Schrift...........40
Textelemente suchen/ersetzen ...........55, 56
Textfelder einfügen...........39
Textfolien...........67
Textmarker...........126
Textplatzhalter ...........38
Textplatzhalter füllen ...........17

Textrichtung, Absatzformat...........44
Textteile einfügen, Optionen...........54
Textteile kopieren ...........52
Textteile überschreiben...........19
Textteile verschieben...........52
Titel, Schrift ...........40
Titelfolie ...........16
Touchgesten, Steuerung ...........128

**U**

Übergänge zuweisen...........130
Übergangseffekte ausschalten......131
Übungsdateien...........7
Umrisslinien verändern ...........83
Unterpunkte anordnen, SmartArt...........104
Unterstrichen, Schriftformatierung...........41

**V**

Verschieben ...........52, 53
Verschieben von Folien, Design beibehalten...........65
Verschieben von Objekten ...........79
Vorlage erstellen ...........136
Vorlage speichern...........142
Vorlage, eigene verwenden...........143

**W**

Wechseln zwischen geöffneten Präsentationen...........32
Wertachse...........110

**X**

x-Achse...........111

**Y**

y-Achse...........110

**Z**

Zeichenabstand, Schriftformatierung...........41
Zeichenformatierung übertragen ...........42
Zeichnen, allgemeine Vorgehensweise ...........77
Zeichnungsfläche...........110
Zeilen einfügen/löschen in Tabelle...........95
Zeilenabstände ...........45
Zeilenhöhe ändern in Tabellen.......95
Zentriert, Absatzformat...........44
Ziehpunkte ...........77
Zoomregler ...........11
Zugriffsberechtigungen ...........154
Zwischenablage...........53

Matchcode: ECDL-POW2013-5

Autor: Jan Götzelmann

Redaktion: Ortrun Grill

Produziert im HERDT-Digitaldruck

1. Ausgabe, Oktober 2013

HERDT-Verlag für Bildungsmedien GmbH
Am Kümmerling 21-25
55294 Bodenheim
Internet: www.herdt.com
E-Mail: info@herdt.com